PIERLUIGI ROMEO DI COLLOREDO MELS

NOVARA 1849

LA MARCIA DI RADETZKY.

Pierluigi Romeo di Colloredo Mels è archeologo professionista e storico militare; già ufficiale dei Granatieri di Sardegna;, è autore di numerosi articoli scientifici e saggi storici, ha pubblicato, tra gli altri, *La battaglia dimenticata. Monte Celio, 12 aprile 1498*, Bergamo 2016; *Rodolfo di Colloredo, un FeldMaresciallo italiano nella Guerra dei Trent'Anni*, Bergamo 2017, *Venezia 1849. Aspetti militari di un assedio del XIX secolo,* Bergamo 2017; *La battaglia di Montaperti* (con Mario Venturi, in due volumi), Bergamo 2019, *Le guerre di Carlo d'Angiò. Dalle battaglie di Benevento e Tagliacozzo alla guerra dei Vespri*, Bergamo 2019; *Napoleone I. Da Austerlitz a Friedland: scritti, discorsi bollettini, 1805- 1807*, Bergamo 2019; *Eylau 1809. L'Aquila nella tormenta*, Bergamo 2019; *Mentana 1867. La disfatta di Garibaldi*, Bergamo 2020.

STORIA

ISBN: 9788893275828 prima edizione maggio 2020
SPS-059 - Novara 1849. La marcia di Radetzky.
by Romeo di Colloredo Mels
Editor: Luca Stefano Cristini Editore per i tipi di Soldiershop serie Storia
Cover & Art Design: L. S. Cristini e P. Romeo di Colloredo Mels.

Libro disponibile anche in versione ebook ISBN 9788893275835

INDICE.

PRESENTAZIONE DEL GENERALE ALESSANDRO SCANO.   Pag. 5

PREMESSA.   Pag. 9

I PROTAGONISTI.   Pag. 11

Carlo Alberto di Savoia.
Wojciech Chrzanowski.
Vittorio Emanuele, Duca di Savoia.
Gerolamo Ramorino.
Johann Radetzky von Radetz.
Alberto d'Asburgo- Lorena.
Ludwig August von Benedek.

LE FORZE IN CAMPO.   pag. 25

ANTEFATTO. LA PRIMA GUERRA D'INDIPENDENZA DEL 1848.   Pag. 33

ROTTURA DELL'ARMISTIZIO E CAMPAGNA DEL 3 1849.   Pag. 45

20 MARZO 1849: LE PRIME OPERAZIONI.   Pag.55

21 MARZO 1849: SFORZESCA E LA CADUTA DI MORTARA.   Pag. 63

ORDINE DI BATTAGLIA DELL'ARMATA SARDA AL 23 MARZO 1849.   Pag. 71

ORDINE DI BATTAGLIA DELL' I. R. ES. AUSTRIACO AL 23 MARZO 1849. *Pag. 73*

23 MARZO 1849: LA BATTAGLIA DI NOVARA.   Pag. 77

L'ABDICAZIONE DI CARLO ALBERTO.   Pag. 111

EPILOGO.   Pag. 117

NOVARA VISTA DALL'AUSTRIA: IL *RAPPORTO UFFICIALE SULLA CAMPAGNA DEL 1849* DEL FELDMARESCIALLO RADETZKY.   Pag. 131

IL RE CARLO ALBERTO A NOVARA NELA TESTIMONIANZA DEL MINISTRO CARLO CADORNA.   Pag. 151

I LUOGHI DELLA BATTAGLIA OGGI.   Pag. 165

L'ESERCITO DI RADETZKY NELLE TAVOLE DI RUDOLF VON OTTENFELD.   Pag. 169

BIBLIOGRAFIA.   Pag.177

L'Italia all'epoca della Prima Guerra d'indipendenza.

PRESENTAZIONE
DEL GENERALE ALESSANDRO SCANO

"Da vecchi si dimentica, e come gli altri, egli dimenticherà tutto il resto, ma ricorderà con grande fierezza le gesta di quel giorno. Allora i nostri nomi, a lui familiari come parole domestiche – Enrico il re, Bedford ed Exeter, Warwick e Talbot, Salisbury e Gloucester – saranno nei suoi brindisi rammentati e rivivranno"

(*EnricoV*: Atto IV, scena III)

Roma, 21 Marzo 2020.

Redigo questa succinta presentazione nel giorno della Festa di corpo del Reggimento *Piemonte Cavalleria*, già *Piemonte Reale*, uno degli "attori" delle vicende narrate in questo libro. Festa, in particolare, che celebra l'anniversario dei fatti d'Arme della Sforzesca, episodio che ritroverete in questo testo in un bel Capitolo dedicato.

Ma scrivo, mettendo da parte ogni gioia o solennità circa tale ricorrenza, perché mi trovo immerso, come tutti o quasi i miei concittadini, in un momento difficile e doloroso per la Nazione tutta: l'imperversare nefasto e mortifero del Virus Cinese (altrimenti noto con l'acronimo anglofono di Covid 19) che espone affetti ed amicizie a facile contagio e al rischio, non remoto, della morte. E sottopone lo Stato e la sua risposta all'emergenza (ahinoi macchinosa e lenta), alla severa osservazione della comunità internazionale, in ragione di un numero inatteso di decessi, sia in termini assoluti sia in percentuale rispetto alla popolazione residente nel suo complesso.

Scrivo per invitare alla lettura di un'opera completa e a suo modo complessa eppure di facile accessibilità in un frangente storico che, imponendoci misure strette di "allontanamento sociale" per contenere la diffusione del morbo, ci suggerisce o meglio ci ingiunge di rimanere in casa e di dedicarci, tra gli altri, ad atti desueti e demodé qual è pure la calma scorsa di libri. In questo senso, il testo, che avete tra le mani, vi aiuterà a riscoprire il piacere della lettura perché ricco di dettagli, di dati e di tavole illustrate che aiuteranno l'immedesimazione dei fruitori. In più, il soggetto scelto in sé richiama un'opera fondamentale per gli appassionati del genere: la *Storia Militare del Risorgimento* di Piero Pieri (recentemente ripubblicata da *Il Giornale* nella collana della Storia Militare d'Italia) che fu, oltre che illustre storico, reduce decorato della I Guerra Mondiale e pioniere della Storia Militare nel nostro Paese. E, addirittura, il presente libro ne colma diverse lacune, proprio come nel caso dei combattimenti della Sforzesca (cui il Pieri dedicò, in effetti, poco più di due scarne pagine, sebbene necessariamente in un'opera di più vasto respiro) o nel tratteggio dei c.d. personaggi principali, primi fra tutti Re Carlo Alberto e Johann Radetzky.

Scrivo dunque, mentre la Nazione sconvolta da un numero crescente ed esorbitante di lutti, pare stenti a ritrovare se stessa davanti ai suoi occhi e a quelli del mondo. Ma lo faccio convinto che il dedicarsi, in generale, alla lettura possa costituire una opportunità, più che un passatempo estemporaneo o momentaneo, e che dalla riscoperta di fatti storici o d'arme, come quelli meticolosamente e magistralmente descritti da Colloredo Mels, attraverso una attenta e meditata comprensione delle scelte vincenti come degli errori commessi in passato, si possa "ritrovare il bandolo della matassa" della Nazione.

Per gli italiani d'allora non fu facile quel 1849, come non lo è il presente anno per noi. Si era reduci della Prima Guerra d'Indipendenza e le armi del Regno di Sardegna subirono una sconfitta sonora e sfiancante. Eppure i Sardo-Piemontesi, impararono la dura lezione del '49 e ben la trasmisero agli altri sostenitori dell'Unità Nazionale. Essa consisteva nella necessità di condurre una lotta lenta ma pervicace, una resistenza paziente e al contempo ferma che li avrebbe portati alla meta, seppure solo dodici anni dopo. L'ostinazione nella resistenza: ecco un qualcosa che può avere valore e utilità in ogni tempo e che possiamo riscoprire, in ogni sua sfumatura, con lo studio della nostra Storia Militare.

E così, sono certo che, anche tramite questa lettura, riannodando i fili col nostro passato e ritrovando giusta familiarità con le figure notabili che, nel bene e nel male, hanno animato e, talvolta, retto e diretto il nostro Risorgimento, si possano trovare i suggerimenti, l'ispirazione ed alfine la forza di risollevarci e rinascere come Popolo, anche di fronte a immani sciagure come quella che stiamo vivendo.

Auguro, pertanto, una buona e PROFICUA lettura.

Gen. B. ris. Alessandro SCANO

già 94° Comandante del Reggimento Piemonte Cavalleria .
Medaglia d'oro per le vittime del terrorismo, Mogadiscio, 1993.

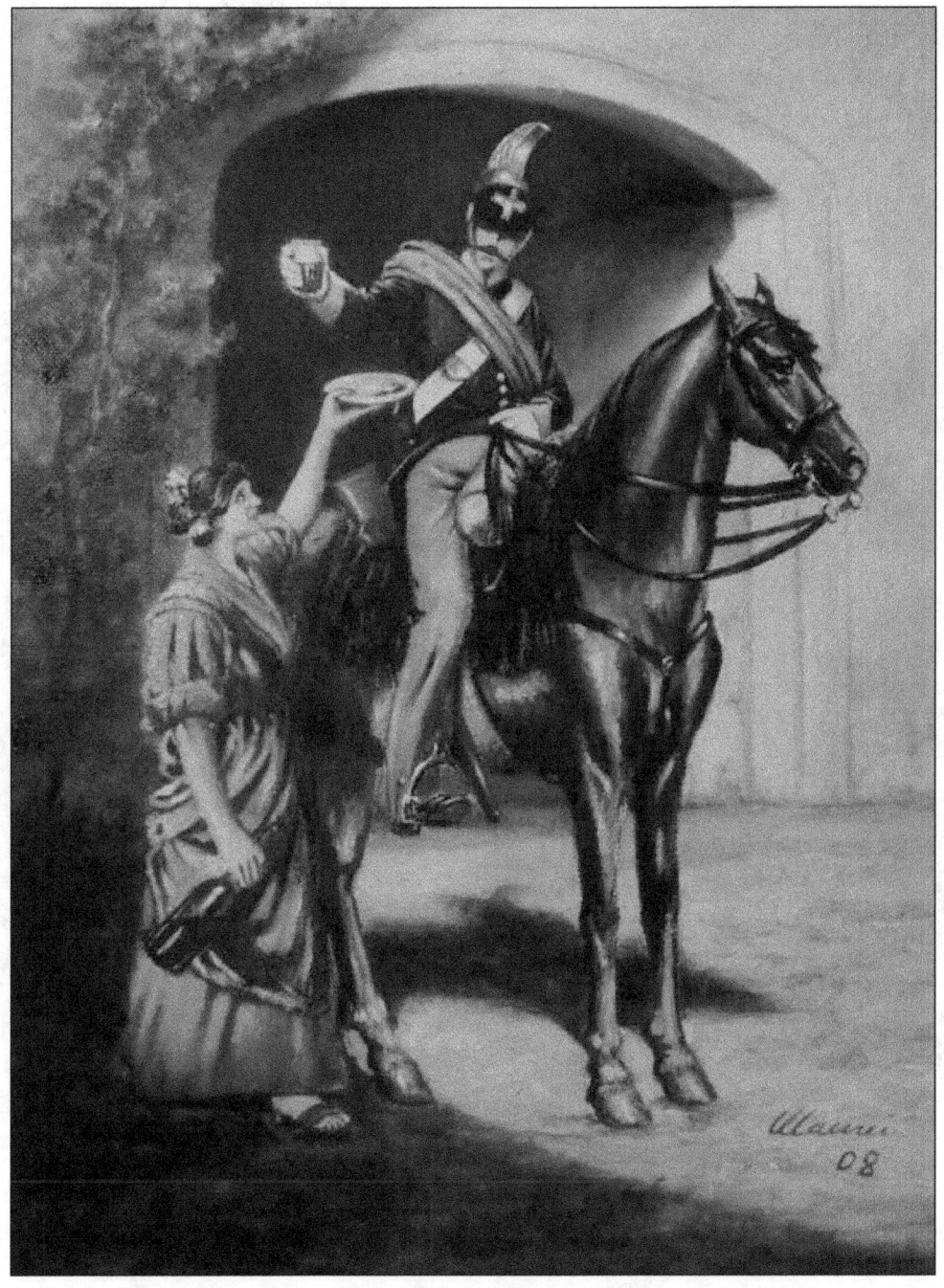

SOIT A PIEDS SOIT A CHEVAL MON HONNEUR EST SANS EGAL
Dragone del 4° Reggimento *Genova Cavalleria* in tenuta da campagna.
Olio su tela del col. Stefano Manni dell'Isola di Torre Maìna, per gentile concessione dell'Autore.

Il Re Carlo Alberto passa in rassegna i Granatieri delle Guardie.

PREMESSA

Die piemontesische Armee hat das Recht, den Tag von Novara in Erinnerung zu bringen, ohne erröten zu müssen.

(*Generalquartiermeister* FML Karl Schönhals, 1852).

La battaglia di Novara del 23 marzo 1849, oggi quasi del tutto dimenticata, come tutto ciò che riguarda il Risorgimento italiano, e ricordata al massimo per la *Radetzky- Marsch* (Op. 22) di Johann Strauss I- che peraltro porta alla mente più che altro il concerto di Capodanno dei *Wiener- Philharmoniker-* pose fine agli avvenimenti militari della Prima Guerra d'Indipendenza ed alla campagna del 1849, iniziata da Carlo Alberto solo tre giorni prima, dopo la rottura dell'Armistizio detto di Salasco avvenuta il 12 marzo.
Il 20 marzo l'esercito sabaudo aveva varcato il Ticino a Boffalora, avanzando fino a Magenta, con l'obiettivo di strappare agli austriaci una Milano dalla quale ci si attendeva una nuova insurrezione. Ma il giorno dopo i sardi vennero travolti dallla controffensiva asburgica e furono sconfitti a Mortara, dove gli austriaci fecero 2000 prigionieri. Quello che la mattina del 23 marzo affrontò le truppe di Radetzky nei dintorni di Novara, era un esercito cresciuto troppo in fretta nei mesi precedenti, mal finanziato, scarso di quadri e dotato di pessimi servizi logistici. Lo comandava un generale polacco, W. Chrzanowski, che conosceva poco il Paese e quasi per nulla la sua lingua. Ma, soprattutto, i soldati piemontesi si sentivano demotivati, e avventatamente trascinati in una guerra che non li accendeva di passione dalla pressione congiunta della Camera dei deputati e di Carlo Alberto ansioso di riscattare la sconfitta di Custoza con la quale l'estate precedente s'era ingloriosamente conclusa la prima guerra d'indipendenza.
Per il *Generalfeldmarschall* Joseph Radetzky von Radetz fu una vittoria folgorante, malgrado il valore veramente strenuo dei soldati piemontesi, cui fece riscontro la straordinaria incapacità dei comandanti, tanto che uno di essi, il comandante della Divisione lombarda Enrico Ramorino, le cui mosse dissennate avevano condannato l'esito, peraltro inevitabile, della campagna venne processato e fucilato, unico caso nella storia militare italiana.
La battaglia di Novara rappresentò il momento del trionfo apparente di quella reazione assolutista in Italia che nel giro di pochi mesi spense gli ultimi fuochi delle rivoluzioni divampate un anno prima nella penisola. A maggio i Borboni ripresero la Sicilia ribelle, a giugno Radetzky entrò con le sue truppe a Firenze e spianò la strada al rientro del granduca Leopoldo d'Asburgo- Lorena, che avvenne a fine luglio. Nel frattempo, già da qualche settimana la Repubblica romana s'era arresa ai francesi e ad agosto sarebbe cessata anche la resistenza di Venezia. Ovunque, nel resto d'Italia, l'assolutismo tornava a dominare: come scrisse amaramente Carducci, tutto sembrò essere finito:

"Bonaparte è novo Atlante
A la cattedra di Pio:
Fan da Svizzeri a San Piero
I nipoti di Voltèro.

Cristo par sia riportato
Fra' bagagli di Radeschi,
Su l'altare appuntellato
Da le picche de' Tedeschi.
Convertí la baionetta
Questa terra maledetta"1.

Ma l'abdicazione di Carlo Alberto, l'ascesa al trono del figlio Vittorio Emanuele, che come a Goito a Novara s'era dimostrato un comandante coraggioso e di forte carattere sebbene non geniale, segnarono uno spartiacque non solo nella storia subalpina e italiana, ma europea; la sconfitta disastrosa sul proprio suolo mutò l'atteggiamento reazionario della classe dirigente piemontese, ferita nel proprio orgoglio.

La sconfitta di Novara ebbe il merito di insegnare al Regno di Sardegna che per sconfiggere l'Impero asburgico era necessario riorganizzare su basi più solide le forze armate; sviluppare e rafforzare l'economia; ottenere il favore diplomatico delle grandi potenze europee; assicurarsi l'appoggio di un forte alleato militare. Proprio questi punti costituirono il programma politico di Cavour, che in capo a soli dieci anni riuscì - con l'aiuto determinante della Francia di Napoleone III - a *vendicare l'onta di Novara*. L'esercito piemontese divenne così uno dei migliori del continente, come riconobbero i britannici in Crimea, stupefatti dall'organizzazione dei sardi ben superiore a quella degli uomini di Vittoria2.

Dodici anni dopo Novara, il 17 marzo 1861 il sovrano dell'armistizio di Vignale avrebbe cinta la corona d'Italia; e proprio i vinti di Novara avrebbero annientata per sempre la duplice monarchia nelle brume di Vittorio Veneto sessantanove anni dopo.

Dopo aver analizzato gli eventi della campagna *delle cento ore* abbiamo ritenuto importante riportare il testo del rapporto ufficiale del Maresciallo Radetzky, che offre una visione dettagliata degli eventi visti dalla parte del vincitore, e che espone dettagliatamente le operazioni della K.u.K. *Armee* nel marzo 1849, ed un lungo estratto della lettera memoriale del ministro Carlo Cadorna, testimone diretto dell'abdicazione e del primo approccio dell'armistizio poi firmato a Vignale.

---

1   "Al Beato Giovanni della Pace", *Juvenilia*, 1850.
2   Le mediocri se non cattive prestazioni dell'Esercito italiane del 1866 furono in buona parte dovute all'immissione massiccia in quella che era stata l'Armata sarda di ufficiali e soldati provenienti dagli eserciti degli Stati preunitari, soprattutto da quello borbonico, ma anche da quello meridionale, formato dalle Camicie rosse, senza che fosse avvenuto un amalgama sufficente con quello piemontese, ben più efficiente ed addestrato, i cui veterani erano nel 1866 circa un terzo dell'esercito, con i risultati inevitabili che si verificarono,

I PROTAGONISTI

CARLO ALBERTO DI SAVOIA.

Il Re di Sardegna, Cipro e Gerusalemme Carlo Alberto di Savoia era figlio di Carlo Emanuele principe di Carignano e di Maria Cristina di Sassonia-Curlandia, genitori di tendenze apertamente liberali e, dopo esser stato educato a Parigi e a Ginevra, fu sottotenente dei dragoni nell'esercito napoleonico. Tornò nel Piemonte nel maggio 1814 e, erede presuntivo al trono, nel 1817 sposò Maria Teresa, figlia del granduca di Toscana Ferdinando III. Ambizioso, profondamente imbevuto di orgoglio dinastico e insieme insofferente dell'uggiosa atmosfera della corte di Vittorio Emanuele I, coltivò l'amicizia di giovani liberali, come Santorre di Santarosa e C. di San Marzano, e fu a conoscenza, e per un momento anche ambiguo fautore, della cospirazione che portò al moto piemontese del marzo 1821.

Reggente per l'abdicazione di Vittorio Emanuele I, Carlo Alberto concesse la costituzione di Spagna il 14 marzo, ma, sconfessato dal nuovo Re, Carlo Felice, ubbidì all'ordine di recarsi a Novara presso le truppe del generale V. Sallier de La Tour.

Confinato in un esilio che era tale in tutto tranne che nel nome a Firenze, presso la corte del Granduca suo suocero, per riguadagnarsi la considerazione di Carlo Felice, andò a combattere i liberali spagnoli al Trocadero nell'agosto del 1823. Morto Carlo Felice il 27 aprile 1831, ultimo Savoia del ramo principale della più antica dinastia europea, Carlo Alberto salì al trono e si fece paladino dell'assolutismo regio e anzi accarezzò sogni di crociate legittimiste. A tal periodo appartengono la convenzione militare con l'Austria del 23 luglio 1831, i processi anticarbonari e antimazziniani del 1833-34, il continuo appoggio ai gesuiti che rese soffocante l'atmosfera culturale e morale del Piemonte di quegli anni, l'aiuto morale e finanziario dato al tentativo legittimista della duchessa di Berry in Francia e al movimento reazionario del *Sonderbund*.

Gelosissimo del proprio potere personale, Carlo Alberto lo manteneva contrapponendo il Consiglio di Stato, creato il 18 agosto 1831 ai ministri, oppure contrapponendo ministro a ministro (il clericale Clemente Solaro della Margherita al liberaleggiante Emanuele Pes di Villamarina), e ancora allontanando senza esitazione ministri creduti onnipotenti quali il conte Antonio Tonduti della Escarena nel 1835. E le riforme interne, dall'abolizione della costituzione e della feudalità in Sardegna, al codice del 1837 che creò l'unità giuridica degli stati sabaudi, all'abolizione delle barriere economiche interne, ebbero ancora carattere di paternalismo illuminato. La crisi d'Oriente del 1840, modificando i dati fondamentali della politica europea, lo indusse a mutare politica e ad abbracciare un programma antiaustriaco di espansionismo territoriale nella pianura padana. Concesso, dopo ansie, dubbi e tentennamenti, lo statuto il 4 marzo 1848, iniziò il 23 marzo - quando le Cinque giornate di Milano volgevano al termine - la campagna contro l'Austria.

Ma, dopo alcune vittorie iniziali a Goito, Pastrengo e la resa di Peschiera, le sconfitte di Custoza e di Milano lo costrinsero all'armistizio firmato dal generale Carlo Canera di Salasco il 9 agosto 1848. Accusato da ogni parte di tradimento, d'incapacità militare, di scarso animo, odiato dai Lombardi per la politica di tradizionale annessionismo piemontese perseguita durante la guerra, Carlo Alberto volle riprendere le ostilità, ma, sconfitto a Novara, scelse di abdicare il 23 marzo 1849.

Nacque allora la "leggenda" carloalbertina, che, lasciando nell'ombra l'aperto reazionarismo della prima parte della vita del Re e le ambiguità antiche e recenti, fece di Carlo Alberto un paladino del riscatto nazionale e della causa della libertà italiana.

Alla campagne del 1848- 49 Carlo Alberto dedicò *Memorie ed osservazioni sulla guerra dell'indipendenza d'Italia raccolte da un Ufficiale piemontese*, scritte in francese e tradotte da C. Promis, che furono pubblicate anonime nell'ottobre 1848 dalla Stamperia reale di Torino e poi ritirate dalla circolazione, e le *Considerazioni sopra gli avvenimenti militari del marzo 1849 scritte da un Ufficiale piemontese*, uscite anonime (e postume) a Torino nel 1849, a cura sempre del Promis.

WOJCIECH CHRZANOWSKI

Wojciech Chrzanowsky (italianizzato in Chrzanowski, sostituendo la -y finale, che ricordava troppo quella di Radetzky) iniziò la propria carriera militare nel 1810 come ufficiale d'artiglieria dell'esercito del Ducato di Varsavia, e nel 1812 prese parte alla campagna napoleonica in Russia distinguendosi nella Battaglia di Smolensk, partecipò anche alle battaglie di Dresda e di Lipsia ed alle campagne del 1814 in Francia ed a quella di Waterloo nel 1815. Dopo la sconfitta di Napoleone prestò servizio nell'esercito russo, e nel 1817 venne promoso Tenente.

Nel 1828 partecipò alla Guerra russo-turca agli ordini di Hans Karl von Diebitsch, successivamente nel 1830 venne promoso Tenente Colonnello.

Dopo il cambio ai vertici dell'esercito polacco Wojciech Chrzanowski venne nominato colonnello e con questo grado combatté nelle battaglie di Wawer e Dabwielki, le capacità dimostrate nelle successive operazioni militari a Kock, Lubartow e Zamosc portarono Chrzanowski a diventare Generale di Divisione.

Il 18 agosto del 1831 Chrzanowski per iniziativa del Generale J. Krukowiecki venne nominato governatore di Varsavia, incarico che ricoprì fino alla capitolazione della città avvenuta in seguito all'attacco delle truppe dello Zar Nicola I di Russia, nel settembre dello stesso anno. Alla fine del 1831 lasciò la Polonia per trasferirsi in Francia, nel 1836 divenne consigliere del governo britannico in Turchia, qui rimase fino al 1841 con l'incarico di modernizzare l'esercito locale.

Nel settembre del 1848, Wojciech Chrzanowski arrivò in Piemonte su richiesta di Carlo Alberto di Savoia che gli affidò il comando dell'Armata Sarda nel tentativo di riorganizzare l'esercito in prospettiva di una guerra contro l'Austria.

Alla fine della Prima Guerra di Indipendenza italiana e dopo i fallimenti militari riportati, Chrzanowski lasciò il Piemonte.

Dopo diversi spostamenti si stabilì definitivamente a Parigi fino alla sua morte avvenuta il 26 febbraio del 1861.

VITTORIO EMANUELE, DUCA DI SAVOIA

Figlio di Carlo Alberto e di Maria Teresa d'Asburgo-Lorena di Toscana Vittorio Emanuele era nato a Torino nel 1820.
Ricevette un'educazione improntata ai più rigidi principi assolutisti. Divenuto maggiorenne, Vittorio Emanuele, che dal 1831 aveva avuto il titolo di duca di Savoia, passò sotto la diretta sorveglianza del padre, sorveglianza rigorosissima. Tuttavia alle colte conversazioni con La Marmora e Dabormida, che avrebbero dovuto perfezionare la sua istruzione militare, egli preferiva le belle cavalcate, le pericolose ascensioni alpine, le cacce. le avventure amorose, in compagnia del suo scudiero prediletto Enrico Morozzo della Rocca. Il matrìmonio con Maria Adelaide, figlia dell'arciduca Ranieri e di Elisabetta di Savoia Carignano, avvenuto il 12 aprile 1842, non segnò una svolta nel suo tenore di vita, continuando a fare il donnaiolo. Verso sua moglie tuttavia ebbe sempre la più grande deferenza; per soddisfare un desiderio di lei una volta incorse persino negli arresti, inflittigli da suo padre; ogni anno le donava un figlio: nel 1843 Maria Clotilde, nel 1844 Umberto, nel 1845 Amedeo, nel 1846 Oddone, nel 1847 Maria Pia (altri tre, che ebbero breve vita, nacquero dal 1851 al 1855); ma quanto a divenire più saggio, *pas peu à faire*, confessava ad Alfonso La Marmora.
Carlo Alberto voleva che suo figlio si rendesse padrone del meccanismo statale e gli fece compilare una grossa dissertazione sull'*Amministrazione generale dello stato* nel 1842, ma il Duca di Savoia certo si fece aiutare dal Promis o da altri, perché, a differenza di suo padre, non ebbe mai alcuna disposizione per l'amministrazione. Più interesse invece mostrò per la politica pura allorché suo padre lo chiamò per la prima volta neí consigli della corona. Era l'agosto del 1847: l'Austria aveva occupato Ferrara e il giovane Duca, invitato a dare il suo parere, propose subito di porre le armi piemontesi a disposizione di Pio IX.
Ma se Pio IX e la guerra all'Austria lo riempivano di entusiasmo, le concessioni che

Carlo Alberto era costretto a fare nel campo politico e legislativo lo allarmavano. Condivideva i sentimenti dei suoi ufficiali verso la borghesia, che montava alla conquista dello stato, e disprezzava cordialmente gli avvocati che la dirigevano. Gli sembrava che suo padre fosse verso loro troppo debole. *"Il y a des avocats"* scriveva al conte di Castagnetto segretario particolare del re, *"qui se prennent de hauts airs. En un mot ce serait heure de mettre un frein à tout ce qu'est déréglé. Le Roi a fait beaucoup trop pour eux et ils doivent être contents.."*. Col crescere dell'agitazione politica negli stati sabaudi, Vittorio Emanuele vedeva i pericoli ai quali andava incontro la monarchia, ma non voleva addossarsi il peso di una situazione da lui non creata, voleva serbarsi per l'avvenire: *"Je vois que la Republique est proche"*, scriveva ancora al Castagnetto, *"si on ne fait pas la guerre ou si on n'employe pas d'energie... Tâchez d'inspirer au Roi qu'il souffre avec patience, qu'il n'abdique pas, car il doit avoir encore un beau nom dans l'histoire, et s'il abdiquait à présent je suis dans l'impossibilité de faire aller les choses, après la guerre c'est une autre chose"*.

Carlo Alberto aveva vivo il senso dei suoi doveri di sovrano e di padre. Per quanto il Re soffrisse di venir meno a un giuramento fatto nel 1824 e di rinunciare alla sua autorità assoluta, concesse lo Statuto; poi, dichiarò la guerra all'Austria. Al Duca di Savoia venne affidata la Divisione di riserva, col generale della Rocca come Capo di stato maggiore, ed egli si mostrò coraggioso soldato nei combattimenti di Pastrengo il 30 aprile 1848, di S. Lucia il 6 maggio, di Goito il 30 maggio, dove venne ferito alla testa dei Granatieri delle Guardie, di Custoza il 23 luglio; a Novara fu lui a salvare le truppe in ripiegamento dalla Bicocca evitandone la rotta.

Dopo l'armistizio Salasco del 9 agosto, il Duca di Savoia si dedicò alla riorganizzazione della sua divisione, ma troppo conosceva il morale delle truppe per desiderare subito la ripresa della guerra. Nella ripresa delle ostilità, avvenuta il 20 marzo 1849, il giovane principe vide più un atto di debolezza di suo padre, che un gesto politico e morale tale da salvare il di lui onore e l'avvenire della dinastia. Prevedeva la disfatta: *"Alors les avocats de loin crieront contre les généraux"*, profetizzava, *"crieront vengeance, et ils ne réfléchiront pas même un instant que c'est eux qui en sont la faute"*. Tuttavia, sempre alla testa della Divisione di riserva, fece il suo dovere di soldato nelle infelici giornate di Mortara e di Novara, dopo le quali, in seguito all'abdicazione di suo padre, gli toccò iniziare il *"mestiere di Re"*, come si compiaceva di chiamarlo.

Gaudente in gioventù (ma non solo...), il *"Re galantuomo"* si dimostrò poi volitivo e giudizioso, ottenendo la riduzione dell'indennità di guerra a 75 milioni e riuscendo a controllare le correnti democratiche interne. Scegliendo collaboratori come Cavour per la politica e La Marmora per l'esercito, il Re, lungimirante e spregiudicato, avrebbe stabilito un legame con il popolo, con i patrioti, con condottieri, sovrani, ministri e intellettuali: la carta vincente per l'unità d'Italia.

GEROLAMO RAMORINO.

Gerolamo Ramorino, nato a Genova nel 1792, partecipò giovanissimo alle campagne napoleoniche d'Austria nel 1809 e di Russia (1812); durante i Cento giorni fu ufficiale d'ordinanza di Napoleone fino alla battaglia di Waterloo. Tornato in Piemonte, partecipò ai moti insurrezionali del 1821 e durante la repressione riparò prima in Francia poi in Polonia, dove collaborò coi rivoluzionari durante l'insurrezione del 1830-31.

Il Ramorino fu tra i comandanti della spedizione mazziniana in Savoia del 1834 tesa ad instaurare la repubblica ed a abbattere i Savoia, ma la sua condotta militare fu ritenuta una delle cause del fallimento dell'impresa. Dopo l'armistizio di Salasco Ramorino offrì la sua collaborazione all'esercito sabaudo e per motivi politici gli venne affidato il comando della Divisione lombarda in Lomellina, malgrado la sacrosanta ostilità del Re. Ricorda il ministro Carlo Cadorna come alla vigilia della battaglia di Novara,

> Il Re venne ancora sul discorso di Ramorino. Dopo di avere assai lamentate le conseguenze della di lui disobbedienza, il Re, con una concita zione insolita alla sua calma abituale, e con accento di dolore, mi disse: *Me lo aspettava; io non lo aveva mai voluto; ho resistito; ma alla fine l'ho dovuto subire.*
> Dal detto del Re credetti poter argomentare che Egli alludesse alla invasione della Savoja tentata molti anni addietro, e capitanata dal Ramorino, nella quale occasione Re Carlo Alberto aveva avuto argomenti per conoscere il Ramorino assai meglio che nol conoscesse nel 1848-49 il popolo ingannato. Dicendo che lo aveva dovuto subire, il Re si ricordò della fatale pressione che aveva esercitato sul Governo nel 1848 l'energia con cui la Divisione lombarda manifestò il desiderio di essere posta sotto il comando del Ramorino. Esempio solenne e decisivo dei tristi effetti della ingerenza diretta delle masse popolari nelle cose di Governo , e principalmente in quelle che riguardano la guerra!

Accusato di aver disatteso gli ordini ricevuti da Chrzanowski, per aver abbandonato la postazione affidatagli, fu ritenuto uno dei responsabili della sconfitta di Novara. In seguito a questa accusa venne sottoposto a consiglio di guerra e, riconosciuto colpevole di disobbedienza di fronte al nemico, fu condannato a morte per fucilazione, avvenuta il 22 maggio del 1849; affrontò la morte con grande coraggio, comandando egli stesso il plotone d'esecuzione, come Murat.

JOHANN RADETZKY VON RADETZ.

Il Generalfeldmarschall Johann Joseph Radetzky von Radetz - ossia Jan Josef Radecký z Radče - era nato nel castello di Trebnice, in Boemia, il 5 novembre 1766.
Entrato diciottenne nella carriera militare, fece le prime esperienze belliche contro i Turchi sotto il *Feldmarschall* Joseph Colloredo Mels und Wallsee, e nel 1793 fu nominato ufficiale d'ordinanza di J. P. Beaulieu, poi di S. v. Wurmser, con i quali fece le campagne d'Italia del 1796 e del 1797. Promosso colonnello, partecipò alla battaglia di Marengo, come aiutante di campo di M. v. Melas, quindi salì presto agli alti gradi militari, poiché nel 1808 era *Generalmajor* e nel 1809 *Feldmarschalleutnant*, ricevendo dal Colloredo, ora ministro della Guerra, l'incarico della riorganizzazione interna dell'esercito. Fece le campagne dal 1813 al 1815, in qualità di capo di Stato maggiore del principe Karl Philipp Schwarzenberg, comandante in capo degli eserciti alleati, e dal 1816 al 1828 prestò servizio in Ungheria agli ordini del governatore, l'Arciduca Ferdinando d'Asburgo- Lorena.
Ormai anziano, Radetzky aveva deciso di ritirarsi dal servizio attivo, ottenendo, con il grado di *General der Kavallerie*, il comando della fortezza d'Olmütz, quando, scoppiata la rivoluzione dell'Italia centrale nel febbraio 1831, fu destinato a sostituire il vecchio generale J. Ph. von Frimont nel comando dell'esercito che l'Austria aveva concentrato in Lombardia. Promosse i lavori di fortificazione di Verona e attese al miglioramento dell'esercito, prevedendo che la rivoluzione del '31 e i susseguenti moti insurrezionali che agitavano l'Italia costituivano i prodromi di una guerra a breve scadenza. Nel 1836 venne promosso *Geberalfeldmarschall*, grado che sarebbe dovuto essere più che altro un omaggio ai suoi settant'anni.
Radetzky era Governatore Militare della Lombardia, in pratica un incarico puramente formale, quando scoppiò la rivoluzione delle Cinque Giornate milanesi, per cui il Radetzky fu costretto ad abbandonare la capitale lombarda e a rifugiarsi entro Verona, do-

po aver messo a ferro e a fuoco i paesi in cui gl'insorti gli contrastavano la ritirata. Per la prima volta nella sua lunghissima carriera l'ottantaduenne Radetzky si trovava ad agire non più da subordinato ma da comandante indipendente. Si sarebbe dimostrato ad onta dell'età, un capace e carismatico condottiero, capace di galvanizzare le truppe imperiali, scosse dalle insurrezioni a Vienna, dove era stata proclamata la repubblica, a Praga, in Ungheria e in Italia, guadagnandosi la fiducia e l'amore dei suoi uomini.

Dichiarata, da parte del Regno di Sardegna, la guerra all'Austria, il Radetzky rimase nel quadrilatero; e mentre l'esercito di Carlo Alberto assediava Peschiera, egli provvide a riorganizzare il suo esercito, per riprendere l'offensiva non appena gli fossero giunti i rinforzi da lui chiesti, che giunsero dalla parte del Veneto, dopo aver vinto a Cornuda e alle Castrette le truppe pontificie, e il 22 maggio operarono il congiungimento con le truppe del Radetzky Validamente accresciuto, l'esercito austriaco si concentrò allora a Mantova col proposito di tagliare la strada di Milano all'esercito piemontese, e dopo sanguinosa lotta a Curtatone e a Montanara (29 maggio) contro le truppe dei volontari toscani, si scontrò a Goito con l'esercito piemontese, che riportò una brillante vittoria, impedendo agli austriaci il passaggio del Mincio. Se non che, il Maresciallo Radetzky, traendo profitto dell'inesplicabile inazione del nemico, piegò su Vicenza, che fu costretta a capitolare, e rinforzato dalle truppe di L. von Welden, sconfisse a Sommacampagna l'ala destra dell'esercito piemontese comandata da E. de Sonnaz il 22-23 luglio, e due giorni dopo batté l'esercito di Carlo Alberto a Custoza, lo costrinse a togliere il blocco a Mantova, quindi lo sconfisse a Volta, obbligandolo alla ritirata su Milano e poi a rivalicare il Ticino. Il Radetzky entrò in Milano il 6 agosto e tre giorni dopo concluse l'armistizio detto di Salasco, per cui l'esercito piemontese doveva evacuare da tutto il territorio lombardo. Ripresa la guerra il 16 marzo 1849, dopo otto mesi di armistizio, il Radetzky varcò il Ticino presso Pavia e il 23 marzo riportò una nuova vittoria a Novara; e poiché negò una sospensione d'armi, Carlo Alberto decise di abdicare in favore del figlio, che fu costretto ad accettare le condizioni dei preliminari di pace imposte dal Radetzky.

Nominato Governatore generale del Lombardo-Veneto, Radetzky amministrò il paese con severità, sia nei riguardi degli esuli, sequestrando i beni ai più facoltosi, sia nel reprimere il moto insurrezionale del 6 febbraio 1853, ma specialmente per la durezza dimostrata nel perseguitare i patrioti milanesi e durante i processi di Mantova. Sin da prima della vittoria definitiva, Radetzky si era dedicato all'amministrazione del Lombardo-Veneto, ma non seppe mai svincolarsi da un atteggiamento strettamente repressivo, assai simile a quello che, all'inizio del 1848, aveva spinto all'esasperazione le popolazioni soggette. A giudicare dai molti proclami, si direbbe che il ricorso alla "mano dura" costituisse per Radetzky non un rimedio temporaneo, ma una pratica naturale all'attività di governo.Oltre all'ubbidienza alla volontà dell'Imperatore ed alla fiducia nella forza repressiva, v'è un'altra ragione con la quale è possibile spiegare la politica del Governatore Generale: la convinzione che i patrioti rappresentassero solo una minoranza, contrapposta ad un popolo fedele alla Corona. Il vecchio Maresciallo era fermo nelle proprie convinzioni e cercò, quindi, di guardare altrove: la sua unica reale politica per ottenere un poco di consenso consistette, infatti, in un abortito tentativo di appoggiarsi alle classi contadine, fedeli all'impero in opposizione alle città. Non occorreva molto acume politico per comprendere quanto assurdo potesse essere immaginare di tenere le due regioni più ricche ed avanzate dell'impero, e che insieme rappresentavano il maggior contribuente adel fisco austriaco senza il consenso dei nobili e della borghesia urbana e produttiva.

La repressione scadé spesso in generalizzata violenza, e soprattutto, si prolungò negli anni successivi. Lo stato d'assedio, con la connessa subordinazione dei giudici civili all'autorità militare, rimase in vigore fino al 1° maggio 1854: la gran parte dei sudditi italiani, soprattutto le classi colte e produttive delle città, non tollerava più un'amministrazione interamente diretta da funzionari designati da Vienna e difesa da un Esercito composto quasi interamente da tedeschi, ungheresi e croati. Certamente, a fare eccezione erano solo poche famiglie "austriacanti", oltre a qualche alto prelato. Proprio per questo, sarebbe stata necessità assoluta del Governatore Generale rimediare allo stato di cose, ricostruire un po' di quel consenso di cui la potenza occupante aveva goduto, sia pure in misura calante, dal 1814 al 1848.

Se questo non accadde, molte delle responsabilità vanno addebitate direttamente al Radetzky. Egli ebbe mano libera per nove anni e, come esito del suo governo, l'intera Lombardia non ebbe alcun dubbio ad accogliere con entusiasmo il figlio di Carlo Alberto e la conferma del plebiscito di annessione al Regno di Sardegna nel 1859, dopo Villafranca: i nove anni di governatorato non possono essere giudicati che come un fallimento politico. Fu proprio il tragico e sanguinoso insuccesso della sua politica di *'pacificazione'* del periodo 1848-57 che pose le basi del successo del Cavour e del trionfo finale del Risorgimento italiano.

Nel 1855 Francesco Giuseppe provocò nel Maresciallo una fatale delusione; abbandonando la neutralità, sino ad allora seguita nella Guerra di Crimea, occupò i Principati danubiani di Moldavia e Valacchia, in aperta opposizione agli interessi della Russia. Si trattò di un immenso errore politico: l'Austra non poté più contare sull'asse strategico con l'alleato che le aveva garantito fermo e stabile sostegno sin dal 1813 e dovette affrontare isolata le successive guerre del 1859 e del 1866, con la Russia divenuta avversa, fino al tragico 1914: ciò che accelerò la rovina degli Asburgo in Italia, in Germania, in Europa. Radetzky comprese bene tutto ciò, e lo fece sapere ed a Vienna indisponendo l'imperatore.

Nel novembre 1856 Francesco Giuseppe giunse in visita a Venezia e Milano, accolto con grande freddezza dai sudditi; incontrando a Verona il Feldmaresciallo, ormai novantenne, lo giudicò *"terribilmente cambiato e rimbambito"* e decise di congedarlo. Fu collocato a riposo il 28 febbraio 1857. Per speciale disposizione gli venne concesso di perpetuare l'uso della Villa Reale di Milano. Al Radetzky successe il fratello di Francesco Giuseppe, l'arciduca Ferdinando Massimiliano, il futuro Imperatore del Messico, portatore di una amnistia, del ritorno all'amministrazione civile e, soprattutto, desideroso di offrire un volto meno inviso del suo predecessore, ma senza successo per l'ostruzionismo di Vienna.

Radetzky morì alle ore 8 del 5 gennaio del 1858, nella sua casa, in seguito ad una caduta. Il successivo 19 gennaio i suoi resti vennero tumulati nel mausoleo militare di Klein-Wetzdorf, in Bassa Austria.

ALBERTO D'ASBURGO- LORENA.

L'Arciduca Albrecht Friedrich Rudolf, Duca di Teschen, era il figlio primogenito dell'Arciduca Carlo, il miglior generale austriaco delle guerre napoleoniche, e della principessa Enrichetta di Nassau-Weilburg, e nacque a Vienna il 3 agosto 1817. Entrò nell'esercito imperiale col grado di colonnello nel 1837 e divenne *Generalmajor* nel 1840. Nel 1845, nominato *Feldmarschalleutnant*, assunse il comando delle truppe in Bassa e Alta Austria: durante i moti di Vienna del marzo 1848, diede ordine alle truppe di tirare sui rivoltosi, si rese così impopolare e dovette lasciare il suo posto. Si recò come volontario nell'esercito d'Italia sotto Radetzky e partecipò ai combattimenti di Pastrengo, S. Lucia e Custoza. Nel 1849 prese il comando di una Divisione ed ebbe una parte importante nella battaglia di Novara dove comandò una Divisione che si distinse in modo particolare.

Dopo la pace venne inviato in Boemia: fu poi governatore della fortezza federale di Magonza, dal 1851 al 1860, comandante generale in Ungheria, posto che lasciò a sua richiesta. Nell'aprile 1859, inviato in missione diplomatica e militare a Berlino, propose al principe reggente di Prussia di allearsi con Francesco Giuseppe e di far marciare sul Reno un esercito, a cui si sarebbero uniti 200.000 austriaci; la Prussia respinse la proposta. Nel 1860-61 fu comandante generale delle truppe austriache in Italia.

All'inizio della guerra del 1866, assunse il comando dell'esercito d'Italia e fu il vincitore di Custoza il 24 giugno, anche se a causare la sconfitta italiana furono innanzi tutto i dissidi tra La Marmora e Cialdini.

Il 10 luglio, dopo la sconfitta di Königgrätz (Sadowa), assunse il comando supremo delle forze che dovevano difendere Vienna; ma sopraggiunse subito la pace. Da allora in poi, con varî titoli, presiedette al riordinamento dell'esercito, di cui fu l'ispettore generale. Fu il capo di quello che si chiamava il partito militare, con tutta l'autorità che gli derivava dall'appartenenza alla Casa imperiale, dalle sue eminenti qualità personali e dai successi riportati. Dopo la guerra del 1866 fu dominato dal risentimento contro la Prussia; influì su Francesco Giuseppe per far chiamare Beust al potere; nel marzo 1870 si recò a Parigi per proporre un piano di guerra comune franco-austro-italiano contro la Prussia e sembra che le sue impressioni piuttosto ottimiste circa le condizioni dell'esercito francese abbiano contribuito a stimolare gli spiriti bellicosi della corte delle Tuileries. Dopo la guerra del 1870-71 fu favorevole a un'intesa con la Russia e contrario a un ravvicinamento con la Germania, ma verso quest'ultima le sue disposizioni si modificarono dopo un convegno che nell'estate del 1875 ebbe ad Ems con l'imperatore Guglielmo I. Alberto fu assai scontento del compromesso austro-ungarico del 1867, perché riteneva che intaccasse la compagine dell'impero e dell'esercito e si oppose all'incorporazione all'Ungheria dei cosiddetti *Militärgrenzer*, "confini militari", di cui insieme alla Croazia, alla Dalmazia e alla Bosnia-Erzegovina, avrebbe voluto fare un baluardo per tenere in scacco i Magiari. Dopo l'occupazione della Bosnia-Erzegovina (1878) avrebbe voluto che la monarchia continuasse la sua avanzata nei Balcani verso Salonicco.

Di lui come generale, il generale Alberto Pollio, Capo di Stato maggiore prima della Grande Guerra nel suo studio su Custoza, ha lasciato scritto: "*Uno dei pochi che poteva dirsi dotto in materia militare.... Formato dallo studio delle campagne del suo genitore e dall'esperienza, diede prova sia contro di noi, sia più tardi nel Comando supremo delle forze militari dell'impero, di talento strategico e di fermezza di carattere degna del padre*".

Morì a Vienna nel 1898, quasi cieco.

LUDWIG AUGUST VON BENEDEK .

Il *Feldzeugmeister* Ludwig August von Benedek era nato a Sopron (in tedesco Ödenburg) in Ungheria il 14 luglio 1804. Ufficiale a 18 anni, già colonnello a 36, si specializzò nella conoscenza dello scacchiere di guerra italiano, dove prese parte alle campagne del 1848, 1849 e 1859. Nel 1848 si distinse nella nella battaglia di Curtatone, dove guidò l'assalto cruciale alla testa della propria brigata, guadagnandosi l'Ordine Militare di Maria Teresa, ed a quella di Goito.

Nella campagna del 1849 partecipò combatté a Mortara il 21 marzo ed a Novara. Il 3 aprile 1849 come premio per le sue prestazioni venne promosso *Generalmajor* e comandante del II. *Armeekorps*

Nel giugno 1859 si trovò alla testa dell'VIII. *Armeekorps* all'estrema destra dello schieramento degli imperiali, il quale si svolgeva lungo le alture moreniche della riva occidentale del Mincio. Difese brillantemente la posizione di S. Martino di fronte ai replicati attacchi dei Piemontesi e il suo corpo d'armata fu l'ultimo a ritirarsi dalla linea della perduta battaglia. Nominato dopo il 1859 comandante generale delle truppe austriache del Veneto, carica che occupava allo scoppio della guerra del 1866; ma, anziché essere lasciato al comando dell'esercito d'Italia, fu destinato a quello dell'Armata di Boemia; il 3 luglio von Moltke dopo averlo aggirato, gli inflisse la catastrofica disfatta di Sadowa (per i prussiani Königgratz), e solo l'intervento personale di Francesco Giuseppe impedì il deferimento di Benedek ad un consiglio di guerra, come richiesto dallo Stato Maggiore. Il vinto di Sadowa morì a Graz il 27 aprile 1881

Graf Johann Joseph Wenzel Anton Franz Karl Radetzky von Radetz

Uniformi piemontesi del 1849.

LE FORZE IN CAMPO

A questo punto gioverà affrontare, sia pure brevemente, le differenze tra i due eserciti le cui conseguenze si videro sul campo di battaglia. Innanzi tutto, i reparti austriaci erano più forti di quelli avversari.

Gli *Armeekorps* austriaci erano costituiti da due divisioni divise in due brigate di due reggimenti, e questi di due battaglioni cui ne era aggregato un terzo della *Landwehr*;[3] ogni battaglione aveva sei compagnie di 180 uomini, cioè di 150 all'entrare in campagna; ogni divisione era affiancata da un grosso battaglione di *Jäger* tirolesi o croati, questi ultimi inquadrati nei reggimenti ungheresi.

Con una forza di 150 uomini per compagnia, la forza di un *Armeekorps* era intorno ai 14.400, la divisione di 7.200 contandovi la sola fanteria di linea, e quindi più maneggevole delle piemontesi.

Otto reggimenti di cavalleria passarono il Ticino: due di ulani (slavi), due di ussari ungheresi, due di *Chevauxlegers*, due di dragoni (tedeschi).

Per quanto riguarda l'artiglieria, le batterie austriache erano formate da sei bocche da fuoco; ogni brigata aveva una batteria; oltre alle sei batterie delle due divisioni, ogni *Armeekorps* ne aveva altre tre di riserva, cioè nove per corpo, per un totale di 54 pezzi.

La riserva d'armata, comandata nominalmente da Wocher ed effettivamente da Radetzky stesso, inquadrava altre sei o sette batterie, per un totale di 252- 258 bocche da fuoco.

Una compagnia di 180 artiglieri serviva tre batterie; i sottufficiali non non erano all'altezza di quelli piemontesi, ed anche gli ufficiali austriaci erano inferiori ai sardi. Ciò faceva sì che l'artiglieria fosse mediamente inferiore all'artiglieria sabauda, come riconosciuto dagli stessi austriaci, malgrado gli artiglieri imperial- regi prestassero un ben più lungo servizio militare; quanto ai razzi *Congreve*, le *racchette* fecero più che altro rumore piuttosto che un danno reale.

Nella giornata di Novara le bocche da fuoco austriache stavano all'esercito come 3 1/2 a 1,000: le piemontesi invece come 2 1/5 a 1000; e siccome l'artiglieria degli attaccanti godeva di moltissimi vantaggi rispetto a quella dei difensori, nella scelta delle posizioni, nel maggior numero di pezzi che potevano esser messi in batteria, e nella facilità di far entrare in azione nuove batterie ed incrementare il fuoco, da tutto ciò può dedursi l'abilità e bravura degli artiglieri piemontesi nell'aver controbattuto per circa otto ore gli avversari così superiori in numero ed in proporzione relativa ed assoluta.

La vera forza dell'esercito austriaco era nella sua fanteria, poiché la sua cavalleria fu sempre superata dalla piemontese, sebbene questa od uguale od anche inferiore di numero.

Il servizio militare era di 14 anni.

La scelta dei giovani era compita assai più scrupolosamente che in Piemonte; per quanto riguardava la statura e la vigoria fisica dell'individuo; la statura minima statura era stabilita in metri 1, 61, con una media di m. 1, 67, rispetto al minimo di m. 1, 54 nell'Armata

---

[3] Gli uomini della *Landwehr* austriaca non erano truppe di seconda linea come la Guardia nazionale nel Regno di Sardegna o la *Landwehr* prussiana: questo compito era assolto in Austria dalla *Landsturm* e in Tirolo dai battaglioni di *Standenschützen*. Si trattava di truppe regolari di leva con ufficiali spesso di carriera..

sarda (1,75 per i granarieri di linea e 1,80 per quelli delle Guardie); in tal modo i soldati austriaci potevano reggere fisicamente maggiori fatiche, mentre il lungo servizio li abituava alla vita militare; grazie a ciò ed alla disciplina, i fanti portavano nello zaino viveri per quattro giorni, consumando sempre la razione più vecchia e ricevendone giornalmente un'altra ; quindi vi era quasi ignota la fame che tante volte afflisse i soldati piemontesi nella campagna del 1849, i quali, meno robusti o troppo giovani o non abituati a quel peso spesso gettavano via zaino e razioni, per soffrire poi la fame per il pessimo servizio di sussistenza. Cosi anche la cavalleria austriaca portava con sé viveri per la truppa e foraggio per le monte.

> "Per converso, scrive un anonimo ufficiale piemontese, che in realtà era lo stesso Carlo Alberto, nelle *Considerazioni sopra gli avvenimenti militari del marzo 1849 scritte da un Ufficiale piemontese*, uscite nello stesso 1849 a cura di Carlo Promis, il soldato nostro vince di molto l'austriaco per corporale sveltezza e per impeto e sentimento, e quantunque scelto con minor cura, guerreggiando in Italia, ha per sè il vantaggio del clima; da lui si ricava in due o tre anni al più quel frutto che gli austriaci non danno in tempo doppio e triplo e quadruplo, e ne abbiamo evidente testimonianza in tutti i soldati nostri che hanno per legge due o tre anni di servizio".

E' interessante riportare il parere sui due eserciti che diede il filosofo tedesco Friederich Engels- ben più noto per esser stato insieme al sodale Karl Marx il fondatore del socialismo scientifico ed il teorico del materialismo dialettico, ma che, sebbene sia poco ricordato, fu un attento ed appassionato analista militare- scrisse della Guerra di Crimea e della guerra franco- prussiana del 1870- 71- in una serie di articoli apparsi sul *Putnam's Monthly* tra l'agosto ed il dicembre 1855, e dedicati agli eserciti europei, che ancor oggi costituiscono uno dei riassunti più precisi sull'argomento.

Nel primo articolo, apparso sul numero di agosto del 1855, Engels tratta dell'esercito austriaco, considerato il più potente d'Europa insieme a quello francese ed a quello britannico:

> La fanteria, che in questo senso è simile all'inglese, si distingue più per la sua azione in massa, che per la sua agilità come fanteria leggera. Dobbiamo, tuttavia, fare eccezione per le truppe di frontiera [*Grenzer* e *Seressaner*] e i cacciatori [*Jäger*].
> I primi sono per la maggior parte molto efficienti nelle schermaglie, in particolare i croati, il cui tipo di guerra preferita è l'imboscata. I cacciatori sono principalmente tirolesi e tiratori d'alto livello. Ma la fanteria tedesca e ungherese generalmente si impone per la propria solidità e, durante le guerre napoleoniche, spesso mostrarono che a questo proposito meritano di essere messi sullo stesso piano degli inglesi. Anch'essi affrontarono più di una volta la cavalleria, [disposti] in linea, senza preoccuparsi di formare un quadrato, e ovunque abbiano formato dei quadrati, la cavalleria del nemico raramente riuscì a spezzarli, come testimonia [la battaglia di] Aspern[4].
> La cavalleria è eccellente. La cavalleria pesante o "tedesca", composta da tedeschi e boemi, è ben equipaggiata, bene armata e sempre efficiente. La cavalleria leggera ha, forse, perso mescolando i *Chevau-Léger* tedeschi con i lancieri polacchi [intende ulani, ndA], ma i suoi ussari ungheresi rimarranno sempre il modello per tutta la cavalleria leggera.
> L'artiglieria, reclutata principalmente nelle province tedesche, è sempre stata di alta

---

4   Ad Aspern- Essling il 21 e 22 maggio 1809 l'Arciduca Carlo d'Austria (padre dell'Arciduca Alberto) sconfisse per la prima volta Napoleone, costringendolo a ripassare il Danubio.

qualità; non tanto per l'adozione tempestiva e giudiziosa dei miglioramenti, quanto per l'efficienza pratica degli uomini. I sottufficiali, in particolare, vengono addestrati con grande cura e sono superiori a quelli di qualsiasi altro esercito. Per quanto riguarda gli ufficiali, la competenza teorica viene lasciata troppo alla scelta di ciascuno, ma l'Austria ha prodotto alcuni dei migliori studiosi dell'argomento.

In Austria, lo studio è la regola, almeno per gli ufficiali subalterni, mentre in Inghilterra, un ufficiale che studia la sua professione è considerato una vergogna per il suo reggimento. Il corpo, il personale e gli specialisti del Genio sono eccellenti, come dimostrano le splendide mappe che hanno realizzato con le proprie ricognizioni, in particolare quelle della Lombardia. Le mappe del Servizio cartografico britannico, sebbene buone, non sono nulla in confronto.

La grande confusione delle nazionalità costituisce un grave problema. Nell'esercito britannico, ogni uomo può almeno riuscire a parlare in inglese, ma con gli austriaci, anche i sottufficiali dei reggimenti non tedeschi riescono a malapena a parlare tedesco.

Ciò crea, naturalmente, molta confusione e difficoltà d'interpretazione, anche tra l'ufficiale e il soldato. È parzialmente risolto dalla necessità in cui il frequente cambio di quartieri costringe gli ufficiali all'apprendimento di almeno qualche elemento di ogni lingua parlata in Austria. Tuttavia, l'inconveniente non è risolvibile.

La severità della disciplina, che viene applicata sugli uomini con frequenti applicazioni di una bacchetta di nocciolo sui loro posteriori, e il lungo periodo di servizio, impediscono lo scoppio di gravi incidenti tra le varie nazionalità dell'esercito, almeno in tempo di pace Ma il 1848 mostrò quanto poca coesione interna possedesse questo cacervo di truppe. A Vienna, le truppe tedesche si rifiutarono di combattere la rivoluzione. In Italia e in Ungheria, le truppe nazionali passarono dalla parte degli insorti, senza nemmeno una parvenza di lotta[5].

In questo sta il punto debole di questo esercito.

Nessuno può dire fino a che punto o per quanto tempo [questo esercito] starà insieme, o quanti reggimenti diserteranno [qualora dovesse verificarsi] un evento particolare, per combattere contro i loro ex commilitoni[6].

In questo esercito vi sono rappresentati sei nazioni diverse e due o tre differenti credi religiosi; e, quanto alle simpatie che lo pervadono, devono necessariamente scontrarsi in un momento come il presente, quando le nazioni anelano al libero uso delle loro forze. In una guerra con la Russia, il serbo ortodosso greco, influenzato dall'agitazione panslavista, combatterebbe contro i russi, suoi cugini di razza e e con lo stesso credo? In una guerra rivoluzionaria, l'italiano e l'ungherese abbandonerebbero il proprio paese, per combattere per un imperatore a loro estraneo per lingua e per nazionalità?

Non è prevedibile; e quindi, qualunque sia la forza dell'esercito austriaco, sono necessarie circostanze molto particolari per poter mettere in campo la sua piena forza.

Engels poi traccia un profilo assai positivo dell'esercito piemontese, considerato l'unico esercito valido della penisola:

L'esercito piemontese forma un bell'insieme di uomini d'aspetto guerriero come qualsiasi altro in Europa. Come i francesi, sono di piccole dimensioni, in particolare la fanteria; le loro guardie non hanno un'atezza media nemmeno di cinque piedi e quat-

---

5 Come a Venezia il 22 marzo 1848, quando i reparti italiani indossarono la coccarda tricolore e aprirono il fuoco sui croati: P. Romeo di Colloredo, *Venezia 1849. Aspetti militari di un assedio del XIX secolo*, Bergamo 2017.
6 Nel 1866, a Custoza, la brigata *Granatieri di Lombardia*, formata in massima parte di veterani dell'esercito imperiale, comandata del principe Amedeo, dica d'Aosta, si distinse particolarmente contro i vecchi commilitoni.

tro pollici; ma per quanto riguarda la loro uniforme di buon gusto, il loro portamento militare, il fisico forte ma agile ed i raffinati tratti italiani del volto, sembrano migliori di molti uomini più alti. L'uniforme e gli equipaggiamenti sono, per ciò che riguarda la fanteria di linea e delle Guardie, del tipo francese, con alcuni dettagli adottati dagli austriaci. I bersaglieri hanno una loro divisa peculiare, un cappello tondo da marinaio con un lungo pennacchio di piume di gallo e una giubba blu scura. La cavalleria indossa giacche blu corte, coprendo solo l'osso iliaco. Il moschetto a percussione è l'arma generale della fanteria; i bersaglieri hanno carabine tirolesi corte, armi buone e efficaci, ma inferiori al Minié sotto tutti gli aspetti.

Il primo rango della cavalleria era armato di lance; se questo non è ancora il caso dei cavalleggeri non possiamo dire.

Il calibro di otto libbre per le batterie a cavallo e e leggere diede loro lo stesso vantaggio rispetto agli altri eserciti continentali di cui godevano i francesi avevano conservando questo calibro; ma le loro batterie pesanti, che erano equipaggiate con pezzi da sedici libbre, la resero l'artiglieria da campo più pesante del continente. Che questi cannoni, una volta in posizione, possano fare un servizio eccellente, hanno dimostrato sulla Chernaya[7], dove il loro tiro preciso tiro ha contribuito notevolmente al successo degli Alleati, ed è stato universalmente ammirato.

Di tutti gli stati italiani, il Piemonte è il luogo migliore per creare un buon esercito. La pianura del Po e i suoi affluenti producono cavalli robusti e una razza di uomini bella e alta, i più alti di tutti gli italiani, estremamente adatti per il servizio di cavalleria e artiglieria pesante.

Le montagne, che circondano queste pianure su tre lati, a nord, ovest e sud, sono abitate da un popolo robusto, di dimensioni inferiori, ma forte e attivo, laborioso e arguto, come tutti gli abitatori delle Alpi. Sono loro che formano la base della fanteria, e in particolare dei bersaglieri, un corpo di truppe che pressoché eguaglia i *Chasseurs de Vincennes* come addestramento, ma certamente li supera in forza corporea e resistenza.

Le istituzioni militari piemontesi sono, nel complesso, molto buone e, di conseguenza, gli ufficiali sono di un livello elevato. Fino al 1846, tuttavia, l'influenza dell'aristocrazia e del clero ebbe molto a che fare con la loro nomina. Fino a quel periodo, Carlo Alberto conosceva solo due mezzi per governare: il clero e l'esercito; in effetti, era un detto generale in altre parti d'Italia che in Piemonte, su tre uomini che incontravi per strada, uno era un soldato, il secondo un monaco e solo uno su tre un civile.

Al momento, ovviamente, questo è stato eliminato; i preti non hanno alcuna influenza e, sebbene la nobiltà consrvi le nomine di molti ufficiali, le guerre del 1848 e del '49 hanno impresso un certo carattere democratico all'esercito che non sarà facile da distruggere.

Riteniamo che il più grande complimento che possa essere tributato all'esercito piemontese sia contenuto nell'opinione espressa da uno dei suoi ultimi avversari, il generale Schönhals, Quartiermastro Generale dell'esercito austriaco nel 1848 e nel '49.

Nei suoi "*Ricordi delle campagne italiane*[8]", questo generale, uno dei migliori ufficiali dell'esercito austriaco, ed un uomo che si oppose violentemente alla causa dell'indipendenza italiana, tratta l'esercito piemontese con il massimo rispetto.

"La loro artiglieria", dice, *"è composta da ufficiali scelti e ben preparati, ha un buon materiale ed è di livello superiore alla nostra come calibri [...] La cavalleria non è*

---

[7] In Crimea, dove il 16 agosto 1855 i franco- sardi, comandati rispettivamente da A. J.J. Pellissier e A. La Marmora, ed i turchi diOsman Pacha sconfissero i russi di M. Gorčakov.

[8] K. v. Schönhals, *Erinnerungen eines österreichischen Veteranen aus dem italienischen Kriege in den Jahren 1848 und 1849.* Stuttgart 1852.

un'Arma da sottovalutare. La prima schiera è armata di lancie. Tuttavia, l'uso di una tale arma richiede un cavaliere molto addestrato, quindi non vuol dire che una tale innovazione sia un miglioramento immediato. Ad ogni modo, la loro scuola d'equitazione è ottima. [...] a Santa Lucia si è combattuto con coraggio da entrambe le parti. I piemontesi attaccarono con grande vivacità ed impeto; sia i piemontesi che gli austriaci compirono moti atti di grande coraggio individuale... L'esercito piemontese ha il diritto di ricordare il giorno di Novara senza dover arrossire", e così via.

Allo stesso modo, il generale prussiano Willisen, che ha partecipato a parte della campagna del 1848, e che non era certo favorevole alla causa dell'indipendenza italiana, parla molto dell'esercito piemontese.
Fin dal 1848, un certo partito in Italia ha considerato il re di Sardegna come il futuro capo di tutta la penisola. Sebbene lungi dal partecipare a tale opinione, crediamo ancora che ogni volta che l'Italia lotterà per riconquisterà la propria libertà, le forze armate piemontesi saranno il principale strumento militare per raggiungere quell'obbiettivo e, allo stesso tempo, formeranno il nucleo del futuro esercito italiano.
Potrebbe subire, prima che ciò accada, più di una rivoluzione nel suo stesso seno, ma gli eccellenti elementi militari che inquadra sopravviveranno a tutto questo e saranno i primi anche se si fonderanno in un vero esercito nazionale.

Quanto ai componenti della 5a Divisione Lombarda, basti leggere la descrizione fattane dal difensore del loro comandante, il generale Ramorino, durante il processo a quest'ultimo nel maggio 1849:

"Ad eccezione di pochi piemontesi, la massima parte di quelle truppe componevasi di coscritti emigrati dalle varie provincie della Lombardia, non avvezzi alle armi ed indisciplinati; il rimanente erano disertori austriaci, perciò poco disposti ad affrontare il nemico".

L'eccezione era costituita dai bersaglieri del VI battaglione del maggiore Luciano Manara, che si batterono bene alla Cava e, ancora meglio a giugno contro i francesi a Villa Corsini sul Gianicolo, difendendo la Repubblica Romana[9].
Ancora il Re Carlo Alberto nelle sue *Considerazioni* già citate, analizza quali fossero i difetti della fanteria sarda e ciò che concorreva a minarne la combattività e la disciplina, in un brano che merita di esser riportato per esteso a dispetto della sua lunghezza, per l'analisi lucida ed impietosa dei limiti e dei difetti della fanteria piemontese a Novara fatta senza sconti o giustificazioni, e che resta a più di un secolo e mezzo, pienamente condivisibile:

"I disastri del luglio [1848] non avevano spento nei nostri giovani l'ardor militare, ed in non pochi comuni accadde che i chiamati rifiutaron la sorte, e si dissero pronti tutti a partire. Intanto i provinciali ottenevano successivamente il permesso di restituirsi per pochi giorni alle loro case (altra conseguenza della nostra formazione), dove giunti dicevano dei sofferti patimenti, della fame, degli oltraggi contro il Re, del niun concorso prestatoci, non senza qualche esagerazione di menti grosse e indispettite; i parenti si commossero, le voci si sparsero, lo scopo della guerra diventò odioso tra i con-

---

[9] Il reggimento *Cavalleggeri lombardi*, che pure sarebbe stato fondamentale per la ricognizione, non giunse che il 20 marzo, quando l'offensiva di Radetzky era già iniziata, e non svolse pressoché nessun ruolo nella campagna.

tadini, e specialmente tra i savoiardi, genovesi e nizzardi, meno proni ad obbedienza che i nostri [piemontesi] non siano.

Le sette politiche vi concorsero colle loro suggestioni, mentre la disciplina non era più che un nome; il soldato perdè l'obbedienza, ed osò pale sare apertamente idee contrarie alla guerra; estrema calamità d' uno stato. E qui pure gli effetti di tante cagioni morali e politiche potevano fruttificare, grazie alla pessima formazione, giacchè l'artiglieria e la cavalleria, con eguali reminiscenze e seduzioni, andarono alacremente in guerra e combatterono egregiamente; questi erano soldati compiuti, gli altri no.

Adunque la nostra fanteria si trovò in marzo ultimo quanto superiore in numero a quella dell'anno scorso altrettanto inferiore in bontà; imperciocchè essa dovette regolarmente diventare men buona a misura appunto che se ne estendevano i quadri.

Queste cose affliggevano i militari istrutti che ne prevedevano le fatali conseguenze; ma le loro parole venivano oppresse dai clamori del volgo, avvezzo a calcolare la forza di un esercito dai suoi stati di situazione e a gridare che il Piemonte poteva benissimo mandar in guerra anche 150 mila uomini e più, qualora il Governo lo avesse lealmente voluto; secondo il solito, i più ignoranti eran quelli che vociferavan- più alto. Finalmente i promotori di simili chimere pervennero a reggere lo stato, e l'esercito attivo fu ingrossato fuori d'ogni proporzione colla popolazione e le nostre finanze, moltiplicati i graduati d' ogni specie, badato insomma non già ad aver un esercito di circa 70 mila soldati in campagna (secondo le impreteribili leggi della scienza, il Piemonte non ne può fornire durevolmente di più), ben composto e comandato, ma ad avere la maggior mole possibile di truppa. Queste sono le opere di governanti incapaci, e poi la nazione ne paga il fio. Si gridava che bisognava eccitare l'entusiasmo, cosa ottima in sè, ma che non s'infonde a piacimento.

L'entusiasmo militare, ben diverso dal civile o patriottico, si riduce in una impetuosa obbedienza soldati che adorano il loro capo; i romani che furono la più gran nazione militare, non conobbero entusiasmo e non hanno voce che lo esprima; l' esercito di Federico II componevasi oltre una metà di disertori e piazzaruoli; quello inglese si recluta colla bordaglia della Gran Brettagna, e d'esso dice Wellington che v' entrano i più gran ribaldi e se n' hanno i più valenti ed esemplari soldati.

Questi prodigi li fa la disciplina; coi proclami si creano gli eserciti mazziniani che sono poi ovunque fuorché al loro posto.

I risultati di tanti successivi errori si videro nei combattimenti dei 21 e 23 marzo.

A Novara la fanteria si gettava con impeto sul nemico, lo respingeva dalla Bicocca, lo inseguiva con disordinato furore sinchè i più arditi trovandosi sparsi e troppo inoltrati erano astretti a retrocedere: i più timidi non sapendo darsi ragione di ciò, si ritraevano.

Agli ufficiali, non tutti egualmente zelanti, non riusciva di conservare le file e meno ancora di ricomporle; i battaglioni si ritiravano confusamente dal fuoco ed era difficile di farvene ritornare oltre una metà; le nuove brigate che successivamente muovevano all'assalto, memori del genere di guerra dell' anno scorso e prive di quella consistenza nelle marcie e manovre che s'impara solo col tempo, disordinavansi per troppo ardore a misura che si appressavano al nemico e si mescolavano con una turba di valorosi d'altre brigate che dopo la ritirata dei loro compagni erano volontariamente rimasti in campo a scambiare fucilate col nemico.

Questa mescolanza onorava il valore dei soldati, moltissimi de'quali vedevan per la prima volta il fuoco, ma riusciva dannosissima alla regolarità delle mosse e nata dal disordine lo fomentava sempre più; infatti, quando si dovette retrocedere, parecchi reggimenti si trovarono confusi gli uni cogli altri per modo che tornò quasi impossibile alla fanteria il fare una ritirata regolare.

Queste parole debbono essere intese genericamente, essendo stata lodevolissima la condotta di alcune brigate che' io non voglio mentovar qui, onde non sembri detto ad esclusione di altre; la qual cosa sarebbe contro la verità e l'intenzione mia.

Tutti questi mali accuratamente esaminati derivano da quel primo della formazione.
Ora si pensi quanta debba essere la naturale bravura ed attitudine alla guerra dei nostri contadini e coscritti, mentre , malgrado di ciò, potè la nostra giovine armata vincere nello scorso anno per quattro mesi gli austriaci, ed ora anche vieppiù disordinata mantenne il vantaggio in gran battaglia per cinque ore e cesse dopo altre due ore di movimenti concentrati di un esercito che la superava di numero ed era tutto di vecchi soldati e peritissimi nelle evoluzioni. L'ho detto e lo ripeto, nessuna truppa al mondo, in simili condizioni, avrebbe fatto altrettanto, nessuna ; non il valore ci mancò, poiché questo solo sostenne la guerra del 48 ed ora fece lottare, a Novara, per quasi ott'ore 50 m[ila] coscritti e provinciali piemontesi contro almeno 6 m[ila] nemici troppo istruiti, per nostra sventura, nel mestiere dell'armi; non fu il valore che ci mancò, e lo attestano i cadaveri de' nostri e più di tre migliaia di feriti, ma la prudenza che da lungi prevede , ma la scienza e l'abito della guerra che non poterono essere imparati se non poco dagli ufficiali e nulla dai soldati.
Nè si dica che i piemontesi sono per lor natura meglio atti alle offese che alle difese passive ; sotto Napoleone i nostri reggimenti eran notati per l'eroica impassibilità nel resistere al fuoco, e per questa dote superavano altra scienza, altr'arte.
Quasi ogni nazione ebbe eserciti eroici, ma eserciti d'eroi non furon mai ; si sforzi con la scienza e la disciplina il cattivo soldato a farsi buono, non si lasci che il buono si guasti per ignoranza e per mali e- sempi. I popoli liberi sono quelli per l'appunto che ebbero eserciti più severamente disciplinati , prima Roma, poi Svizzera, Svezia, Olanda, Inghilterra, Francia; se vogliamo esserne emulatori, imitiamone la sapienza e la virtù militare".

Parole valide anche per tante, troppe pagine della storia militare italiana, sino al 1945. Non è un caso che per quanto riguarda il periodo risorgimentale si sia sempre esaltato il culto dei volontari garibaldini, dei moti insurrezionali, della mai avvenuta *guerra di popolo* rispetto alla disciplina raggiunta del 1859- 1861 dall'Armata sarda, dell'assalto impetuoso alla baionetta rispetto alla pianificazione ed alla disciplina.

Uniformi austriache del 1849, con l'uniforme adottata quell'anno.
A Novara venne indossata quella mod.36, con la giubba con le falde a coda di rondine con i risvolti nei colori reggimentali (*Rock*). Nel 1849 anche lo *shako* da fanteria mod. 1836 venne sostituito con un modello più pratico, simile a quello dell'Armata sarda. La ripresa delle ostilità avvenne proprio mentre venivano cambiate le uniformi, ciò che portò contemporaneamente all'uso di tagli vecchi e nuovi .

ANTEFATTO
LA PRIMA GUERRA D'INDIPENDENZA DEL 1848

Esattamente un anno prima della *fatal Novara*- per usare le parole del Carducci, che in realtà si riferiscono alla nave da guerra austriaca che portò Massimiliano d'Asburgo incontro alla propria tragica fine- il 23 marzo 1848, in seguito all'insurrezione di Milano ed a quella di Venezia, avvenute il giorno precedente, Carlo Alberto ha varcato il Ticino, L'ingresso in guerra del Regno di Sardegna, animato dalla volontà di annettere il Lombardo- Veneto e creare un unico Regno dell'Alta Italia, poneva il gravoso problema di come i governi provvisori delle varie città che si erano liberate, in parte o del tutto, dalla occupazione austriaca senza l'aiuto dell'esercito piemontese dovessero ora comportarsi nei confronti di Carlo Alberto. La questione suscitò un animato dibattito reso ancor più complesso dalle molteplici, e spesso inconciliabili, posizioni su cui si trovavano molti dei protagonisti delle rivolte.

Vi erano, ad esempio, repubblicani intransigenti, come i milanesi Cattaneo e Giuseppe Ferrari, che mal guardavano all'intervento regio. Ma anche repubblicani, come Mazzini o Garibaldi, che erano, almeno temporaneamente, disposti ad appoggiare Carlo Alberto anteponendo la lotta per l'indipendenza nazionale a quella per la repubblica. C'erano poi le posizioni dei moderati in maggior parte favorevoli all'annessione. Sul governo provvisorio milanese, composto prevalentemente da moderati, si esercitarono subito le pressioni in senso annessionista dei piemontesi. In occasione d'una petizione coperta da molte migliaia di firme, che gli fu già presentata fino dal giorno 5 e nella quale si invocava l'appoggio della Francia, visto la tendenza sempre più manifesta alla fusione col Piemonte, il governo veneto domandò formalmente a Carlo Alberto se Venezia potesse contare su di lui e sul suo energico appoggio

Dopo l'insurrezione milanese, il Feldmaresciallo Radetzky è costretto ad abbandonare Milano e a rifugiarsi entro Verona, non prima di aver messo a ferro e a fuoco i paesi in cui gl'insorti gli contrastano la ritirata.

Dichiarata, da parte del Piemonte, la guerra all'Austria, il Radetzky rimane nel quadrilatero; e mentre l'esercito di Carlo Alberto assedia Peschiera, egli provvede a riorganizzare il suo esercito, per riprendere l'offensiva non appena gli siano giunti i rinforzi da lui chiesti a Vienna. Essi giungono dalla parte del Veneto, dopo aver battuto a Cornuda e alle Castrette le truppe pontificie, e il 22 maggio operano il congiungimento con le truppe del Radetzky Validamente accresciuto, l'esercito austriaco si concentra allora a Mantova col proposito di tagliare la strada di Milano all'esercito piemontese, e dopo una sanguinosa lotta a Curtatone e a Montanara il 29 maggio contro le truppe dei volontari toscani, si scontra a Goito con l'esercito piemontese, che riporta una brillante vittoria, impedendo agli austriaci il passaggio del Mincio.

Al principio di maggio l'esercito piemontese, avanzato attraverso la Lombardia, aveva forzato i passi del Mincio con l'obbiettivo attaccare i forti esterni di Verona dal lato occidentale, con la speranza (segreti, ma non ben definiti accordi erano infatti intervenuti) che i nazionalisti veronesi insorgessero alla voce del cannone, il che avrebbe potuto indurre il Radetzky ad abbandonare Verona, come nel marzo precedente aveva abbandonato Milano. Il comando sardo, volendo raccogliere i frutti del favorevole combattimento di Pastrengo , decise di attaccare la piazza di Verona per provocare Radetzky a quella battaglia in campo aperto che il Maresciallo austriaco aveva fino allora rifiutata in attesa di rinforzi. Nel quartier generale di Carlo Alberto si faceva sicuro assegnamento su un'insurrezione di patrioti dentro la città e si contava, così, di prendere gli Austriaci fra due fuochi. Il progetto, redatto dal generale Bava, impegnava all'azione offensiva tutta la forza disponibile, meno la 4a Divisione impegnata nell'investimento di Peschiera. Le posizioni di partenza erano gli accampamenti di Villafranca, Custoza, Sommacampagna, Sona, Santa Giustina, Bussolengo, dai quali dovevano muovere su Verona altrettante colonne, convergendo a due a due sui tre obiettivi di Crocebianca con la 3ª Divisione, su San Massimo con la 1ª Divisione, e su Santa Lucia con la 2ª Divisione), con lo sforzo maggiore al centro, verso San Massimo.

La Divisione di riserva sarebbe rimasta dietro la colonna centrale; la cavalleria sarebbe stata schierata con due reggimenti al centro, due sull'ala sinistra in direzione di Chievo, due sulla destra in direzione di Tombetta. La forza complessiva dei sardi era di circa 20.000 uomini e una settantina di cannoni. Da parte austriaca, in attesa, come s'è detto, di nuove forze, il Maresciallo Radetzky aveva deciso di restare nella difensiva. Aveva a sua disposizione circa 26.000 uomini, dei quali 16.000 spiegati sul vecchio ciglione di riva destra dell'Adige da Chievo a Tombetta, a tre chilometri. circa da Verona.

L'attacco piemontese, iniziato alle ore 7,30, rivelò subito assenza di contemporaneità e di coordinazione. La colonna che si era mossa da Sommacampagna formata dalla brigata *Aosta* si impegnò prematuramente; la colonna di destra giunse in ritardo e, per di più, si impegnò verso Santa Lucia anziché verso San Massimo, come ordinato. Trovandosi così a essere sostenuta anche dalle truppe della seconda divisione provenienti da Villafranca, la brigata *Aosta*, con la quale era lo stesso generale Bava, riuscì a scacciare gli austriaci dal villaggio. A nord, frattanto, l'attacco contro Crocebianca venne fermato dalla strenua resistenza austriaca, specialmente perché non sostenuto dal Bava, che avrebbe potuto far convergere a nord parte delle sue truppe esuberanti per prendere sul fianco le truppe austriache.

La popolazione di Verona rimase del tutto tranquilla, senza insorgere contro gli austriaci come previsto; perciò il Comando supremo sardo giudicò conveniente sospendere la "ricognizione" e ritornare sulle posizioni di partenza. Il movimento fu tutt'altro che facile per l'enorme agglomeramento di truppe che si era venuto a formare attorno a Santa Lucia e perché Radetzky con immediata decisione rinforzò con truppe fatte uscire dalla città la propria ala sinistra, ordinandole di attaccare e riprendere Santa Lucia. La retroguardia piemontese, al comando del Duca di Savoia Vittorio Emanuele con la brigata *Cuneo,* riuscì a proteggere il ripiegamento con reiterati assalti controffensivi,.

Il tentativo era fallito: i piemontesi non avendo ricevute le sperate notizie di sommovimenti in Verona e non potendo rimanere in quella precaria situazione, erano dovuti ritornare sulle posizioni di partenza, attendendo che Peschiera, accerchiata con regolare assedio, cadesse; con le forze assedianti, rimaste libere, i piemontesi avrebbero rinforzato le truppe di campagna e ripreso l'azione offensiva. Occorreva anche ai piemontesi sistemare il servizio dei rifornimenti, che - affidato a un'impresa dal governo provvisorio di Milano, il quale ne aveva assunto la responsabilità - funzionava molto imperfettamente dopo il passaggio del Mincio. L'attesa sulle colline moreniche del Garda a oriente del Mincio durava da oltre venti giorni, quando, ricevuti i rinforzi del Nugent e portate così le sue forze a circa 60.000 uomini, il Feldmaresciallo decise di uscire dalla piazzaforte con circa 40.000 uomini, lasciando gli altri a presidio della città e per atti dimostrativi contro l'ala settentrionale dei piemontesi, da Rivoli. Non sembrando conveniente al maresciallo austriaco attaccare direttamente i nemici nelle loro forti posizioni sulle alture, decise di puntare rapidamente verso Mantova, in possesso degli austriaci), di passare quivi il Mincio e di volgersi poi verso nord per tagliare ai piemontesi le comunicazioni, e, nel tempo stesso, rompere le linee d'assedio di Peschiera. La manovra di Radetzky comportava una rischiosa marcia di fianco (Verona-Mantova) sotto gli occhi dei piemontesi in posizione sulle alture a nord di Villafranca. Inoltre, uscendo da Mantova verso ovest, avrebbe incontrato la resistenza dei volontari toscani e del 10° reggimento di linea napoletano *Abruzzo Citra*[10] che il Radetzky sapeva trovarsi in posizione fra Curtatone e Montanara .

La marcia di fianco su tre colonne dirette su Trevenzuolo, su Isola della Scala e per Bovolone-Cerea fu quasi interamente compiuta nella notte 27-28 maggio, senza che i sardi avvertissero il movimento. Quando il mattino del 28 il consueto "*niente di nuovo*" tranquillizzava i comandi delle grandi unità sarde, già la parte pericolosa del percorso era stata superata dagli austriaci. Soltanto a mezzogiorno giunsero al gen. Bava (1° corpo piemontese) le prime informazioni degli abitanti sulle mosse del nemico. Il comando supremo, cui arrivava poco dopo analoga informazione, ordinava al Bava di avvertire i toscani del de Laugier che - fatta una prima buona difesa - rimontassero lungo la destra del Mincio fino a Goito, dove i piemontesi, con affrettate disposizioni, sarebbero stati concentrati, visto che non era più possibile attaccare gli austriaci ad oriente del Mincio.

il piano di Radetzky prevedeva una manovra frontale un aggiramento da Mantova verso nord, che se fosse riuscito avrebbe non solo liberato Peschiera dall'assedio, ma anche intrappolato buona parte dell'esercito piemontese sul Mincio e posto fine alla guerra La notizia della mossa del Radetzky giunse a mezzogiorno del 28 maggio al Comando supremo piemontese. Il ministro della guerra al campo, generale A. Franzini, ne avvertì immediatamente il generale Bava comandante del I Corpo d'armata, perché a sua volta ordinasse al de Laugier di opporre una forte difesa dinnanzi a Mantova, mentre il grosso dei sardi sarebbe ripassato a occidente del Mincio per concentrarsi attorno a Goito.

Bava, ritenendo che si trattasse di un cambio della guarnigione austriaca di Mantova e non di una mossa strategica di Radetzky, mandò al de Laugier ordini tardivi e non chiari, specie per quanto riguardava la durata della resistenza e la possibilità di ricevere rinforzi sul posto. Il convincimento del de Laugier fu di dover fare resistenza ad oltranza presso Mantova, dove sarebbe stato soccorso dall'esercito piemontese.

Il mattino del 29 maggio il grosso degli austriaci uscì da Mantova in tre colonne, rispettivamente dirette a Curtatone, a Montanara e a S. Silvestro. Si trattava di 20.000 uomini e 52 pezzi d'artiglieria, divisi in tra colonne: a destra la colonna Felix Schwarzemberg (brigate Benedek e Wolghemuth, 8600 uomini, 24 cannoni); a sinistra la colonna Karl Schwarzemberg (brigate Clam-Gallas e Strassoldo, 4000 uomini e 22 cannoni); all'estrema sinistra la colonna Lichtenstein (4300 uomini e 6 cannoni), per un totale di 19 battaglioni di fanteria, 2 squadroni e ½ di cavalleria e 52 pezzi d'artiglieria.

Il massimo sforzo doveva esser fatto a nord contro Curtatone per staccare i toscani dai piemontesi. Il de Laugier aveva ripartito le sue forze (4.800 volontari e 9 cannoni toscani e 600 regolari napoletani) in tre nuclei: a Curtatone (volontari toscani) e a Montanara (10° reggimento provinciale *Abruzzo Citra*, ridotto alle dimensioni di un battaglione) in prima linea, alle Grazie in riserva. Occupazione debole, per la sproporzione fra l'am-

---

10   Il Re Ferdinando II si era ritirato dal conflitto contro l'Austria e l'ordine era giunto al comando napoletano a Bologna il 21 maggio 1848; tuttavia il 10° reggimento continuò a combattere con i piemontesi

piezza della fronte, di circa quattro chilometri e le forze disponibili. Preparato da un fuoco intenso di artiglieria, controbattuto soltanto dai pochi cannoni toscani, dapprima la brigata Benedek mosse all'attacco contro Curtatone, dove i difensori, assai inferiori di numero, resistettero strenuamente; poi si mosse l'attacco contro la posizione di Montanara, tenuta dal 10° reggimento *Abruzzo Citra*, che venne aggirata dagli austriaci penetrati nell'intervallo al centro dalla linea toscana, e dalla colonna avanzante da S. Silvestro. Alle ore 14, dopo lunga lotta, il de Laugier venne informato che i Piemontesi erano giunti a Goito e che doveva raggiungere il grosso dell'Armata sarda; ma egli giudicò pericoloso sottrarsi al combattimento col nemico a contatto, e ordinò che la riserva delle Grazie avanzi per alleggerire la pressione austriaca, e ordinò la ritirata generale soltanto quando apprese che i napoletani non erano più in grado di tenere Montanara per le gravissime perdite.

Una parte di quanto restava dei tosco-napoletani seguì il de Laugier a Goito, dove il Bava li fece proseguire per Guidizzolo temendo che la vista dei volontari in ritirata potesse demoralizzare i suoi uomini; altri si ritirarono in direzione di Marcaria e di Brescia.

I tosco-napoletani, secondo Pieri, persero nel combattimento 166 morti, 518 feriti e 1178 prigionieri, di cui un centinaio erano dell'*Abruzzo Citra*; le perdite austriache furono di 95 morti, 516 feriti e 178 dispersi.

Il tempo di arresto che gli austriaci uscenti da Mantova dovettero segnare per effetto della resistenza dei fanti abruzzesi e dei toscani, diede modo ai sardi di operare il concentramento a Goito senza venire disturbati. Ma gli accennati equivoci sul significato degli ordini e la conseguente mancanza di rinforzi che i toscani si erano creduti in diritto di attendere, lasciarono strascico di esagerate recriminazioni, giungendosi dai demagoghi all'assurda insinuazione che i generali dell'esercito regolare avessero deliberatamente lasciato schiacciare i Toscani per istintiva avversione contro le truppe volontarie.

Va sottolineato come le truppe che si batterono meglio furono i fanti del 10° *Abruzzo Citra*, che si dimostrarono ottimamente addestrati e duri combattenti; ma il loro ruolo fondamentale è stato spesso taciuto o addirittura negato a favore dei volontari toscani, assai meno disciplinati e che, a parte episodi di valore autentico non si dimostrarono all'altezza dei regolari abruzzesi.

Il passaggio dei piemontesi sulla riva occidentale del fiume fu iniziato la notte del 28-29 maggio. Il mattino del 30 maggio fra Volta, Valeggio e Goito i piemontesi avevano raccolto 22 battaglioni, 24 squadroni e 4 batterie e mezzo. Siccome l'atteso attacco nemico non si pronunciava ancora tutte quelle truppe furono portate in linea a sud, sulle alture di Goito.

Radetzky, per la resistenza opposta dai toscani il 29, aveva dovuto perdere tempo prezioso e dedicare la mattina del 30 al riordinamento delle proprie truppe e a provvidenze logistiche. Soltanto a mezzogiorno ordinò l'avanzata verso nord non per attaccare in quello stesso pomeriggio, ma per preparare la battaglia offensiva che intendeva svolgere il 31 contro le alture di Volta, dove supponeva essere i piemontesi.

Gli austriaci marciavano su due colonne; quella di destra (avanguardia Benedek) giungendo alle 15.30 in vista di Goito, fu improvvisamente bersagliata dalle artiglierie piemontesi.

Il Benedek, sorpreso ancora incolonnato, spiegò le prime truppe, ed iniziò un duello di artiglieria, ma la piemontese prevalse; la brigata che seguiva il Benedek poté essere spiegata a sinistra della brigata di testa soltanto alle 17, e attaccò la destra della prima linea piemontese (brigata *Cuneo*) che il Bava subito rinforzò facendo avanzare i Granatieri delle Guardie comandati personalmente dal Principe ereditario Vittorio Emanuele, che venne ferito leggermente, al grido di "*A me le Guardie per l'onore di Casa Savoia!*"; quindi avanzarono i fanti della brigata *Aosta*. Con questi rinforzi l'ala destra piemontese poté essere prolungata fino a sopravanzare la linea attaccante ed a consentire una manovra di contrattacco contro la sinistra austriaca.

La Brigata Wohlgemuth si trovò in critiche condizioni e la Brigata Strassoldo non *riuscì* a giungere in tempo a soccorrerla; e nemmeno giunsero le colonne di sinistra del II. *Korps*.

Alle ore 19 la linea austriaca era battuta; per sfuggire all'aggiramento il comando del I. *Reserve- Korps* ordinò la ritirata. Dopo due giorni di perplessità, il Radetzky ordinò il ripiegamento di tutto il corpo di operazione per Mantova alla sinistra del Mincio.

Lo stesso pomeriggio del 30 maggio, mentre si accentuava il successo tattico di Goito, giunse a Carlo Alberto la notizia che la guarnigione austriaca di Peschiera si era arresa ai piemontesi.

Ma Radetzky, traendo profitto dell'inesplicabile inazione del nemico, si diresse su Vicenza, dove le truppe pontificie vennero costrette a capitolare, e fu rinforzato dalle truppe del II. *Reserve- Korps* di. von Welden.

Durante il mese di luglio 1848, l'esercito piemontese che operava fra il Mincio ed l'Adige venne a trovarsi eccessivamente disseminato nelle campagne, con un'ulteriore sottrazione di forze dalle posizioni centrali a vantaggio dell'ala destra impegnata nell'assedio di Mantova.

Il 22 luglio, vigilia dell'attacco austriaco, il II Corpo d'Armata piemontese di de Sonnaz era sparpagliato sulle colline moreniche a est e a sud-est del Garda con l'ala settentrionale a Rivoli e l'ala meridionale nella pianura a sud di Villafranca.

Attorno a Mantova, lungo un perimetro d'investimento di una sessantina di chilometri, erano 30.000 italiani, e, cioè: il I Corpo (Bava), la divisione di riserva piemontese e la divisione lombarda del Perrone di San Martino. Fra queste due masse principali - quella delle alture e quella di Mantova vi era un vuoto di una decina di chilometri, tenuto soltanto dal 17° reggimento fanteria.

Lo stesso giorno 22 luglio le forze a disposizione del Maresciallo Radetzky erano anch'esse frazionate: a parte gli 8000 uomini bloccati in Mantova dalle truppe di Carlo Alberto e i 6000 costituenti il presidio di Legnago, vi erano il IV *Armeekorps* di Thurn u. Valsassina nel Trentino, fra Ala e Rovereto con 8000 uomini e il II. *Reservekorps* (Welden) nel Veneto orientale con 16.000 uomini; il nucleo centrale formato dagli *Armeekorps* I, II e I *Reservekorps*, complessivamente 40.000 uomini, costituiva una massa considerevole raccolta nella piazza di Verona, agli ordini diretti di Radetzky.

Rioccupato in gran parte il Veneto, e libero di puntare contro i piemontesi, il Maresciallo Radetzky - cui non era sfuggito lo spostamento del centro di gravità dell'armata sabauda verso sud - decise di attaccare, puntando contro le alture nella direzione di Peschiera, dove avrebbe trovato la più debole occupazione piemontese. Per accrescere le probabilità del successo Radetzky previde, prima dell'azione principale, un atto dimostrativo del Thurn contro l'ala settentrionale sarda, sulle posizioni del de Sonnaz a Rivoli, che ebbe luogo infatti il 22 luglio.

A Rivoli i piemontesi resistettero, ma subito dopo il de Sonnaz, intuendo che si sarebbe impegnata più a sud una battaglia grossa, ordinò che l'ala settentrionale si ritirasse nella regione di Sona. Il 23 luglio l'attacco del grosso austriaco si pronunciava, infatti, con due corpi d'armata in prima linea. l'uno diretto contro Sona e l'altro diretto contro Sommacampagna, e un corpo d'armata in riserva. Il margine esterno delle alture era occupato da 9000 piemontesi con 24 cannoni. Per tre ore il villaggio di Sona fu accanitamente conteso, ma infine gli austriaci riuscirono ad occuparlo. A Sommacampagna i difensori erano soltanto 1500, eppure gli austriaci dovettero, anche qui, lottare lunghe ore prima d'impossessarsi della posizione. Le truppe del de Sonnaz si ritirarono a Pacengo, Cavalcaselle, S. Giorgio in Salici.

Al quartiere generale di Marmirolo, dove si trovava il Carlo Alberto), si ebbero alle 9 del 23 luglio le prime notizie dell'iniziata battaglia; ma non si vollero spostare forze finché l'importanza dello scontro non fosse meglio chiarita, sicché non prima di mezzogiorno Il disegno piemontese per il giorno successivo, 24 luglio, era di contrastare al Radetzky il passaggio del Mincio con le truppe di de Sonnaz, ritiratesi, come si è detto, dal margine orientale della zona morenica ed ora schierate sulle alture immediatamente ad est del fiume, mentre le truppe della divisione Visconti, schierate ad occidente, avrebbero tenuto fortemente i ponti. Contenuti così frontalmente, gli austriaci sarebbero stati attaccati sul fianco meridionale e a tergo dalle truppe concentrate a Villafranca.

Da parte sua, Radetzky ordinò per il 24 luglio che un Corpo d'armata passasse il Mincio a Salionze, uno proteggesse il movimento dalle possibili minacce da Peschiera, e l'altro lo proteggesse dalle probabili aggressioni dalla parte di Villafranca. Inoltre richiamò il IV *Korps* di Thurn da Rovereto e la Brigata Simbschen da Legnago, dov'era di presidio.

All'alba del 24 luglio una brigata del I *Korps* austriaco occupò Salionze, debolmente presidiata dalle truppe del Visconti; il quale, accorso alle prime cannonate, cercò di raccogliere forze nel punto minacciato e chiese al de Sonnaz un rinforzo di artiglierie. Lo stesso de Sonnaz, in marcia da Peschiera verso Volta, prima che la richiesta gli giungesse, aveva ordinato a reparti della sua colonna, giunti in quel momento a Ponti, di accorrere al cannone in direzione di Salionze; ma, in definitiva, la debole difesa fu sopraffatta prima che soccorsa. Le forze lombarde e piemontesi che erano ad occidente del Mincio si raccolsero per la maggior parte intorno a Volta e quattro brigate austriache passarono il Mincio. Mentre ciò accadeva al limite occidentale del campo di battaglia, le truppe piemontesi raccolte attorno a Villafranca e incaricate della controffensiva si disponevano ad attaccare il margine orientale delle alture, dove la brigata Simbschen, richiamata come si è detto da Legnago, era giunta sul mezzogiorno. Gli austriaci, inferiori di forze, ma col vantaggio della posizione, resistettero strenuamente ed a lungo, a costo di gravi sacrifici, finché dovettero, a sera, sgombrare il terreno fra Custoza e Sommacampagna. Il successo tattico dei piemontesi non si era, però, avvenuto nella direzione strategicamente più utile. Infatti era interesse supremo per Carlo Alberto, in quel frangente, raccogliere le forze; e invece i progressi piemontesi da Villafranca in direzione di nord rendevano più accentuato il distacco fra le diverse frazioni, tanto più che gli austriaci avevano intanto occupato Valeggio.

Radetzky, impressionato del forte attacco piemontese del 24 sulle alture di Villafranca, e attribuendo ai piemontesi il proposito di staccarlo da Verona ordinò che le truppe dirette a passare il Mincio, facessero fronte indietro ed attaccassero i piemontesi sulle alture di Custoza, prima che questi ricevessero rinforzi. Nel quartiere generale di Carlo Alberto predominava invece il concetto di far massa ad occidente del Mincio, e per il 25 luglio si voleva anzitutto liberare il passo di Valeggio, attaccandolo dalle due parti del fiume, e proteggendo l'operazione dalle minacce da nord, con un attacco in direzione di Monzambano: da tali ordini ne derivarono necessariamente due scontri importanti e distinti, senza coordinazione: sulle alture di Custoza e attorno a Valeggio. Sulle alture le due divisioni comandate dal Duca di Savoia Vittorio Emanuele, e dal Duca di Genova Ferdinando, resistettero lunghe ore agli attacchi imperiali, e più volte contrattaccarono; ma a sera l'Armata sarda dovette abbandonare le colline e ritirarsi di nuovo intorno a Villafranca.

Contro Valeggio, dei due attacchi convergenti previsti, si svolse soltanto quello che parte da Villafranca e che fu personalmente guidato da Carlo Alberto, al cui fianco era il Bava. Gli austriaci erano fortemente trincerati attorno al villaggio, che Radetzky aveva ordinato di difendere ad ogni costo. Verso il tramonto, quando sarebbe stato nelle intenzioni del Re di tentare un attacco decisivo con rinforzo di altre truppe, arrivò la notizia della sconfitta sulle colline, e l'annuncio che il de Sonnaz non era in grado di giungere per quella sera sul campo; la battaglia era perduta; i piemontesi si trovavano in situazione difficile, separati da un fiume inguadabile, i cui passi erano in possesso del nemico, fatta eccezione di quello di Goito molto più a sud. I piemontesi si ritirarono verso il Mincio con sufficiente ordine la notte sul 26 luglio, inseguiti dagli austriaci, anch'essi spossati dai tre giorni di dura lotta.

Dopo la battaglia vittoriosa, Radetzky costrinse l'esercito di Carlo Alberto a togliere il blocco a Mantova, quindi lo sconfisse a Volta, obbligandolo alla ritirata su Milano e poi a ripassare il Ticino. Il Radetzky entrò in Milano il 6 agosto e tre giorni dopo concluse a Vigevano l'armistizio detto di Salasco, dal nome del generale Carlo Canera di Salasco che lo firmò, per cui l'esercito piemontese avrebbe dovuto evacuare tutto il territorio lombardo.

Con l'armistizio il Regno di Sardegna e l'Impero d'Austria concordarono una temporanea cessazione delle ostilità.

Il governo piemontese pensò di poter correggere l'andamento della guerra sostituendo i responsabili degli errori militari commessi durante la prima campagna militare e procedendo alla riorganizzazione dell'esercito.

La riforma tanto auspicata accese però forti contrasti tra i vertici militari e le autorità politiche, il problema del comando supremo dell'esercito finì per coinvolgere direttamente Re Carlo Alberto.

La riorganizzazione procedette con lentezza e tra molte difficoltà, benché qualche miglioramento fosse stato apportato l'Armata Sarda presentava gravi carenze nella logistica e nei servizi sanitari, senza contare che i quadri ufficiali rimasero numericamente insufficienti e non adeguatamente preparati.

Le interferenze politiche e la carenza di fondi non permisero di accresce la consistenza numerica delle truppe, già provate per lo scarso equipaggiamento e le difficili condizioni di vita.

Per risolvere i contrasti interni all'esercito il governo decise di affiancare al comando supremo del sovrano, un capo di stato maggiore con pieni poteri, tra malumori e incertezze la scelta ricadde sul Generale polacco Wojciech Chrzanowski, veterano delle guerre napoleoniche che sulla carta sembrava essere un comandante preparato, tuttavia egli non conosceva quasi nulla della situazione italiana e tanto meno i problemi dell'Armata Sarda.

Più tempo passava prima della ripresa delle ostilità, più le finanze del Regno peggioravano e con esse la disciplina nell'esercito, per questo motivo il 7 febbraio del 1849 il Consiglio dei Ministri nonostante l'impreparazione dell'armata piemontese decise di sospendere la tregua con l'Austria e riaprire le ostilità, decisione che venne formalmente

notificata al Feldmaresciallo Radetzky dal maggiore Raffaele Cadorna il 9 marzo del 1848.
Gli austriaci non erano dispiaciuti di riprendere la guerra perché viste le fragilità del Regno di Sardegna avrebbero potuto infliggere una sconfitta definitiva ai piemontesi.
L'armistizio venne denunciato ufficialmente il 12 Marzo del 1849, le operazioni militari sarebbero riprese a partire dal giorno 20.
Il Regno di Sardegna pianificava le proprie operazioni militari scommettendo sui problemi interni dell'Impero Asburgico, in particolare sulle rivolte scoppiate in Ungheria e Boemia che avrebbero dovuto distogliere forze allo scacchiere italiano.
Chrzanowski pensò che la miglior strategia fosse quella di sferrare un attacco nel Lombardo-Veneto oltre il fiume Ticino, non una battaglia decisiva ma una serie di piccoli scontri che avrebbero provocato l'insurrezione della popolazione lombarda, insofferente alla dominazione asburgica.
Se tutto ciò si fosse verificato gli austriaci si sarebbero ritirati dalla linea del Ticino senza opporre un'eccessiva resistenza.
Il generale polacco dopo numerose indecisioni arrivò a prevedere che le truppe austriache avrebbero potuto attraversare il Ticino, nei pressi di Pavia.
Bisognava coniugare le esigenze difensive alle operazioni d'attacco in territorio lombardo e per questo motivo Chrzanowski optò per una disposizione operativa che scaglionava l'esercito piemontese su un'area molto estesa, questa decisione non sembrava però tenere conto delle carenze logistiche e di scarsa mobilità dell'Armata Sarda che in caso di avanzata nemica non sarebbe riuscita a completare agilmente il raggruppamento pianificato da Chrzanowski, fornendo al nemico l'opportunità di attaccare nel punto più debole del fronte.

La brigata *Guardie* a Santa Lucia, 6 maggio 1849.

Il tenente Ricardi di Netro alla testa dei suoi Granatieri a Goito, 30 maggio 1848.

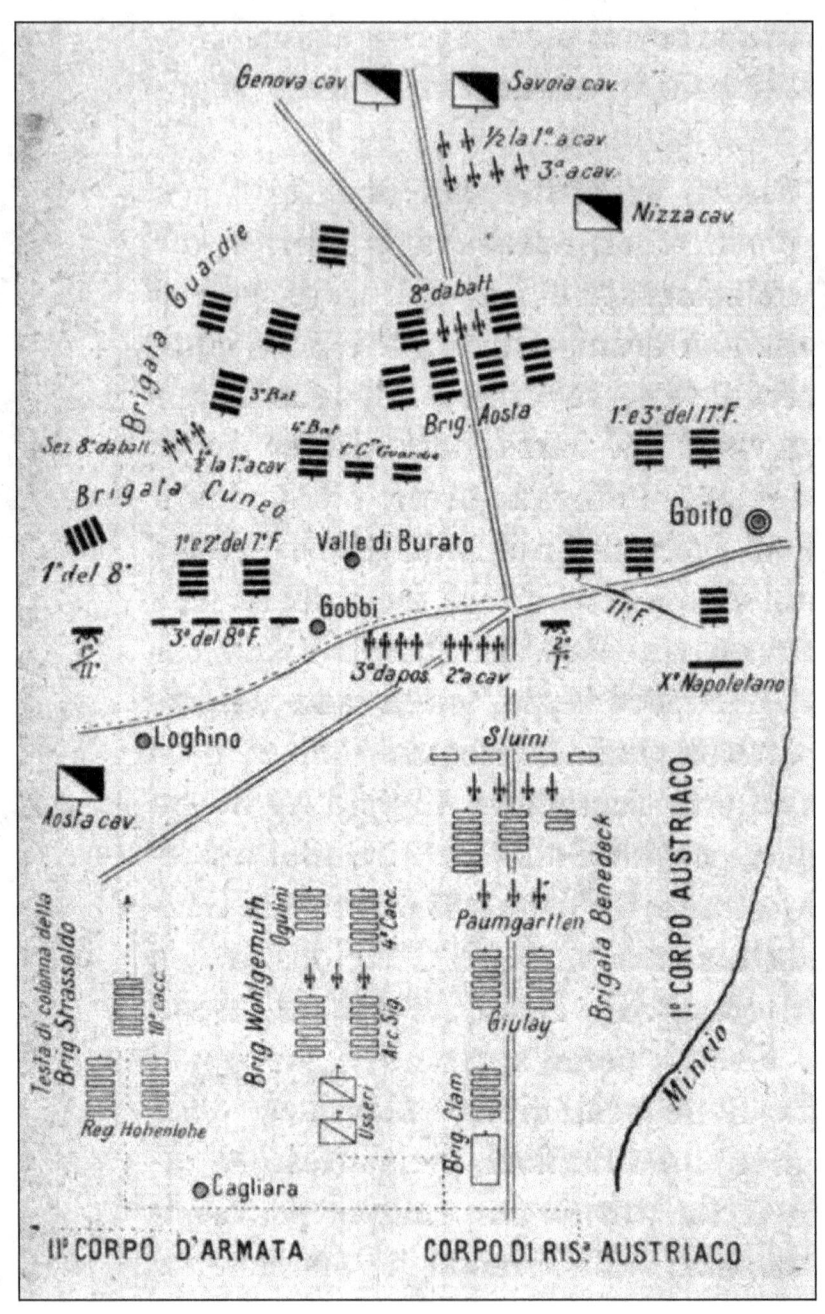

Schieramenti iniziali alla battaglia di Goito. 30 maggio 1848.

Combattimento di Sommacampagna, 24 luglio 1848.

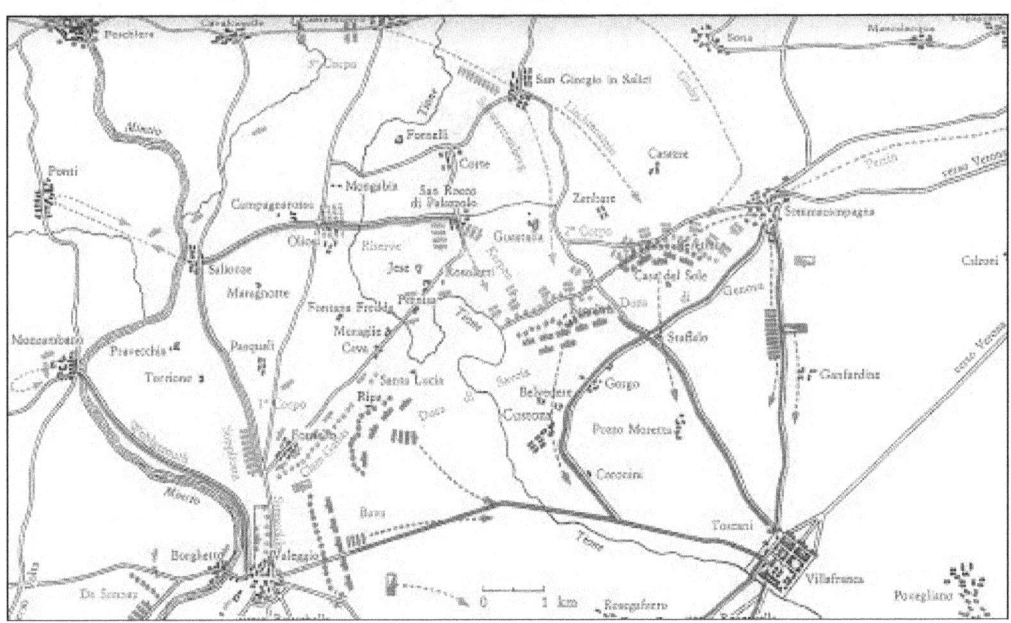

Battaglia di Custoza, 23- 25 luglio 1848.

Il *Generalfeldmarschall* Radetzky von Radetz in una litografia di Kriehuber, 1849.

ROTTURA DELL'ARMISTIZIO E PREPARAZIONE DELLA CAMPAGNA DEL MARZO 1849

Già dal 17 febbraio 1849 il Consiglio dei ministri, data la relativa solidità dell'esercito piemontese con truppe nuove e poco istruite, piuttosto che una strategia logoratrice, senza rischiare tutto in una sola grande battaglia optò per la guerra rapida, fulminea, risolutiva, *risquant le tout pour le tout*. nell'illusione che si si trattasse pur sempre di una guerra rivoluzionaria che avrebbe dovuto essere accompagnata da una nuova insurrezione del Lombardo-Veneto, e sostenuta dalle forze militari dì Firenze, di Roma, di Venezia.

Il governo di Vienna era seriamente impegnato contro la rivolta ungherese e doveva tenere a freno i boemi e gli stessi suoi viennesi. Un successo iniziale avrebbe potuto provocare grandi diserzioni nell'esercito austriaco; e poi le giovani truppe piemontesi erano meglio adoperabili nell'offensiva, e infine le finanze erano agli estremi.

La parola ormai era alle armi, perché a esse conducevano i fatti e gli uomini. Le rendevano inevitabili il fallimento della mediazione anglo-francese e l'appello rivolto da Pio IX e dal Granduca di Toscana Leopoldo II agli austriaci perché venissero a reinsediarli nei loro Stati, e il Piemonte non poteva subire il loro intervento senza perdere il suo residuo prestigio agli occhi di tutta Italia.

Le reclamava Radetzky per liquidare i conti nella maniera più congeniale al suo carattere di soldato. Le reclamavano i moderati per mantenere l'iniziativa del riscatto nazionale. Le reclamavano i democratici per strappargliela e rianimare lo spirito rivoluzionario delle masse. Ma soprattutto le voleva Carlo Alberto, ora che aveva riottenuto il comando dell'esercito. Dai suoi atti e dalle sue parole, non traspariva alcuna fiducia nella vittoria. Ma malato e presentendo prossima la fine, voleva chiudere in bellezza cadendo sul campo di battaglia o abdicando per salvare l'onore e il credito della dinastia.

La questione del comando, dopo lunghe diatribe, era stata risolta così: quello supremo, ma nominale, rimaneva al Re; Chrzanowski avrebbe esercitato quello effettivo col grado di Maggior Generale; mentre lo Stato Maggiore era affidato a La Marmora.

Non è vero che questo organigramma, come oggi si direbbe, comportasse equivoci e dualismi perché Chrzanowski, fin da principio, era stato il più sfegatato partigiano del Re. Ingaggiato per compensare i difetti del sovrano, egli invece li assecondava per conservare la sua benevolenza.

Ne derivava, fra i due, un perfetto accordo; ma un accordo basato sulla quiescenza del polacco alle idee, come al solito imprecise e indecise, di Carlo Alberto. Insieme essi ritennero opportuno rispettare le clausole dell'armistizio che prescrivevano un preavviso di otto giorni per la riapertura delle ostilità. E in questo avevano ragione.

Su un attacco di sorpresa non c'era da contare perché Radetzky ormai se lo aspettava, e quindi non avrebbe sortito altro altro effetto che l'indignazione della pubblica opinione europea per il suo carattere proditorio. La rottura della tregua fu decisa l'8 marzo, e il 12 l'annuncio fu ricevuto dal Comando austriaco, dove provocò uno scoppio di gioia., e dalla parola d'ordine: *Nach Turin!*

Negli otto giorni che ancora mancavano allo scadere della tregua, Chrzanowski mise a punto il suo schieramento, ch'era frutto di un compromesso: gli altri Generali si erano pronunciati per una guerra-lampo da condurre con un'azione offensiva lungo il Po in direzione di Piacenza e Mantova per prendere lo schieramento austriaco a rovescio da Sud e risolvere la partita con una battaglia campale. Ma il Chrzanowski, molto probabilmente su suggerimento del Re, preferiva limitarsi dapprima alla difensiva per poi sferrare un contrattacco su Milano in modo da impedire *"che la popolazione, sparando magari qualche colpo di fucile sul nemico in ritirata possa credere di essersi liberata da sola"*, che era l'incubo di Carlo Alberto, fedele al suo concetto di guerra dinastica.

Ne era venuto fuori un ibrido, che ripeteva esattamente l'errore di Custoza condannando le forze piemontesi a restare divise in due tronconi, malamente collegati tra loro. E disgrazia volle che la loro saldatura venisse affidata a Ramorino che, con le sue truppe a cavallo sul Po, ricevette l'ordine di spostarle tutte sulla sinistra distruggendo anche il ponte in caso di pericolo. Si prevedeva che Radetzky sferrasse il suo attacco su Novara, dove Chrzanowski aveva chiesto l'approntamento di un campo trincerato, ma non gliel'avevano concesso. Sul terreno, se non sulla carta, i due eserciti avevano pressappoco la stessa consistenza: circa settantacinquemila uomini., ma Radetzky aveva più artiglieria, sebbene di qualità inferiore ai sardi, e migliori servizi logistici e di collegamento.

> *"Una simile strategia,* scrive Piero Pieri nella sua *Storia militare del Risorgimento, non provocata dalla convinzione della propria intrinseca superiorità, ma da cause contingenti, porta seco in germe gli elementi della sconfitta, pronti a manifestarsi alla prima infelice circostanza; ma più che mai è vano chiedere una strategia annientatrice a un capo che non la senta, che non vi sia portato per temperamento".*

E questo era esattamente il caso dello Chrzanowski: il generale polacco rimase incerto fino all'ultimo, convinto a ragione dell'inferiorità dello strumento di guerra che aveva fra le mani e deciso a subordinare le proprie mosse a quelle dell'avversario. Chrzanowski era però persuaso che Radetzky non avesse intenzione di fare una guerra offensiva, con la minaccia di un'insurrezione alle spalle, e che si sarebbe ritirato almeno dietro l'Adda (si parlava infatti d'un campo trincerato a Crema) o forse addirittura oltre il Mincio, nel Quadrilatero, abbandonando Milano e la Lombardia. Secondo un tale ragionamento, radetzky avrebbe semmai lasciato una grossa retroguardia sul Ticino; e ciò avrebbe potuto permettere all'Armata sarda un primo brillante successo e al Re un'entrata trionfale in Milano, tale da cancellare la memoria dei tristi episodi dell' agosto precedente.

Nei giorni che precedettero l'inizio delle operazioni, il generale polacco previde, sia pure come semplice eventualità, che il nemico potesse invece prendere l'offensiva sboccando da Pavia e puntando su Mortara. La Divisione lombarda di Ramorino presso la Cava avrebbe dovuto avvertirlo, col tuono dei propri 16 pezzi d'artiglieria, e poi congiungersi al grosso con ampio giro.

Chrzanowski il mattino del 20 marzo avrebbe disposto di tre divisioni in prima linea, fra Galliate e Casalnuovo, e due fra Novara e Vespolate, ossia sulle due strade parallele Galliate-Vigevano e Novara-Mortara: così avrebbe potuto, dopo un'ora, mettere in moto le divisioni, le quali avrebbero dovuto compiere una convergenza a destra e marciare rispettivamente su Vigevano e Mortara; la mattina dopo, riposate e rifocillate, avrebbero potuto trattenere frontalmente l'esercito di Radetzky davanti a Mortara e prenderlo di fianco dal lato dì Vigevano: con questa strategia difensiva-controffensiva Chrzanowski contava di avere la battaglia decisiva che le condizioni generali esigevano; Radetzky sarebbe stato tagliato fuori dalla proprie linee d'operazione o quanto meno obbligato a ritirarsi in tutta fretta su Pavia.

Dato che le operazioni avrebbero avuto inizio soltanto il 20 a mezzogiorno, in una stagione con le giornate ancora corte, Chrzanowski non riteneva possibile fare nulla di decisivo nelle sei ore di luce disponibili il primo giorno: la vera marcia in avanti del Maresciallo non avrebbe potuto aver luogo che il 21.

La direttrice strategica Novara-Milano col concentramento del grosso dell'esercito tra Novara e il Ticino era fuori delle norme della strategia, perché scopriva la naturale linea d'operazione Alessandria-Pavia e anche l'altra complementare Alessandria-Piacenza.

Per la seconda volta, dunque, il Re Carlo Alberto abbandonava, come già nell'agosto precedente, le norme della strategia tradizionale; nel 1848 per tentare un'ultima energica resistenza davanti a Milano, ora perché nella relazione stesa dal Chrzanowski il 3 ottobre 1848, venivano proposti due piani di difensiva-controffensiva, da Alessandria- Casale e da Novara; in questo caso si prevedeva che concentrato l'esercito piemontese in Novara, l'esercito austriaco l'avrebbe attaccato frontalmente, lungo la direttrice della strada Milano-Novara; l'offensiva nemica dalla Cava non veniva nemmeno contemplata: i lavori di rafforzamento davanti a Novara erano previsti soltanto dalla parte del Ticino: nessun piano dunque di contromanovra.

Le prime disposizioni del generale Chrzanowski lasciavano l'Armata sarda molto sparpagliata: il grosso, formato dalle cinque vecchie divisioni, attorno a Novara; a sinistra, dove cessa il lago Maggiore e ricomincia il Ticino, la III Brigata composta o Brigata Solaroli (5000 uomini in tutto), collegata col grosso da 4 battaglioni di reclute; a destra, fra Alessandria e Voghera, la Divisione lombarda di Ramorino (6500 uomini con 6 squadroni e 16 pezzi di artiglieria), collegata al grosso da altri 4 battaglioni di reclute; ancor più a destra, verso Piacenza, la Brigata d'avanguardia (con 3 battaglioni del 18° fanteria *Acqui*, 2 battaglioni di bersaglieri, una batteria: 3600 uomini); più a destra ancora, a Sarzana, da cui avrebbe dovuto raggiungere Parma passando per Pontremoli ed il passo della Cisa, la 6a Divisione comandata da Alfonso Ferrero della Marmora con 12 battaglioni della riserva, 2 squadroni di *Novara Cavalleria*, 2 batterie.

Oltre il grosso dell'esercito, vi erano dunque ben altri quattro nuclei minori; più di 73.000 uomini (78.000 aggiungendo gli 8 battaglioni di reclute e il parco d'artiglieria), ben 26.000 si trovavano disseminati per un'estensione di settanta chilometri e più, calcolando il solo corso del Ticino, di oltre duecento volendo considerare anche la Brigata d'avanguardia e la 6a Divisione in Lunigiana.

Il 13 il Re Carlo Alberto emise un proclama alla Guardia nazionale cui affidava l'ordine pubblico nella capitale:

> "Nel procinto di avviarmi dove mi chiama l'onore, ed il voto de'miei popoli, mi è grato manifestarvi quanto sia grande la fiducia, che in Voi ripongo.
> L'affettuosa sollecitudine colla quale già vegliaste alla guardia della mia famiglia, alla custodia della pubblica quiete, alla difesa della Monarchia, e delle libertà costituzionali mi assicura, che Voi risponderete con pari zelo ed ardore al nuovo appello che v'indirizzo.
> Le condizioni del paese non sono meno d'allora solenni: i tempi non sono meno difficili: la vostra fermezza, il vostro onore, la vostra fede saprà vincere ogni ostacolo.

Forte del vostro braccio il mio governo potrà mantenere l'ordine pubblico, che è compagno inseparabile della vera libertà: qualunque attentato si volesse commettere contro le nostre istituzioni potrà essere col vostro concorso represso.

Sicuro da questo lato Io, che ho consacrato la mia vita, e quella de' miei Figli alla causa dell'Indipendenza Italiana, saprò lieto affrontare e fatiche e pericoli per ottenere una pace onorata, e per ché possano ritornare fra breve nel seno delle loro famiglie quei generosi Vostri fratelli, che sono pronti a combattere contro lo straniero, ed a versare il loro sangue per la Patria.

Torino addì 13 marzo 1849.

CARLO ALBERTO".

Poi il Sovrano partì per raggiungere l'Armata, lasciando torino, che non avrebbe mai più rivista.

Intanto il Maresciallo Radetzky aveva emanato fin dal 12 marzo gli ordini d'operazione, in base ai quali la sera del 18 marzo l'esercito austriaco venne a trovarsi riunito nel trapezio Binasco- Corteolona- Codogno -Melegnano, a sud di Milano, tra il Ticino, l'Adda e il Po. Una Brigata di copertura sarebbe stazionata nel basso Varesotto, e due altre a Pavia e lungo il Ticino.

Queste disposizioni potevano preludere a tre operazioni ben differenti: una ritirata dietro il basso Adda; un forzamento del Po fra Pavia e Piacenza; uno sbocco da Pavia oltre il Ticino, grazie alla testa di ponte del Gravellone. La massa era riunita, i vari corpi avrebbero potuto sempre in tutti e tre i casi appoggiarsi a vicenda; e viceversa i sardi rimanevano incerti di fronte alle tre eventualità.

Il mattino del 18 marzo Radetzky *"per difendere i sacri diritti del nostro sovrano e respingere tale ingiusto e sleale attacco"*, lasciò Milano con le sue truppe, dirigendosi verso Lodi: vari uffici del Comando supremo erano già in marcia oltre l'Adda.

Nel suo proclama del giorno prima Radetzky usò verso i milanesi toni fortemente intimidatori, memore delle Cinque Giornate di cui il 22 sarebbe ricorso il primo anniversario:

"Io parto alla testa del mio esercito per respingere un novello perfido attacco e trasportare il teatro della guerra sul territorio nemico.

A tutelare però la sicurezza dei pacifici abitanti lascio qui una sufficiente guarnigione, un ben munito e fortificato castello.

Chi ha a cuore il bene della propria famiglia e la conservazione de'suoi averi, unisca alle mie le sue cure per mantenere l'ordine e la tranquillità. Spero che Milano aspetterà tranquilla l'esito di una lotta che non può essere dubbia. Già un secondo esercito sta pronto a combattere per difendere e mantenere i diritti dell'Imperatore nostro signore e l'integrità della Monarchia.

Milanesi! Già una volta provaste le funeste conseguenze della ribellione alla legittima autorità del vostro Monarca; non rinnovate una seconda volta questo tentativo.

Senza odio e senza vendetta io rientrai nelle mura della vostra città che un lungo soggiorno m'avea reso cara. Se non fu in mio potere di risparmiarvi tutte le gravezze che sono inseparabili dalla guerra, non ho però tralasciato di fare quanto stava in me per alleviarvele.

Non porgete l'orecchio alle lusinghiere promesse di un partito che vi abbandonerà un'altra volta per cospirare all'estero contro la pace e la prosperità di una patria, per la quale esso non ha mai fatto nulla.

Se poi, contro la mia aspettazione, la rivolta osasse un'altra volta alzare ardita il capo, allora il castigo pronto non men che tremendo giungerà i colpevoli, perocchè io son forte abbastanza per vincere ogni nemico interno e vittoriosamente combattere l'esterno. Perciò, vi ripeto, udite la mia voce che vi esorta, non precipitate la città vostra nella inevitabile rovina rinnovando folli tentativi che potrebbero non ad altro riuscire che a distruggerne forse per sempre la prosperità.

Mi è grave dovervi dirigere parole di minaccia, ma vi son costretto per la propria vostra salvezza. Confrontate collo stato pre sente la floridezza in cui era Milano prima della rivoluzione e non istarete in forse della scelta.

Milano il 17 marzo 1849.

Firmato

RADETZKY."

Il supremo comando delle truppe rimaste a presidiare Milano venne quindi assunto dal colonnello de Heyntzel che, come comandante superiore, prese residenza al castello. Al nuovo comandante militare della città, il colonnello de Duodo, già comandante il corpo della gendarmeria, furono aggiunti, per l'amministrazione di concerto della capitale, il dirigente della regia delegazione provinciale locale, il podestà della città di Milano ed il capo dell'ufficio dell'ordine pubblico col personale da loro dipendente. La sede del nuovo governo militare fu trasferita a palazzo Litta.

Il Maresciallo Radetzky, giunto a Melegnano, abbandonò la strada di Lodi e piegò a destra verso il Pavese, e il mattino del 19 si trovava a Torre Bianca, sei chilometri ad est di Pavia; già nella notte erano stati diramati gli ordini per il concentramento di tutto l'esercito nella città. Anche le tre brigate di copertura avrebbero dovuto concentrarsi a Pavia; cosicché lungo il Ticino non restarono come copertura ed osservazione che l'11. battaglione di *Jäger* e due squadroni di ussari del 7.*Husaren- Regiment* "*Feldmarschalleutnant Heinrich Fürst Reuß-Köstritz*".

Mi croato star povera bestia, Radetzky dite che ti brava taliana prender mi prisonier per far salama (caricatura milanese del 1848).

Granatieri del reggimento *Granatieri delle Guardie*. (F. Gonin, 1843)
Nel 1849 venne abolito lo scomodo berrettone di pelo d'orso indossato dalle Prime Compagnie durante la campagna del 1848, sostituendolo con lo *shakot*. I Granatieri Guardie erano temutissimi dagli austriaci, che a Novara evitarono di affrontarli quando scesero in campo per coprire la ritirata dalla Bicocca, salvando le truppe in ritirata.

Cacciatore del Reggimento *Cacciatori delle Guardie*.
Indossa lo shakot *(keppì)* con pennacchio bianco e rosso, gli alamari al colletto e gli alamari "spezzati" ai polsini (i Granatieri li avevano dritti). La giacca dei reggimenti Guardie aveva una doppia fila di bottoni, come quella degli ufficiali, mentre la fanteria di linea aveva una singola fila. I *salsiciotti* alle spalle erano verdi per i Cacciatori, rossi per i Granatieri.

Brigata *Savoia* (1° e 2° Reggimento Fanteria): zappatore dei granatieri, colonnello e aiutante maggiore (F. Gonin, 1843)

Ufficiale dei Bersaglieri. (acquerello di Quinto Cenni)
Il compito della specialità creata da La Marmora nel 1836 prevedeva le tipiche funzioni della fanteria leggera - esplorazione, primo contatto con il nemico e fiancheggiamento della fanteria di linea e si caratterizzava per la velocità di esecuzione delle mansioni affidate e la versatilità d'impiego, sul modello degli *Chasseurs à Pied* francesi

Carabiniere a cavallo in tenuta per servizi a piedi. (Museo Storico dei Carabinieri)
Oltre ai compiti istituzionali di gendarmeria, gli *Squadroni da Guerra* dei Carabinieri Reali erano assegnati alla protezione personale del sovrano, come avvenne a Palestro il 30 aprile 1848 .

20 MARZO 1849: LE PRIME OPERAZIONI

Il 20 al mattino l'esercito austriaco era schierato col II *Korps* del d'Aspre a Pavia e gli altri tre *Armeekorps* in semicerchio a nord e a est della città: se era evidente che l'esercito imperiale non si sarebbe ritirato dietro l'Adda, a Chrzanowski poteva ancora rimanere il dubbio se esso intendesse sboccare da Pavia in Piemonte o forzare il Po fra il confluente del Ticino e Stradella, coprendosi da un attacco piemontese dal lato di Pavia: i reparti erano in grado infatti di darsi anche ora reciproco appoggio.

Il 20 marzo a mezzogiorno la 4a Divisione (Duca di Genova) si trovava al ponte sul Ticino, sulla strada Novara-Milano, col Re e collo Chrzanowski; la 3a (Perrone) aveva l'ordine di tenersi pronta a rincalzarla, la 2a (Bes) più a sud, a destra, avrebbe dovuto esplorare con piccole ricognizioni la riva destra del fiume.

Scoccò il mezzogiorno: la guerra ricominciava, ma le truppe sarde restarono immobili, così come quelle imperiali; nessun cenno d'attività nemica sull'opposta sponda e nessun rombo di cannone dal lato di Pavia. Dopo un'ora e mezzo, Wojciech Chrzanowski ordinò alle truppe d'iniziare la predisposta ricognizione oltre il Ticino attraversandolo fra Trecate e Boffalora: prima il Re Carlo Alberto, con la compagnia bersaglieri divisionale, raggiunse la sponda lombarda, accolto freddamente dagli abitanti di Magenta, mentre un gruppo di ussari ungheresi del reggimento *Reuss* si ritirò dopo aver dato fuoco all'edificio delle dogane per segnalare col fumo il passaggio del fiume da parte sarda.

Avanzò poi la Brigata *Piemonte*, poi il resto della 4a Divisione, e, contrariamente alle previsioni, la 4a Divisione del Duca di Genova riuscì ad arrivare senza problemi a Magenta, ma qui si fermò, senza mandare avanti in esplorazione neppure qualche pattuglia di cavalleri

La sera quando si fece buio il Re e il general maggiore tornarono a Trecate tormentati dal dubbio: il nemico si stava ritirando dietro l'Adda o si prepara a sboccare da Pavia?

La mancata presenza di truppe asburgiche durante l'attraversamento allarmò il Generale Chrzanowski che predispose la sorveglianza dei punti più probabili in cui il nemico avrebbe attraversato il fiume, in direzione opposta all'avanzata piemontese.

Chrzanowski già dal 16 Marzo aveva ordinato al generale Ramorino, comandante della Divisione Lombarda (che contava 6.500 soldati e 16 cannoni) di presidiare le zone vicino al fiume Ticino tra Vigevano e Pavia, in caso di attacco avrebbe dovuto avvertire il comando supremo e in caso di pressione insostenibile da parte del nemico egli avrebbe dovuto ripiegare in direzione di Mortara fino a raggrupparsi con il grosso dell'esercito piemontese, in ogni caso la Divisione lombarda non avrebbe dovuto superare il fiume Po.

Ramorino aveva il compito di difendere anche il settore della Cava (oggi Cava Manara) che sbarrava la testa di ponte austriaca sul Ticino a Pavia, tuttavia nonostante gli ordini fossero chiari il generale aveva lasciato a difesa di questa zona solo tre battaglioni di fanteria e il VI battaglione bersaglieri lombardi di Luciano Manara, che morirà eroicamente pochi mesi dopo a Roma difendendo, lui monarchico, l'eroica repubblica mazziniana.

Ramorino considerando molto più pericolosa un'offensiva austriaca attraverso il Po nei pressi di Stradella, dal 20 marzo aveva schierato qui la sua Divisione contravvenendo alle disposizioni del comando supremo.

Intanto il Feldmaresciallo Radetzky èera sboccato dalla testa di ponte di Pavia in Piemonte. Alla Cava non si trovava la Divisione lombarda, come aveva ordinato Chrzanowski, ma scarsi elementi di questa: i tre battaglioni del 21° fanteria (1000 uomini scarsi) e il VI battaglione bersaglieri di Manara (circa 700 uomini); il reggimento cavalleggeri lombardo (450 cavalli), che avrebbe dovuto trovarsi a Zinasco, a nove chilometri dalla Cava, sulla strada di San Nazzaro parallela al Po, è ancora arretrato. La Divisione lombarda, dislocata inizialmente fra Alessandria, Tortona e Voghera agli ordini del generale Ramorino, il 16 aveva ricevuto un ordine esplicito: prendere *"una forte posizione alla Cava e dintorni"*, sorvegliando l'ultimo tratto del Ticino da Bereguardo alla confluenza nel Po, una ventina di chilometri in linea d'aria, collegandosi a sinistra colla 2a Divisione di Bes a Vigevano.

Nello stesso giorno ad Alessandria lo Chrzanowski aveva chiarito verbalmente al Ramorino, al suo capo di Stato Maggiore, colonnello Berchet, e al generale Fanti, comandante della I Brigata della Divisione lombarda, che questa, se soverchiata, avrebbe dovuto ritirarsi con ampio giro per San Nazzaro su Mortara, e solo in caso di necessità su Mezzana Corti presso il Po; e il 17 il generale polacco scrisse al Ramorino di provvedere a rendere impraticabile il ponte di barche di Mezzana Corti: ciò implicitamente significava che la Divisione non avrebbe dovuto più ripiegare dietro il Po, ma solo su San Nazzaro cercando di raggiungere Mortara. Come mai dunque il Ramorino non si attenne alle prescrizioni? Il Ramorino era evidentemente convinto che Radetzky volesse passare il Po di fronte a Stradella, per puntare su Alessandria, e che il forzamento del Gravellone a Pavia non dpotesse essere che una finta.

D'altra parte, il Comando supremo non s'era curato di controllare l'esecuzione degli ordini fra il 16 marzo e il 20.

Alle nove di sera del 19, il Ramorino scrisse però al generale Chrzanowski, per far noto cosa intendesse fare e spiegare il proprio operato, chiedendo ulteriori ordini, ma la lettera consegnata al maggiore Bariola non giunse a destinazione che alle dieci di sera del 20. La mattina del 20 Ramorino trasmise a Chrzanowski due rapporti pervenutigli dal Comitato dell'emigrazione di Stradella e dai picchetti avanzati su Gravellone che segnalavano i movimenti degli austriaci.

Eccone il testo:

"Casatisma addì 20 marzo 1849 ore 5 del mattino, Signor Generale Maggiore dell'esercito. Novara ibi vel ubi.

Mi affretto di trasmettere alla S.V. Ill.ma due originali rapporti pervenutimi or ora, l'uno del Comitato dell'Emigrazione di Stradella, l'altro del picchetto avanzato di Gravellone.

RAMORINO.

Al Generale Ramorino in Casteggio ibi vel ubi

– Le comunichiamo in tutta fretta le seguenti notizie stateci recate da un espresso or ora arrivato dalla linea del Po dirimpetto a Stradella e sue adiacenze. Ieri giunsero a Corteolona, e vi si fermarono quindici mila uo mini con quarantasette cannoni e quarantasette barconi.

Il Quartier Generale è a Sant'Angelo ove ieri arrivò Radetzky, una quantità certamente e forse maggiore di Corteolona giunse in questa notte a Belgioioso.

A sostegno sono per ora 400 uomini di cavalleria e Tirolesi, ma devono crescere assai. A Spessa 20 cavalleggieri.

Al ponte in legno sul Canarolo per andare a Pont'Albera furono sottoposte delle fascine per incendiarlo in caso di ritirata.

Questa situazione è presa di mira e certamente va sempre più rinforzandosi.

Ho anche raccolto di positivo che gli avamposti di Monticelli, Pieve, Pontemarono, Tubo, Spessa sono partiti questa notte per Pavia.

Avverto che qui è un andarivieni di contrabandieri Lombardi che vengono a prendere vino da portare alle truppe austriache, che quindi possono mantenere uno spionaggio continuo a favore dell'inimico.

Le notizie sono della massima importanza, e le trasmettiamo alla S. V. colla maggior possibile sollecitudine.

Stradella 19 marzo 1849 ore una pomeridiana.

- Pel Comitato Firm. CABINI – PANDINI - CELLAROZZI".

Ed ecco il rapporto trasmesso al maggiore Luciano Manara dal capitano Ferraris, comandante il presidio avanzato sul Gravellone, e da questi trasmesso al Ramorino.

"Al signor Maggiore Manara Comandante il battaglione alla Cava.
Dal picchetto avanzato di Gravellone 19 marzo 1849 ore 9 di sera.

Un espresso giunto testé al signor Verani riferisce essere giunta di questa sera in Pavia molta truppa di fanteria con 6 cannoni la quale potrà calcolarsi al dire del medesimo a 3 mila uomini; una parte della medesima è entrata in città, l'altra stanzia fuori le mura a Porta Milano, e Cremona.

Nel vespro di quest'oggi e saremo primenti ragguagliati se le medesime sono di passaggio, ovvero ferme in Pavia.

In questo momento il signor tenente di picchetto Pagliano mi fa rapporto che la sentinella avanzata del ponte ha udito un forte rumore di carri sullo stradale di Pavia occupato dall'inimico, non che una pattuglia di cavalleria proveniente dalla loro sinistra sulla sponda del Gravellone da loro occupato,

Il Capitano Comandante FERRARIS.

P. S. In quanto al rumore dei carri di cui sopra, si suppone, che siano i due cannoni, che gli austriaci sogliono condurre di nottetempo sulla grande strada alla distanza di non più di mille passi dal Gravellone.
Cava alle ore 21 1/2, notte del 10 al 20 marzo".

Il Comandante la Brigata GIANOTTI.

Il Ramorino, dunque, il 20 aveva la propria Divisione posizionata fra Casteggio, Barbianello e il Po, in posizione tale da far fronte a un forzamento del fiume tanto verso Stradella che verso Mezzana Corti; egli ritenne più probabile il forzamento presso la prima località, ma non escludeva che gli austriaci potessero compiere un'azione complementare dal Gravellone in direzione sud, per forzare il fiume anche a , perciò la debole difesa posta alla Cava, affidata al generale Gianotti, comandante della II Brigata, avrebbe dovuto secondo i suoi ordini ripiegare non verso San Nazzaro e Mortara, ma direttamente dietro il Po.

Del resto la posizione della Cava non sbarrava la strada verso Mortara, ma costituiva una difesa avanzata del Po: essa è formata da un rialzo che degrada lentamente a sinistra dal lato di Mortara.

A mezzogiorno del 20 gli austriaci varcarono il Gravellone, ramo secondario del Ticino. La Divisione Arciduca Alberto del II *Korps* deve coi suoi nove grossi battaglioni aprire la strada a tutto l'esercito: l'operazione non venne appoggiata dal fuoco d'artiglieria, per non svelare la sorpresa.

In avanguardia erano 2 battaglioni ungheresi, condotti dal colonnello Benedek: da rilevarsi che le prime truppe di rottura erano formate da elementi ungheresi e boemi, quasi a mostrare la vana illusione di chi sperava nella diserzione di tali truppe. Contro i due battaglioni si trovavano due compagnie del VI bersaglieri lombardi comandati dal maggiore Luciano Manara, che subito si era recato sul posto, e per un'ora i nemici vennero trattenuti; ma altri due battaglioni avanzarono a destra e a sinistra, e Manara dovette ritirarsi al villaggio della Cava.

Qui l'intero battaglione continuò la resistenza per un'altra ora; e giunse sul posto anche il generale Giannotti. Ma giunsero altri due battaglioni imperiali e di fronte al pericolo manifesto d'un duplice avvolgimento, i bersaglieri lombardi retrocedettero presso Mezzana Corti, dove, sostenuti da due piccoli battaglioni del 21° fanteria e da un battaglione sotto organico formato di studenti tridentini, giunto allora, si difesero fino alle sei pomeridiane, contro altri cinque battaglioni austriaci del IV *Korps*; quindi il generale Giannotti, in base agli ordini del Ramorino, ripiegò dietro il Po, il cui ponte non era stato ancora interrotto.

Ma in realtà, già dopo la prima ora di combattimento, gli austriaci ebbero aperta la via verso Mortara e Vigevano e ponendo una copertura al loro fianco sinistro. L'altro piccolo battaglione del 21° fanteria lasciato presso il Ticino, s'era ritirato in fretta fin dagli inizi sullo stradone di Mortara e qui, molto diminuito, raggiungeva il giorno dopo la Divisione Durando.

Questa, conclude Pieri, fu l'azione della Cava, svoltasi con una certa intensità solo nella sua primissima fase presso il ponte del Gravellone.

Le perdite furono scarsissime dalle due parti: 4 morti e 15 feriti da parte lombarda, 9 feriti e 12 prigionieri o dispersi da parte austriaca.

In realtà gli austriaci non dovettero agire energicamente che nella primissima fase, poi si limitarono a sfruttare la loro enorme superiorità numerica con azioni avvolgenti.

La situazione creò nel Comando supremo sardo un clima di attesa angosciosa. Nessun ufficiale del Comando supremo era stato messo di collegamento o mandato per un'ispezione alla Cava!

"La sagacità di Chrzanowski non aveva preveduto il bisogno dei telegrafi, scrive di Capriglio, sebbene il loro direttore d'allora (cavaliere Gonella) gli avesse già in Alessandria presentato un progetto di telegrafi mobili da situarsi dove occorresse sopra alture, o campanili.

Nemmeno v'erano sistemati de'segnali o vedette, od altri mezzi di avere pronti avvisi dei movimenti propri o degli austriaci; cose tanto più necessarie, stando il quartier principale, come vedemmo, sulla estrema sinistra della linea, e volendo esso solo, Chrzanowski, dirigere i movimenti delle truppe disseminate sino alla di stanza di trentasei miglia e più.

Mentre l'inimico prendeva per tale modo l'iniziativa, i nostri comandanti delle divisioni erano senza risoluti consigli; ed ignari del piano strategico del capitano supremo non potevano indovinare in che modo egli volesse opporsi alle mosse del Maresciallo. Avreste detto ch'egli volesse così far pesare su gli altri la risponsa bilità che s'era addossato egli medesimo, o che stimasse che ogni generale divisionario dovesse operare per proprio conto, ed anche all'insaputa del vicino. Tuttavolta il generale Bes che era in prima linea non se ne stette spettatore passivo; e di buon mattino il giorno 20 marzo mandò il tenente di stato maggiore Casati ad informarsi delle truppe che dovevano essere sulla sua destra, quelle appunto di Ramorino; e a vicenda informare quel generale come egli stesso fosse accampato, e per avvisarlo anche ch'egli avrebbe nella stessa mattinata spinto una riconoscenza verso la Sforzesca.

Il Casati giungeva a Trumello senza poter avere notizia di Ramorino, nè della sua divisione; s'inoltrò dunque sino a Garlasco, e là seppe che i villaggi di Zerbolò, Borgo San Siro, Parasacca e Gro pello erano guardati da un solo battaglione del 21 di linea, il quale allo avvicinarsi dell'inimico teneva ordine di concentrarsi a Zerbolò, e quindi ripassare sulla destra del Po pel ponte di Mezzanacorte.

Seguitò Casati il cammino sino alla Cava, che vide difesa dalla brava schiera di Manara: ivi raccolse, che il grosso della divisione lombarda accampava sulla destra del Po, per il che credette bene di ritornare rapidamente a Cassolnuovo, a render conto a Bes dell'esito di sua missione; il quale ravvisate queste notizie di somma gravità, gli ordinò di correre egli stesso indilatamente a Trecate ad informarne il quartier principale".

Finalmente, alle otto di sera si ebbero al Quartier Generale di Trecate le prime notizie date dal tenente Casati, addetto al comando della 2a Divisione, e mandato, come abbiamo letto, di propria iniziativa dal generale Bes a rendersi esatto conto della dislocazione della Divisione lombarda, e quindi dallo stesso Bes mandato a riferire al Comando supremo. Il Casati riferisce d'aver visto nella zona della Cava solo un battaglione del 21° fanteria e il battaglione Manara, ha inteso che il grosso della Divisione era a Casatisma oltre il Po, e il suo comandante a Stradella, una grossa massa nemica ha varcato il Ticino al Gravellone ed è risalita lungo la sponda destra, per una decina di chilometri, fino a Zerbolò. Ora soltanto lo Chrzanowski diramò, verso le otto e mezzo dì sera, i primi ordini, uscendo dalla sua inerzia: il generale Durando (1a Divisione) si doveva portare da Vespolate su Mortara, il generale Bes, qualora gli risulti che il nemico sia penetrato in forze nella Lomellina, comìnci a concentrare la 2a Divisione a Vigevano, ma null'altro.

Di fronte alla nuova situazione ai sardi si presentavano tre possibilità:

a) avanzare decisamente su Milano e sul Quadrilatero quasi sguarnito, provocando ovunque l'insurrezione;

b) volgere da Magenta su Abbiategrasso e Pavia per recidere la linea d'operazione nemica;

c) concentrare le forze sopra Mortara e Vigevano, e dar battaglia.

Chrzanowski mostrò di preferire quest'ultima più semplice soluzione, ma al solito con indecisione, e dopo aver già in parte guastato collo spostamento della 4a Divisione lo schieramento più idoneo.

Ma vi era di più: ora egli rimaneva dubbioso se il nemico, penetrato in Lomellina, si sarebbe diretto verso il Po o su Mortara, e perciò egli non volle muovere tutto l'esercito e nemmeno le due divisioni più meridionali, ma soltanto i comandi e gli elementi celeri di queste. Alle dieci di sera giunse il maggiore Barìola, inviato come s'è visto dal Ramorino.

Ora le notizie erano chiare ed esplicite; pure, il Chrzanowski non ritenne di prendere nessuna nuova misura al riguardo. Si limitò a ordinare al Ramorino di cedere il comando della Divisione lombarda al generale Fanti,

> "Al signor Luogotenente Generale Comandante la 5.a divisione (Lombarda) Casatisma.
> Dal Quartier Principale
>
> Trecate addì 20 marzo 1849 ore 8 sera N. 4821/59
>
> Per ordine di S. M. la S. V. Ill.ma si recherà immediatamente a questo Quartier generale, rimettendo il comando della divisione al Generale Fanti.
>
> Il Generale Maggiore dell'Esercito.
> CHRZANOWSKI".

Tuttavia il comandante polacco ordinò al tempo stesso a Fanti di attenersi alle istruzioni già avute dal Ramorino. È evidente che il generale polacco temesse anch'egli per Alessandria, L'incertezza, accompagnata da una funesta inazione, durò ancora per alcune ore. A notte fonda, presumibilmente verso le tre del 21 marzo, giungono nuove notizie da parte del Bes: pare che 10 000 austriaci siano già presso Garlasco, a sedici chilometri da Mortara, egli dispone che la 2a Divisione si concentri a Vigevano.
Ora soltanto lo Chrzanowski dava gli ordini per il cambiamento di fronte di tutto l'esercito: la 2a Divisione (Bes) si porti davanti a Vigevano, la 3a (Perrone) si muova a suo sostegno; la 4a (Duca di Genova) ripassi il Ticino e si porti anch'essa a Vigevano in sostegno della 2a; la la Divisione (Durando) prenda posizione dinanzi a Mortara, la Divisione di riserva (Duca di Savoia) marci pure su Mortara a sostegno della la Divisione. Infine, i 4 battaglioni di reclute, di collegamento fra l'esercito e la Brigata Solaroli, si portino a Gravellona, a nord della strada Mortara-Vigevano, e la Brigata Solaroli si ponga a guardia del ponte sul Ticino. Bene o male prende ora corpo il piano del general maggiore: trattenere con due divisioni il nemico davanti a Mortara e agire sul suo fianco destro da Vigevano con le altre tre, nella zona da Tromello a Mortara.

20 marzo 1849. Gli austriaci del II. *Armeekorps* passano il Ticino a Pavia.

Bersaglieri nella Prima Guerra di Indipendenza. I bersaglieri lombardi sostennero il primo scontro a fuoco della campagna alla Cava, sul Ticino, il 20 marzo 1849.

Il cavaliere Galli difende il suo tenente assalito dagli ussari,
21 marzo 1849.

Il reggimento *Piemonte Reale Cavalleria* al combattimento della Sforzesca. In basso a sinistra il vicebrigadiere Mathieu abbatte due ussari ungheresi del 5. *Husaren-Regiment FM. J. Graf Radetzky v. Radetz.* salvando il proprio ufficiale.

21 MARZO 1849: IL FATTO D'ARME DELLA SFORZESCA E LA CADUTA DI MORTARA

Chrzanowski era ora assillato da un altro dubbio: prima era incerto se il nemico sboccato da Pavia mirasse ad Alessandria oppure a Mortara, ossia se dovesse volgere a sud o a nord; adesso, pur essendo persuaso che volge verso nord, rimane incerto se punterà colla massa principale su Mortara o su Vigevano, se intenda fare insomma una manovra avvolgente a raggio ristretto o assai più ampio. Perciò, delle 5 divisioni 4 hanno ugualmente compito difensivo, e una sola funge per ora da vera riserva, da massa di manovra. In questo modo la massa di 3 divisioni, che doveva agire contro il fianco del nemico, non venne subito dislocata e orientata a questo fondamentale compito; si arrivò a perdere altre ore preziosissime e venn emeno la necessaria concomitanza d'azione fra le due masse.

Il piano del general maggiore teoricamente era tutt'altro che cattivo; ma in guerra il concepire è poco, l'eseguire è tutto, secondo la massima napoleonica!

Contro Mortara stavano per avanzare tre Corpi austriaci; e le due divisioni piemontesi colà avviate avrebbero potuto sostenersi, anche se ben schierate, solo se tempestivamente sostenute dalle tre che erano a Vigevano.

I contatti col nemico cominciarono contro il I *Korps*, che accosto al Ticino per Borgo San Sìro e Gambolò deve proteggere la marcia del Radetzky su Mortara.

Solo alle dieci del mattino del 21 marzo, l'esercito austriaco aveva cominciato a rimettersi in moto: il II *Korps* sullo stradone di Mortara, il IV alla sua sinistra e il I alla sua destra; alle undici, sullo stradone di Mortara si sono posti in movimento gli altri due, III e I di riserva. Verso le undici l'avanguardia del I *Korps*, quello fiancheggiante, urtò contro una ricognizione piemontese della 2a Divisione, spintasi da Vigevano fino a Borgo San Siro, una dozzina di chilometri più avanti.

Non erano che cinque compagnie di reclute, sostenute da una di bersaglieri, uno squadrone di *Piemonte Reale* e 2 cannoni, meno d'un migliaio d'uomini; pure gli austriaci, più che doppi di numero, non riuscirono ad averne ragione, e solo dopo un'ora, quando sono saliti a 6500 uomini, ritornarono all'attacco: i piemontesi si difesero tenacemente; per citare Pieri, *vecchi bersaglieri e giovani fanti, gareggiano in bravura, validamente sostenuti dalla sezione d'artiglieria*.

Il generale Bes aveva raggiunto Vigevano alle otto di mattina e schierò davanti alla città, alla Sforzesca, la grande villa con parco degli Sforza, a tre chilometri oltre la città, la Brigata composta (17° fanteria *Acqui* e 23° fanteria parmense e modenese); mentre ha mandato la Brigata *Casale* molto più avanti e a destra, a Garbana, col compito di molestare di fianco il nemico in marcia su Mortara, compito che va oltre le direttive strettamente difensive date alla 2a Divisione.

Alle 13 giunsero alla Sforzesca il Re Carlo Alberto ed il Chrzanowski: la 2a Divisione doveva sbarrare la strada di Borgo San Siro e la 3a quella di Gambolò sulla destra.

In questo modo, però, col richiamo della Brigata *Casale* e il sopraggiungere di elementi della 3a Divisione, sì verificarono ingorghi e intralci, cosicché quando l'avanguardia della copertura del I *Korps* giunse presso la Sforzesca con due battaglioni, due squadroni di ussari e 3 cannoni, sulla prima linea avanzata piemontese non si trovavano che due battaglioni del 17° fanteria, due compagnie di bersaglieri e due cannoni (si ricordi che i battaglioni austrìaci erano di 1000 uomini e quelli piemontesi dì soli 600).

Gli austriaci, superiori di numero, tentarono una manovra avvolgente; accorrse Bes e ordinò al retrostante 23° fanteria guidato dal colonnello Enrico Cialdini, veterano delle guerre di Spagna e della difesa di Vicenza, e destinato a un brillante avvenire, con 2 squadroni di *Piemonte Reale* e 4 cannoni, di avanzare.

Le truppe sarde attaccarono con slancio e la cavalleria caricò vigorosamente costringendo gli imperiali a ripiegare in disordine.

La lotta riprese nelle strette vie del villaggio e la difesa si protrasse tenace per altre due ore; finché i soldati piemontesi poterono retrocedere non molestati fin presso la Sforzesca.

Accorsero di rinforzo altri due battaglioni austriaci con artiglieria; malgrado ciò il Bes sostenne l'urto e travolse i nuovi rinforzi. Ma ora intervennero altri tre nuovi battaglioni austriaci, mentre da parte piemontese, per gl'ingorghi stradali già ricordati, le altre truppe tardavano a giungere.

Il Bes, che si era spinto avanti a quasi sei chilometri oltre la Sforzesca, rinnovò malgrado tutto i suoi attacchi, ma questi vennero ora respinti; per di più un nuovo arrivo di rinforzi austriaci minacciava d'avvolgere la sua ala destra; ormai scendeva la notte, e il Bes ordinò la ritirata.

Verso le sette tutte le truppe erano di nuovo raccolte presso la Sforzesca, dove anche la Brigata *Casale* si era riunita al grosso delle truppe; al tempo stesso, la strada di Gambolò era adesso sbarrata da tutta la 3a Divisione.

L'ultima fase del combattimento della Sforzesca era stata accompagnata da un'azione offensiva austrìaca anche su quest'ultima strada. Un battaglione di cacciatori, 2 compagnie di fanteria, uno squadrone di usseri con 2 cannoni, sttaccarono, verso le sei pomeridiane, il 1° fanteria *Savoia* ed elementi del *Genova* Cavalleria, ma il nemico era stato subito fermato e poi vigorosamente contrattaccato.

La prima prova del rinnovato esercito piemontese non era stata affatto cattiva: tutti hanno combattuto valorosamente, e le stesse giovani reclute di *Acqui* e di *Casale* avevano mostrato al fuoco grande fermezza.

Nell'insieme avevano partecipato ai combattimenti 8500 uomini contro 9000 austriaci. Le perdite erano state leggere da entrambe le parti: 21 morti, 94 feriti e un centinaio di dispersi da parte piemontese; 25 morti, 180 feriti e 120 dispersi da parte austriaca.

Protagonista del fatto d'armi della Sforzesca fu il 2° Reggimento *Piemonte Reale Cavalleria*, comandato dal colonnello Rodolfo Gabrielli di Montevecchio, che alla Sforzesca scrisse pagine di luminoso eroismo, forse le più belle della propria plurisecolare storia iniziata nel 1692.

Alle tre di quel mattino, al comandante Gabrielli di Montevecchio veniva quindi affidata un'avanguardia composta da alcuni bersaglieri, una sezione di artiglieria e uno Squadrone del suo reggimento. Nel complesso: due squadroni venivano posti a difesa esterna del paese, due plotoni in avanguardia nei pressi del Borgo di San Siro, mentre altri due squadroni perlustravano verso sud-sudovest per verificare l'eventuale avanzata nemica, che però puntualmente si verificherà impegnando il distaccamento dei due plotoni di Borgo San Siro che terranno, per quasi nove ore, testa a forze superiori prima di ripiegare sulla Sforzesca.

Venuta a contatto col nemico, l'avanguardia iniziava una strenua azione di frenaggio alleggerendo di quando in quando la pressione austriaca con ripetute cariche di plotone guidate dallo stesso colonnello comandante che rimaneva ferito a una guancia. Dopo lunga resistenza, l'avanguardia era ormai assediata nel villaggio della Sforzesca da due schiere di austriaci, quando giunsero i primi rinforzi di fanteria e poi il 4° ed il 6° squadrone di *Piemonte Reale*, guidati dal maggiore Bernardino Pes conte di Villamarina del Campo che si avventavano contro il fianco della seconda schiera avversaria composta da due squadroni degli ussari del 5. KuK *Husaren- Regiment FM. Joseph Graf Radetzky von Radetz* (il cui *Inhaber*, o colonnello proprietario, era lo stesso Feldmaresciallo, subentrato l'anno prima nel grado onorifico a Carlo Alberto11) guidati dall'*Oberstleutnant* Schantz, insieme a due battaglioni di fanteria e una mezza batteria.

I fanti del 17°, guidati dal colonnello Mollard, duramente impegnati dagli austriaci, contrattaccarono alla baionetta, appoggiati sulla sinistra dal 23° reggimento, costringendo il nemico a ripiegare.

In quest'occasione solo l'intervento degli ussari riuscì a salvare i cannoni austriaci da una carica di *Piemonte Reale*, ma poco dopo i *Radetzky* vennero travolti dalla successiva carica dei due squadroni (4° e 6°, come detto), guidata personalmente dallo stesso colonnello Pes di Villamarina, che ebbe un ottimo successo malgrado il terreno rotto da fossi e siepi.

Nello scontro si distinsero il capitano Giuseppe Milo, comandante il 4° squadrone e i tenenti Morteo, Broglia e Bielski, poi il capitano Carlo Ricati alla testa del 6° squadrone, che avevano definitiva ragione degli ussari ungheresi mettendoli in fuga. Vennero fatti prigionieri l'*alezredes* (tenente colonnello) Karwaly- che fu però liberato dal caposquadrone Duschek e da due ussari- e il tenente Uszkay, i quali erano stati tutti e due sbalzati da cavallo.

Un'ulteriore carica veniva comandata, questa volta contro la fanteria nemica che tentava inutilmente di disporsi in una difesa più salda dietro a un fossato.

Nell'impeto dell'inseguimento successivo il tenente Filippo Galli della Loggia del 4° squadrone, ora aiutante di campo del generale Bes, restava isolato venendo circondato da quattro ussari. Venne soccorso dal brigadiere Mathieu (o Mathieux) e dal vicebrigadiere Ravonel, che salvò il proprio ufficiale assalendo i quattro ussari ungheresi che lo avevano circondato, uccidendone due con la lancia e ferendo un terzo ussaro.

Per la coraggiosa azione di salvataggio il brigadiere Mathieu venne promosso sul campo a maresciallo.

Radetzky nella sua Relazione ufficiale arrivò a inventare la presenza di una Divisione di cavalleria (che i piemontesi non avevano!), mentre si trattava di un solo reggimento!

Di chi la vittoria alla Sforzesca? Secondo il giudizio di Pieri, entrambi gli avversari avevano conseguito, a rigore, il proprio obbiettivo tattico e strategico; gli austriaci volevano proteggere la marcia dei loro tre Corpi (II, III e I *Reserve-Korps*) lungo lo stradone Pavia- Mortara, e occupare Borgo San Siro e Gambolò, e avevano conseguito il loro scopo; i piemontesi si proponevano di sbarrare gli accessi di Vigevano e di concentrare tre divisioni davanti a questa città, e vi erano riusciti: ma in realtà l'obbiettivo piemontese era troppo limitato: l'occupazione andava estesa a Gambolò e a Borgo San Siro; solo in questo caso si sarebbe potuto parlare veramente di vittoria piemontese, e il comando austriaco sarebbe stato obbligato a sospendere la sua marcia su Mortara.

Cosicché, se nel campo tattico la vittoria potrebbe anche considerarsi piemontese, in

---

11   Dal 1831 al 1848 il reggimento era denominato infatti 5. KuK *Husaren- Regiment Carl Albert, König von Sardinien.*

quello strategico, ben più importante, il successo deve piuttosto ritenersi austriaco, non certo per deficienza delle truppe, ma per mancanza d'iniziativa nel Comando supremo, e per l'inguaribile cattiva organizzazione dell'esercito, sempre lento e impacciato nei suoi movimenti, sempre disturbato dal cattivo funzionamento delle sussistenze. Di fronte a una semplice azione di copertura nemica, il Comando supremo piemontese avrebbe dovuto trovarsi in condizione non solo di difendere Vigevano all'altezza della Sforzesca, ma d'occupare Gambolò e Borgo San Siro, punti essenziali per la progettata manovra sul fianco destro austriaco.

Il vantaggio di dare battaglia sul proprio territorio avrebbe dovuto manifestarsi soprattutto nella maggiore rapidità dei movimenti, nel perfezionato servizio logistico, nella scelta, entro certi limiti, del terreno.

Comunque, il nemico era stato nettamente fermato oltre la Sforzesca, e le truppe si erano comportate molto bene.

Il generale Chrzanowski si sentiva tranquillo dalla parte di Mortara, malgrado da questo lato si fosse udito provenire un intenso cannoneggiamento verso le cinque del pomeriggio, che poi s'era affievolito, pur continuando con intermittenza fin verso le otto: ma sapeva che a Mortara erano due divisioni, con 3 reggimenti di cavalleria e 48 cannoni, e non si nutrivano apprensioni.

Chrzanowski vi aveva inviato il capo di Stato Maggiore, Alessandro La Marmora, per coordinare l'azione di tali divisioni.

Alla Sforzesca all'una di notte, come si è detto, lo Chrzanowski si preparava a diramare gli ordini per l'azione del mattino; essi mostrano come si ritenesse tranquillo dal lato di Mortara: qui una sola Divisione e non più due avrebbe dovuto tener fermo davanti alla città, mentre ben quattro avrebbero operato contro il fianco dell'esercito austriaco12. E tanto fidava nel risultato della propria azione che quella stessa unica Divisione di Mortara avrebbe dovuto tenersi pronta a contrattaccare.

Si preparava dunque a dare gli ordini per la grande battaglia del giorno dopo, quando verso l'una di notte due ufficiali di Stato Maggiore del seguito del La Marmora giunsero all'improvviso portando le più tristi notizie: Mortara era stata occupata dagli austriaci dopo breve combattimento, duemila uomini erano stati presi prigionieri, e le due divisioni erano in piena ritirata verso Novara e verso Vercelli.

Il general maggiore vide il suo piano del tutto sconvolto e cercò per prima cosa di parlare col Re ciò che poté fare solo verso le tre, in quel buio, quando si riuscì a rintracciare il sovrano, che dormiva per terra in mezzo ai savoiardi del 2° fanteria.

Venne convocato una specie di consiglio di guerra, cui parteciparono, oltre al Re e al generale polacco, anche il Duca di Genova e il Bes; non si era riusciti nell'oscurità a rintracciare il Perrone di San Martino.

Per un momento i primi due sembrarono propensi a persistere nel piano stabilito, attaccando gli austriaci con le 3 divisioni disponibili e ordinando alle altre due di fermarsi e contrattaccare.

Ma subito il progetto ritenuto troppo ardito venne abbandonato, e si discusse invece se si dovesse cercare di ripiegare, con una lunga e non facile marcia di fianco, su Vercelli, oppure raccogliere tutte le forze davanti a Novara, e dare qui la battaglia finale. Così si stabilisce di fare. Fra le tre e le quattro del mattino del 22 marzo le divisioni si misero in marcia.

---

12   Originariamente Chrzanowski pensava di poter avanzare la mattina dopo con tre divisioni (2a, 3a e 4a) riunite, lasciando la 1a e la Divisione di riserva davanti a Mortara.

La 2a e la 3a Divisione furono a Trecate prima di mezzogiorno; la 4a, di retroguardia, arrivò a sua volta verso le quattro pomeridiane.

Non molto dopo la 2a e la 3a Divisione proseguirono per Novara e bivaccarono davanti alla città. Qui, ancor prima dell'alba, era giunta la colonna condotta dal generale Trotti e verso le sei del mattino la Brigata *Aosta*, ossia gran parte della la Divisione; in mattinata essa venne raggiunta dalla 1a Divisione di Durando.

Assai più tardi giunse la Divisione di riserva comandata da Vittorio Emanuele; rimasta incerta se dirigersi a Vercelli o a Novara, aveva fatto sosta a Granozzo per quattro ore e mezzo, aspettando inutilmente ordini, poi il Duca di Savoia decise di avviarsi verso Borgo Vercelli, ma, ricevuto un tassativo ordine del Comando supremo, con ampio giro si recò a Novara, dove le truppe giunsero fra mezzanotte e le due. Al mattino del 23 giunse sul posto anche la 4a Divisione del Duca di Genova, nonché la Brigata Solaroli, già a guardia del ponte sul Ticino. Alle nove di mattina del 23 marzo tutte le truppe erano in posizione: i movimenti si erano svolti senza alcuna molestia da parte degli austriaci.

Il Maresciallo Radetzky, dopo l'insperato successo di Mortara, non aveva mostrato in verità un'eccessiva fretta di sfruttarlo adeguatamente. Egli riteneva che, grazie alle sorpresa della Cava e alla successiva conversione dell'esercito austriaco verso Mortara, i piemontesi avrebbero dovuto retrocedere su Vercelli dietro la Sesia, e poi a Casale dietro il Po, per riguadagnare la loro vera base d'operazione, Alessandria, e ricollegarsi colle forze della destra del Po, Divisione lombarda, Brigata Belvedere, 6a Divisione. E ritenne probabilmente d'aver respinto verso Vigevano e oltre Mortara delle semplici forze di copertura, destinate a proteggere la marcia di fianco del grosso dell'esercito piemontese, da Boffalora a Vercelli. Ed egli poteva sperare di coglierle in crisi di movimento presso Novara o comunque prima di Vercelli. Da Mortara, alle quattro di notte del 22 marzo, il Maresciallo dispone che alle dieci e mezzo di mattina il II *Korps* prosegua su Vespolate (a metà strada tra Mortara e Novara), seguito dal III *Korps* e dal I di riserva, ossia i 3 corpi incolonnati sulla strada di Pavia proseguano la loro marcia in direzione di Novara; il I *Korps* continuerà a fiancheggiare alla destra; il IV *Korps*, che costituiva il fiancheggiamento dal lato di sinistra, lo continuerà fino a Rebbio, poi piegherà su Vespolate inserendosi fra il II e il III *Korps*, All'alba del 23 marzo il II e III *Korps* e il I di riserva avevano tutti oltrepassato Mortara, e mentre la coda dell'immensa colonna si trovava ancora a diciannove chilometri da Novara, la testa non ne distava che otto; il IV *Korps*, di fiancheggiamento alla sinistra, era a tre chilometri da Vespolate, e il I *Korps* di fiancheggiamento a destra invece si trovava alquanto indietro, salvo l'avanguardia, giunta quasi all'altezza di Vespolate; venne mantenuta in sostanza la disposizione precedente: i corpi erano disposti in modo da sostenersi a vicenda seguendo la direttrice strategica costituita dalla strada Mortara-Novara.

Ma le notizie che giungono al Maresciallo nella giornata del 22 e nella notte sul 23, sono assai discordanti: si parla di radunata dei piemontesi su Novara, ma si vocifera pure di ritirata loro su Vercelli ed oltre. Per di più, il comandante del II *Korps*, d'Aspre, era più che mai persuaso che a Novara non dovessero esserci che truppe di copertura e di retroguardia; di conseguenza, alle otto di mattina del 23 il Maresciallo Radetzky, da Borgo Lavezzaro, modificò profondamente le precedenti direttive.

Radetzky ordinò una decisa conversione a sinistra, verso Vercelli, di tutto l'esercito; in testa si sarebbero trovati il IV e il I *Korps*, rincalzati rispettivamente dal III e dal I *Reserve- Korps*; la funzione di copertura e di fiancheggiamento svolta sino ad allora dal I

Korps sarebbe stata assunta dal II del d'Aspre, il quale avrebbe dovuto marciare subito su Novara e impadronirsene.

Appena se ne sarebbe impadronito, sarebbe iniziata la grande conversione a sinistra di tutto l'esercito; e il II *Korps* avrebbe dovuto seguire il 24 il grosso dell'esercito verso Vercelli. A rigore, la manovra avrebbe dovuto svilupparsi quando Novara fosse caduta in mano austriaca, ma il I *Korps*, che era il più lontano, deve pur tuttavia muoversi prima che ciò sia noto. Il Maresciallo ordinò al III *Korps* di "*cercare in ogni modo di raggiungere Vercelli* [che è al di là della Sesia, sulla riva destra], *per avere là riuniti la sera stessa o nella notte quattro corpi d'armata*"; il che significava che Radetzky prevedeva non solo che i piemontesi fossero in ritirata dietro la Sesia, ma che neppure si disponessero a difendere il passaggio del fiume. Al generale Wimpffen a Pavia fu dato ordine di muovere colle sue forze in direzione dì Casale, che sembrava essere ormai il grande obbiettivo strategico dell'esercito austriaco. Dunque, alle nove dì mattina del 23 marzo l'avanguardia imperiale si mosse in direzione di Vercelli, seguita verso le dieci e mezzo dal grosso del IV *Korps* di von Thurn und Valsassina; e alle dieci, pure su Vercelli, ma sulla strada meridionale, si mise in marcia il I *Korps* di von Mitrowitz.

Sempre alle dieci si era messo in movimento in direzione di Novara il *Feldzugmeister* d'Aspre con il II *Korps*. Il *Feldmarschalleutnant* von Appel era rimasto fermo fra Borgo Lavezzaro e Vespolate con il suo III *Korps*, aspettando a muoversi d'aver notizie del II *Korps* mentre von Wocher con il suo I *Reserve- Korps* di riserva era rimasto fermo a sud di Albonese, in attesa che il I *Korps* avesse terminato di sfilare, per porsi quindi al suo seguito. Per quanto tutto l'esercito fosse orientato verso Vercelli, i tre Corpi settentrionali erano tuttavia abbastanza riuniti e in condizione d'appoggiarsi a vicenda, anche dal lato di Novara. ciò che non toglieva che l'appoggio al II *Korps* da parte dei due corpi più vicini sarebbe stato pur sempre alquanto lento e tardivo. Con un nemico energico e attivo, i diversi nuclei dell'esercito austriaco avrebbero potuto essere battuti separatamente, tanto più che il I *Korps* e il I *Reserve- Korps* sarebbero risultati troppo lontani.

L'esercito austriaco godeva di una notevolissima superiorità numerica; l'esercito piemontese opponeva 5 divisioni a 5 *Armeekorps* austriaci; i 3 Corpi austriaci più vicini a Novara già possedevano una forza pari o leggermente superiore a quella delle cinque divisioni dell'esercito piemontese.

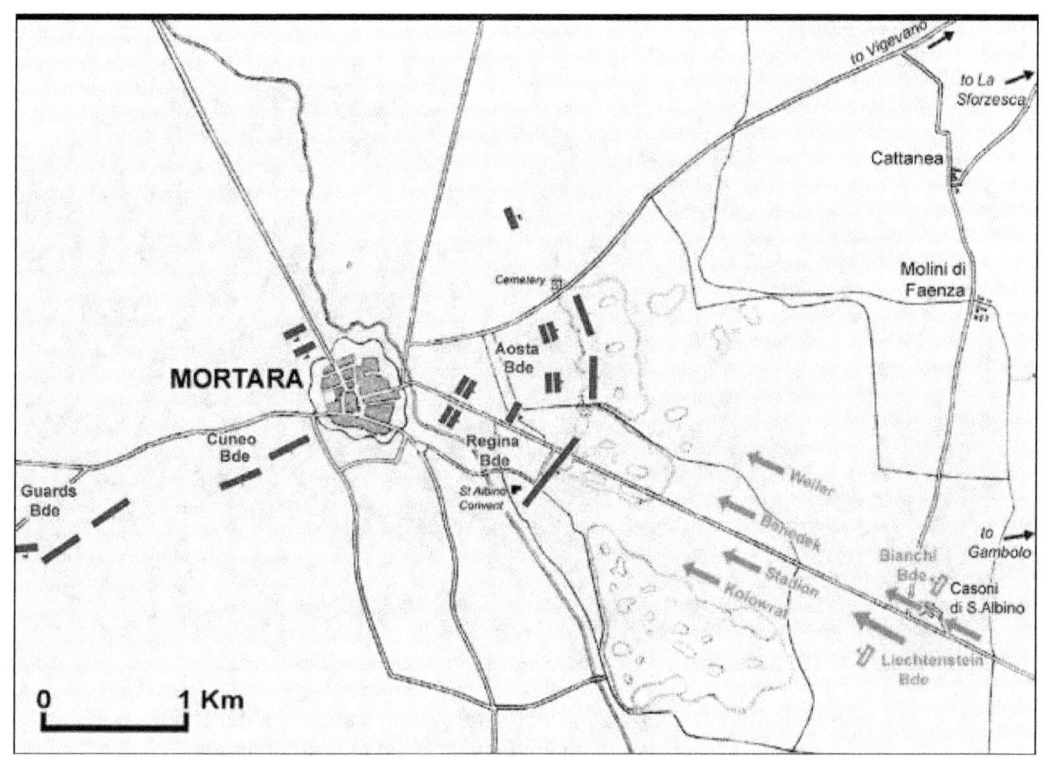

Carta della battaglia di Mortara (da Embree 2010).

La battaglia di Mortara, Albrecht Adam.

La battaglia di Mortara, 21 marzo 1849, stampa austriaca del 1850.
La battaglia è curiosamente ambientata in un terreno montuoso.

La battaglia della Sforzesca, quadro di Giovanni Fattori, 1877.

ORDINE DI BATTAGLIA DELL'ARMATA SARDA AL 23 MARZO 1849[13]

Comandante supremo: S.M. il Re Carlo Alberto di Savoia

Generale comandante: generale Wojciech Chrzanowski

Capo di S.M.: generale Alessandro La Marmora

Sottocapo di S.M.: generale Luigi Fecia di Cossato

Truppe a disposizione del Comando Supremo:
3° e 4° Battaglione Bersaglieri;
3ª Batteria da Posizione;
½ della 10ª Batteria Modenese;
2ª Compagnia Pontieri;
1ª e 2ª Compagnia Minatori;
ª Compagnia Zappatori;

1a Divisione:
Comandante: generale Giovanni Durando (13.310 uomini)

Brigata *Aosta* (Lovera)
5° Reggimento fanteria *Aosta*
6° Reggimento fanteria *Aosta* ;

Brigata *Regina* (Trotti)
9°Reggimento fanteria *Regina*
10° Reggimento fanteria *Regina* ;

---

13 Esclusa la 6a Divisione , gen. Alfonso La Marmora, su 1a (Collobianca) e 2a (Montale)Brigata Provisionale e troppe divisionali, a Sarzana, che non prese parte alla campagna.

5ª Compagnia Bersaglieri;
1° Reggimento *Nizza Cavalleria*
6ª e 8ª Batteria da Battaglia;
2ª Compagnia Zappatori;
Parco Divisionale.

2a Divisione
Comandante: generale Michele Bes (13.020 uomini)

Brigata *Casale* (Boyl)
11° Reggimento fanteria *Casale*
12° Reggimento fanteria *Casale* ;

Brigata Composta (della Rocca)
17° Reggimento addestramento volontari *Acqui*
23° Fanteria (volontari emiliani);

6ª Compagnia Bersaglieri:;
2° Reggimento *Piemonte Reale Cavalleria*;
4ª Batteria da Battaglia;
2ª Batteria da Posizione;
3ª Compagnia Zappatori;
Parco Divisionale.

3a Divisione
Comandante: generale Ettore Perrone di San Martino (11.810 uomini)

Brigata *Savoia* (Mollard)
1° Reggimento fanteria *Savoia*
2° Reggimento fanteria"*Savoia*";

Brigata *Savona* (Ansaldi)
15°Reggimento fanteria *Savona*
16° Reggimento fanteria *Savona* ;

7ª Compagnia Bersaglieri;
3° Reggimento *Genova Cavalleria*;
3ª e 7ª Batteria da Battaglia;
6ª Compagnia Zappatori;
Parco Divisionale.

4a Divisione
Comandante: S.A.R. il Duca di Genova Ferdinando di Savoia (14.920 uomini)

Brigata *Piemonte* (Passalacqua di Villavernia)
3° Reggimento fanteria *Piemonte* ;
4° Reggimento fanteria *Piemonte* ;

Brigata *Pinerolo* (Damiano)
13° Reggimento fanteria *Pinerolo*
14° Reggimento fanteria *Pinerolo* ;

8ª Compagnia Bersaglieri;
6° Reggimento *Aosta Cavalleria*;
9ª Batteria da Battaglia;
4ª Batteria da Posizione;
5ª Compagnia Zappatori;
Parco Divisionale.

5a Divisione (Lombarda)
Comandante: generale Manfredo Fanti, in sost. di Gerolamo Ramorino (8.160 uomini)

Iª Brigata Lombarda (Fanti)
19° e 20° Reggimento fanteria;

IIª Brigata Lombarda (Gianotti)
21° e 22° Reggimento fanteria;

VI° Battaglione Bersaglieri;
Battaglione Studenti tridentini;
Legione ungherese;
Legione polacca;
Reggimento *Cavalleggeri Lombardi*;
Una Batteria da Battaglia;
Una Batteria da Posizione;
Una Compagnia Zappatori del Genio;
Parco Divisionale

Divisione di Riserva
Comandante: S.A.R. il Duca di Savoia Vittorio Emanuele (13.540 uomini)

Brigata *Guardie* (Biscaretti di Ruffia)
1° Reggimento *Granatieri Guardie*;
2° Reggimento *Granatieri Guardie*;
6° Reggimento *Cacciatori Guardie*;

Brigata *Cuneo* (Bussetti)
7° Reggimento fanteria *Cuneo* ;
8° Reggimento fanteria *Cuneo* ;

3° Reggimento *Savoia Cavalleria*;
5° Reggimento *Novara Cavalleria*;
1ª e 2ª Batteria a Cavallo;
1ª Batteria da Battaglia;

1ª Batteria da Posizione.
7ª Compagnia Zappatori;
Parco Divisionale.

Brigata d'Avanguardia
Comandante: colonnello Belvedere

18° Reggimento Fanteria;
I° e V° Battaglione Bersaglieri;
3ª Batteria a Cavallo.

3ª Brigata Composta
Comandante: generale Paolo Solaroli

30° Reggimento Fanteria;
31° Reggimento Fanteria;

Battaglione *Real Navi*;
VII Battaglione Bersaglieri;
Battaglione Valtellinesi;
Battaglione Bergamaschi;
Due Squadroni di Dragoni lombardi,
Batteria Lombarda;
4ª Compagnia Zappatori

Riserva d'Artiglieria
3ª Batteria da Posizione:
Mezza batteria modenese

ORDINE DI BATTAGLIA DELL' I. R. ESERCITO AUSTRIACO AL 23 MARZO 1849

Oberbefehlshaber: FM Graf Josef Wenzel Radetzky von Radetz

Stabschef: FML Heinrich Ritter von Heß; *Generalquartiermeister*: FML Karl Schönhals.

II. *Korps*
FZM Konstantin d'Aspre (17.050 uomini)

Division Johann Franz Schaaffgotsche:
Brigade Friedrich von und zu Liechtenstein;
Brigade Ferdinand Alexander Freiherr von Simbschen;
Brigade Friedrich von Bianchi.

Division FML Albrecht von Österreich-Teschen:
Brigade Leopold Graf von Kolowrat;
Brigade Philipp von Stadion und Thannhausen;
Brigade Ludwig von Benedek.

III. *Korps*
FML Christian von Appel (15.100 uomini)

Division FML Wilhelm Graf Lichnowski:
Brigade Joseph Freiherr Maurer von Maurersthal;
Brigade Wilhelm Andreas Freiherr von Alemann.

Division FML Friedrich Hannibal von Thurn und Taxis:
Brigade Timotheus von Poppović;
Brigade Franz Graf von Thun und Hohenstein.

I. Reserve-Korps
FML Gustav von Wocher (10.320 uomini).

Division FML Karl Philipp Borromäus zu Schwarzenberg;
Brigade Gustav Adolf Felix von Wimpffen;
Brigade Erzherzog Sigismund von Österreich.

Division FML Karl Freiherr von Stürmer:
Brigade Erzherzog Ernst von Österreich;
Brigade Joseph Maria Karl Graf von Schaaffgotschee

Elementi del IV. *Korps* –
FML Graf Georg von Thurn-Valsassina:

Division FML Karl von Culoz:
Brigade Karl Friedrich Julius Freiherr von Grawert.
Brigade August von Degenfeld-Schonburg.

Non coinvolti nella battaglia:

I. *Korps*
FML Eugen Wratislaw Graf von Mitrowitz (17.200 uomini).

Division FML Franz Haller von Hallerkeö:
Brigade Julius Cäsar von Strassoldo;
Brigade Eduard Clam-Gallas.

Division FML Ludwig Freiherr von Wohlgemuth;
Brigade Moriz Ludwig Franz Görger von Sankt-Jörgen;
Brigade Tassilo Festetics.

IV. *Korps*
FML Georg Graf von Thurn und Valsassina (11.630 uomini).

Division FML Franz Emil Lorenz von Wimpffen:
Brigade Karl Graf von Cavriana;
Brigade Eduard Franz Landgraf von Liechtenstein.

23 MARZO 1849: LA BATTAGLIA DI NOVARA

La mattina del 23 marzo, alle nove, l'Armata sarda si trovava schierato davanti a Novara, fra l'Agogna e il Terdoppio. Tre divisioni erano in prima linea e due in seconda; a sinistra la Brigata Solaroli guardava le provenienze da Trecate e da Galliate.
le truppe erano chierate in doppia linea di battaglia, coperte dalle compagnie bersaglieri disposte in ordine sparso.
Il campo di battaglia di Novara è abbastanza nettamente diviso in due parti disuguali dalle sorgenti e dal vallone dell'Arbogna, che crea fra questo e il Terdoppio una specie di stretta, per dove passa la strada di Mortara e dove si trovano le case della Bicocca.
Il terreno fra l'Arbogna e il fiumicello Agogna si estende invece più ampio, ma rotto da fossi e da vegetazioni che costituivano un impedimento per la cavalleria.
Un profondo canale, cavo Dassi, scorre parallelo all'Agogna, a meno di un chilometro da esso, e piega quindi ad angolo retto.
La sinistra piemontese era schierata sullo stretto ripiano che corre dal Terdoppio al vallone dell'Arbogna, il centro e la destra fra l'Arbogna e il cavo Dassi, circa un chilometro prima che, piegando verso l'Arbogna, esso venga a formare un ostacolo avanzato.
La sinistra sarda era costituita dalla 3a Divisione Perrone di San Martino con la Brigata *Savona* di fronte ed ai due lati della Bicocca, e la Brigata *Savoia* dietro, ed aveva la Brigata Solaroli a protezione lontana del fianco e delle spalle.
Al centro si trovava la 2 Divisione Bes e alla destra la la Divisione Durando, quest'ultima colla Brigata *Aosta* quasi al completo, e la Brigata *Regina* ridotta, dopo la sconfitta di Mortara, a due battaglioni e con gli altri 4 sostituiti con altrettanti battaglioni di reclute.
In seconda linea, dietro la 3a Divisione, si trovava la 4a comandata dal Duca di Genova Ferdinando di Savoia.
Dietro la Divisione Durando era schierata la migliore Divisione piemontese, la Divisione di riserva del Duca di Savoia Vittorio Emanuele, con la Brigata *Guardie* quasi intatta, e la Brigata *Cuneo* praticamente dimezzata; malgrado ciò la Divisione era pur sempre fortissima, avendo la Brigata *Guardie*- la migliore dell'Armata sarda, formata da truppe d'*èlite* dal morale e dalla disciplina altissima- su 3 reggimenti (1° e 2° *Granatieri Guardie* e reggimento *Cacciatori Guardie*, 8 battaglioni invece di 6), due reggimenti di cavalleria (*Savoia* e *Novara*) anziché uno, quattro batterie invece di due.
Quanto alla Brigata composta, o Brigata Solaroli, inquadrava sei battaglioni della riserva, il battaglione *Real Navi* (un reparto eccellente della Marina sarda, simile ai bersaglieri), più i bersaglieri valtellinesi e la Guardia Nazionale mobile bergamasca, due piccoli squadroni di dragoni lombardi e 8 pezzi d'artiglieria: in tutto 5500 uomini.
Vi erano poi due battaglioni di bersaglieri a disposizione del Comando supremo.
Nell'insieme erano presenti 65 battaglioni (e 71 considerando i 4 di reclute e i 2 di volontari), 39 squadroni, 14 batterie; ma i battaglioni, avevano la forza media di 600 uomini, di fronte a quella di 1000 e più dei battaglioni austriaci; cosicché la forza complessiva dell'Armata sarda si può calcolare in 45.000 fanti, 2500 cavalli, 109 cannoni.

Restavano inutilizzate due divisioni e mezzo oltre il Po, della forza complessiva di 17.000 fanti, 650 cavalli e 40 cannoni, e 16 battaglioni dì reclute, ossia 6000 uomini circa; in tutto 23.000 fanti, su 68.000; 650 cavalieri su 3150 e 40 pezzi d'artiglieria su 150 circa: un terzo della forza complessiva per la fanteria, un quarto per l'artiglieria, un quinto per la cavalleria. Dispersione eccessiva, tanto più se si considera che gli austriaci riunivano 66 battaglioni su 73, 42 squadroni su 44, e 205 cannoni su 229; ossia circa 70.000 fanti su 80 000, con quasi tutta l'artiglieria e cavalleria.

Si trovavano quindi di fronte 70.000 austriaci con 5000 cavalli e 205 cannoni contro 45.000 piemontesi con 2500 cavalli e 109 cannoni.

In realtà, però, solo 3 Corpi austriaci su 5, ossia 37 battaglioni con 16 squadroni e 108 pezzi, erano davvero in condizione di partecipare alla battaglia, in seguito alle disposizioni del 22 e del 23; vi era anche da parte nemica una notevole dispersione di forze.

L'artiglieria piemontese sebbene inferiore di numero era superiore come addestramento e capacità a quella austriaca, pure considerata, con quella russa, tra le migliori d'Europa, così come la cavalleria sarda era migliore della imperiale, ma con il grave *handicap* di mancare di cavalleria leggera, che sarebbe stata la più adatta sul quel tipo di campo di battaglia14, mentre la fanteria sarda, sia pure con l'eccezione delle *Guardie*, formate da truppe sceltissime, e di qualche reparto di bersaglieri veterano dell'anno precedente, era decisamente inferiore come disciplina, morale ed addestramento a quella austriaca, e non all'altezza di quella che si era battuta nel 1848, perché si era preferita la quantità, richiamando reclute inesperte, appartenenti a classi anziane che avevano svolto il servizio militare da molti anni e quindi non più abituate alla vita militare, desiderose di tornare a casa ed al proprio lavoro, senza alcuna motivazione e scarso morale, volontari lombardi di dubbia motivazione e nessuna preparazione, gonfiando con i quarti battaglioni i reparti esistenti e costituendone di nuovi spesso completamente incapaci rispetto all'avversario perfettamente addestrato da anni di servizio, di disciplina saldissima e dal morale galvanizzato dalle vittorie dell'anno precedente eda un comandante come *Vater* Radetzky; del tutto insufficienti poi erano il servizio di sanità e di sussistenza, tanto che gran parte dei soldati sardi combatterono a digiuno.

Quanto allo schieramento piemontese, esso si presentava come strettamente difensivo: tre chilometri di fronte e quasi altrettanti di profondità; proprio l'opposto direi reccessivo schieramento a cordone a Mortara, esteso per quattordici chilometri e rotto facilmente sopra un tratto di circa un chilometro! Le divisioni di prima linea avevano una Brigata avanti e una di rincalzo, e così pure le divisioni di seconda linea. Lo Chrzanowski si proponeva di combattere una battaglia difensiva-controffensiva: ma come scrisse Piero Pieri, *il principio era buono; restava da vedere come si sarebbe attuato nell'esecuzione!*

Verso le nove di mattina, il ministro al campo Carlo Cadorna ebbe un colloquio con Carlo Alberto, il quale, pur dichiarandosi fiducioso nelle sorti della battaglia, dichiarò la propria volontà di abdicare in caso di sconfitta:

> "Mi disse, che aveva fiducia nel buon esito della giornata, la quale probabilmente sarebbe stata decisiva; essergli motivo di sperare la ottenuta riunione di quasi tutte le nostre forze, l'occupare noi forti posizioni, l'essere appoggiati alla città, l'avere potuto quasi tutta la truppa riposare la notte, il batterci in casa: *che se*, Egli soggiunse, *io mi ingannassi e noi fossimo ancora sfortunati, ho deciso, in tal caso, di abdicare alla Corona.*

---

14 Proprio in conseguenza della riorganizzazione dopo la sconfitta furono creati i reparti di lancieri e cavalleggeri.

A questo annunzio, che pur non poteva riuscirmi inaspettato, io, profondamente commosso, feci al Re molte rimostranze con quella libertà e con quella energìa che mi ispiravano il mio dovere e le mie convinzioni.

Dissi, ciò essere pieno di pericoli e di danni pel Piemonte, e per l'avvenire d'Italia; il Piemonte dovere di necessità, ed anche dopo rovesci, rimanere l'antesignano ed il nucleo dell'Italia; esser certo che il Successore al trono avrebbe mantenute intatte le tradizioni di onore e di lealtà della sua Casa, ma Egli solo avere avuto occasione di farsi, come Re, iniziatore della libertà, e propugnatore dell'indipendenza nazionale; dopo un rovescio divenire tanto più stringente la necessità della unione e della fiducia reciproca tra il principe ed il popolo, onde resistere alla pressione del nemico, a quella d'Europa ed alla inevitabile interna reazione politica; Egli, dopo le date solenni prove, essere quella bandiera intorno alla quale sarebbonsi sempre in stretta falange serrati tutti gli Italiani veramente desiderosi d'indipendenza e di libertà costituzionale, poiché il suo nome, la sua persona equivalessero ormai ad irrevocabile programma nazionale; la di lui abdicazione distruggerebbe tuttociò, gitterebbe il Piemonte e l'Italia in balìa de' partiti, comprometterebbe grande mente le sorti della nazione.

A queste ed a molte altre cose udite dal Re silenzioso e con aspetto benevolo, Egli rispose colla tranquilla parola di chi esprime un partito pigliato irrevocabilmente dopo lunga meditazione: non credere egli che, dopo il supposto evento, l'opera sua potesse essere necessaria all'Italia; essere egli convinto che altri potrebbe fare ciò che egli forse più non potrebbe; non parergli doversi temere dalla sua abdicazione i danni da me indicati, e nel supposto caso di un rovescio, essere questa inevitabile.

Il Re mi permise di replicare, e di insistere nelle mie osservazioni, che ribadì con forza, ed il meglio che seppi con altri argomenti; e poiché io aveva finito di parlare, e stava aspettando una sua risposta, Egli, che aveva irrevocabilmente preso quella risoluzione, troncò il discorso sull'abdicazione porgendomi la mano, e dicendo con energia: *Ma io ho fiducia che le cose andranno bene, e, se i soldati faranno, come credo, il loro dovere, batteremo gli austriaci*".

Tra le dieci e trenta e le undici di quella gelida e piovigginosa mattina, anniversario dell'entrata in guerra l'anno precedente, le vedette della 3a Divisione del generale Perrone di San Martino appostate sul campanile di Santa Maria della Bicocca segnalarono l'avanzata nemica.

Era l'avanguardia del II *Korps* del *Feldzugmeister* Konstantin d'Aspre, e più precisamente della Divisione comandata dall'Arciduca Alberto, che aveva già sfondato a Mortara con le brigate Kolowrat e Stadion, seguita subito dopo dalla Divisione del *Generalmajor* Schaaffgotssche.

La strada di Mortara era solidamente bloccata dai sardi: davanti si trovava il 15° reggimento *Savona* e dietro il reggimento gemello, il 16°; in terza linea la Brigata *Savoia*, e dietro ancora le Brigate *Piemonte* e *Pinerolo* della 4a Divisione. Per di più il 15° fanteria aveva alla sua sinistra due compagnie, e alla destra due battaglioni di bersaglieri; e 16 pezzi d'artiglieria erano schierati a destra e a sinistra della Bicocca. I bersaglieri si erano portati avanti fin quasi presso Olengo e così pure il 15° fanteria, schieratosi un chilometro oltre la Bicocca, fra il Castellazzo e la Cavalletta.

Poco a settentrione di Olengo avvenne il contatto a fuoco degli imperiali con i piemontesi, e d'Aspre, convinto di avere a che fare con una debole retroguardia sarda, schierò la Brigata Kolowrat su due colonne con il medesimo Arciduca alla testa della colonna di sinistra. I soldati transalpini della Brigata *Savoia* intonarono la *Marsellaise* inneggiando al Re con *Vive le Roi!*, mentre gli austriaci, in buona parte italofoni del Lombardo-Veneto gridavano *Viva l'imperatore!*.

Scrive Carlo Alberto nelle *Considerazioni...* che

> "Prime ad operare furono le brigate *Savoia* e *Savona*, stanziate alla sinistra ed occupanti la Bicocca, dove veramente, giusta la previsione del general maggiore, concentravasi lo sforzo del nemico; il 15 reggimento non mai stato in guerra (come quello che nell'antecedente campagna era rimasto di presidio in Savoia) dopo mezz'ora di buon conteguo vacillò, e non pochi soldati se ne sbandarono dirigendosi alla volta di Novara, la quale per la sua posizione relativamente alle nostre linee, e per la lusinga di trovarvi qualche conforto come in città cospicua, doveva per necessità diventare il punto di concorso di tutti coloro che fuggiaschi, affamati, stanchi, feriti o spinti da qualsivoglia cagione buona o rea si ritraevano dalla battaglia. Al 15 fu sostituito il 2. della Brigata Savoia, la quale occupava la destra della terza Divisione; questa Brigata portossi da principio lodevolmente assai (e singolarmente il 1 reggimento), spingendosi innanzi sino alla cascina Lavinchi ed occupando alcune alture in quel terreno fossoso ed accidentato, cantando sotto il fuoco nemico la *marsigliese*, intercalata dal grido di *Viva il Re*.
> Singolar contrasto di pensieri, di voci e di cose: soldati non italiani [erano savoiardi francofoni, ndA], avversi ad una guerra che credevan contraria ai loro interessi, intuonando un inno repubblicano, andavano combattendo per una causa i cui naturali propugnatori erano quasi tutti ben lungi da quei rischi, per un Re, che amavano assai e dai quale pur dissentivano in quel supremo istante; molti ufficiali e soldati di quella Brigata si portarono con estremo valore, ma a compiere il disordine delle idee, che pur troppo regnava in quella come in quasi tutte le altre brigate, non poco coadiuvò il fatto de' prigionieri tolti al nemico che fra duecento e più, fu trovato essere quasi tutti ungheresi ed italiani. Sono questi, ripetevasi dalle truppe, gli amici e fratelli nostri? La guerra che noi facciamo è per la loro salute, eppure gli austriaci stessi non combattono contro noi più accanitamente di costoro. E intanto quello scompiglio delle menti dei soldati nostri, distratti in sì diversi modi da tante idee contrarie, avviava e preludeva allo scompiglio materiale".

I piemontesi arretrarono su Castellazzo e Cascina Cavallotta, gli austriaci occuparono le cascine Briola e Boiotta e puntarono sulla Cavallotta, ma il capitano piemontese Cisa di Gresy fece sparare i pezzi della 3a batteria, investendo in pieno e bloccando la puntata austriaca. Egual sorte toccò alla colonna Kolowrat: malgrado la copertura della propria batteria, ricevette d'infilata il fuoco della 7a batteria da campagna piemontese del capitano Bottacco subendo gravi perdite.

L'Arciduca Alberto, con l'appoggio di alcuni pezzi d'artiglieria, fece proseguire l'avanzata e scacciò i piemontesi dalla Cavallotta, procedendo verso Villa Visconti.

Cinque battaglioni austriaci avanzarono impetuosi contro il velo di bersaglieri, i quali ripiegarono ai lati del 15° fanteria *Savona*. Il combattimento si riaccese subito violentissimo: il 15° fanteria venne mandato nuovo al fuoco; malgrado la stanchezza i soldati liguri si batterono coraggiosamente attaccando alla baionetta, e gli austriaci vennero fermati; essi cercarono ora d'avvolgere le ali; ma giunsero di rincalzo elementi del 16° reggimento e del 2° fanteria *Savoia* e gli austriaci alla sinistra furono costretti a ritirarsi con gravi perdite.

Sulla destra gli ungheresi riuscirono a occupare la Cavalletta, avanzando ancora: accorse il generale Ettore Perrone di San Martino alla testa della sua 3a Divisione di fanteria.

La 7a batteria sparava ad alzo zero contro gli austriaci: il luogotenente Spalla con alcuni pezzi si portò a 300 metri dalla prima linea austriaca e sparò con cartoccio a mitraglia sulla batteria d'appoggio austriaca prima di venir letteralmente distrutto.

Ben tre batterie si diedero il cambio prima di venire completamente annientate (tenente

Corte e tenente de Roussy).

La Divisione di Perrone riuscì a fronteggiare gli austriaci con l'appoggio della 2a batteria da posizione. La 3a batteria da battaglia stava massacrando gli austriaci e l'Arciduca mandò all'assalto sul fianco sinistro dei cannoni piemontesi la cavalleria, ma il contrattacco del 5° squadrone del *Genova Cavalleria,* comandato dal capitano Bovis, ricacciò gli austriaci.

A mezzogiorno d'Aspre fece entrare in linea la Brigata Stadion con 4 pezzi d'artiglieria per rimpiazzare il reggimento dell'Arciduca ormai sfasciato. Entrò in gioco il II. *Wiener Freiwillinge- Bataillon* , formato da volontari viennesi desiderosi di dimostrare la fedeltà all'Imperatore dopo la rivolta e l'assedio asburgico della capitale, che soffocò nel sangue l'insurrezione, e un battaglione del Reggimento *Kinsky*, ma il loro attacco fallì infrangendosi sulle linee di fanteria della Divisione Perrone.

Il tenente Joseph Bruna, comandante un plotone del I./KuK IR *Paumgarten* descivre la ferocia degli scontri di Villa Visconti:

> "Sul fianco del nostro battaglione all'assalto c'era una casa che la nostra compagnia doveva prendere. Correndo rapidamente, arrivammo alla casa, con poche perdite; i nemici che occupavano l'edificio non sembravano essere buoni tiratori. Ma quando entrammo nelle prime stanze, però, cominciò una feroce mischia.
> Amici e nemici, ufficiali e soldati, si ammassavano in una lotta selvaggia. Una parte cercava di salire le scale, l'altra tentava di rigettare giù gli assalitori, ognuno desideroso di annientare l'avversario; in uno scontro crudele, ognuno sparava contro l'altro a bruciapelo con il fucile puntato al petto dell'avversario, tagliava e trafiggeva, si usavano i corpi dei caduti come protezione o come scalini per attaccare o difendere le scale".

Alla fine la compagnia di Bruna venne rigettata indietro.

Entrarono in campo con l'Arciduca il 33. KuK *Infanterie-Regiment Giulay* e diversi pezzi d'artiglieria. Il fuoco devastante dei cannoni austriaci fece arretrare la Brigata *Savoia* e Villa Visconti fu presa dagli austriaci. Sotto l'appoggio delle batterie 3a e 7a da battaglia, la Brigata *Savoia* caricò alla baionetta, riprese Villa Visconti e respinse gli austriaci alla Cavallotta.

Il Maresciallo Radetzky dal canto suo, udito l'insistente tuonare del cannone, comprese lo svolgersi degli avvenimenti; e a mezzogiorno ordinò al III *Korps* di appoggiare all'azione del II, al I *Reserve-Korps* di seguire il III, e al IV di piegare verso Novara e gettarsi sul fianco dei piemontesi. La II Brigata della Divisione dell'Arciduca Alberto entrava dunque in azione davanti alla Bicocca, contro il lato destro della difesa piemontese e il combattimento si riaccese frazionandosi attorno alle sparse cascine della piatta campagna padana. Dopo lunga e vivace lotta, gli austriaci tornano a prevalere.

Alle 12:30 la colonna Kielmannsegge respinse il *Nizza Cavalleria* e cercò di prendere Torrione Quartara ma venne investita dal fuoco di venti pezzi diretti da Giovanni Durando, veterano nelle guerre di Spagna e Portogallo. Alle 13 con la riserva del II *Korps* puntò disperatamente un attacco frontale contro la linea ormai prossima al collasso della Divisione di Perrone, puntando sulla Bicocca. Chrzanowski parò il colpo facendo sferrare il contrattacco alla Brigata *Savoia* e ordinò alla 4a Divisione di fanteria agli ordini del Duca di Genova Ferdinando di Savoia di sostituire la Divisione di Perrone ormai distrutta.

Per un problema di traduzione dal polacco all'italiano degli ordini del Chrzanowski, la Brigata *Savoia* si trovò sotto il fuoco dei cannoni austriaci e fallì nell'intento.

Di fronte al pericolo del crollo della sua prima linea, il generale Ettore Perrone di San Martino, veterano delle campagne napoleoniche- era stato capitano dei *Grenadiers à pied* della Guardia imperiale- e già Presidente del Consiglio e ministro degli Esteri, si lanciò a cavallo sui resti della prima linea e ordinò il quadrato intorno alla bandiera, ma alla successiva scarica di fucileria venne colpito.

Il comandante della 3a Divisione agonizzò per sei giorni. Venne decorato di Medaglia d'oro al Valor Militare alla memoria con la motivazione:

> "Per essersi distinto ai fatti d'arme di Novara. Dopo aver valorosamente diretto le sue truppe durante il combattimento, colpito mortalmente alla fronte da una palla nemica, prima di essere trasportato in luogo di cura, domandò di vedere il Re, al quale espresse nobili parole.
> Novara, 23 marzo 1849".

Ettore Perrone di San Martino agonizzerà per sei lunghi giorni morendo alle 4 pomeridiane del 29 marzo 1849. I funerali solenni vennero celebrati a Ivrea in forma militare il 2 aprile 1849.

L'*Eco della Baltea Dora*, il giornale di Ivrea dell'epoca, pubblicò i versi di commemorazione del generale a firma dell'avvocato Guido Giacosa, il padre di Giuseppe. La salma venne tumulata nella Cattedrale di Ivrea, nella cripta sotto l'altar maggiore.

Nei pochi mesi di vita rimasti a Carlo Alberto di Savoia in esilio in Portogallo, si narra che spesso esclamasse: *"Invidiai la sorte di Perrone e Passalacqua, cercai la morte e non la trovai"*.

Comunque, l'attacco austriaco fu fermato: due compagnie, mandate a tenere a bada la Brigata Solaroli, vennero subito contrattaccate dai volontari valtellinesi e inseguite per lungo tratto, fino in vista di Trecate. A questo punto, mentre la 3a Divisione aveva impenato il II *Korps*, intervenne il Duca di Genova colla 4a Divisione. Davanti era schierata la Brigata *Piemonte*, dietro alla sua sinistra la Brigata *Pinerolo*; in testa, dove si presentava più critica la situazione, era schierato il 3° fanteria, col generale marchese Giuseppe Luigi Passalacqua di Villalvernia, anche lui veterano di Napoleone e pdopo la Restaurazione ufficiale dei Granatieri Guardie sabaudi, ed a sinistra il 4° reggimento col Duca di Genova. Il 3° reggimento della Brigata *Piemonte*, guidato dallo stesso generale Passalacqua, che vi si era posto alla testa, avanzò arditamente e attaccò alla baionetta gli austriaci respingendoli dalla Bicocca ed incalzandoli fino a Castellazzo.

Il Passalacqua cadde tra le braccia del tenente Fabris, mortalmente ferito al capo da un colpo tirato dalla Cassina Galvagna, mentre gridava ai suoi soldati: *"Avanti per l'onore piemontese!"*

Passalacqua di Villalvernia venne decorato con la Medaglia d'Argento poi commutata con quella d'Oro al valor Militare 15.

Il comandante era morto, ma lo slancio era dato: la Brigata *Piemonte* di fronte alla morte di Passalacqua ebbe un moto di sdegno e caricò rabbiosamente gli austriaci, catturandone 300; un battaglione imperiale venne massacrato alla baionetta senza pietà. Ma arrivati a Cassina Visconti vennero falciati dalle batterie d'artiglieria austriache.

---

15   Le motivazioni, stringatissime come si usava all'epoca, sono le seguenti:
      MOVM: *Per essersi distinto nel fatto d'armi di Novara.*
— *Novara, 23 marzo 1849.*
      MAVM: *Morto sul campo di battaglia alla testa della sua Brigata.*
— *Novara, 23 marzo 1849.*

Per la terza volta gli austriaci mossero contro la destra piemontese. Avanzò però il 13°
Pinerolo, sostenuto dall'11° *Casale* della Divisione Bes: Cassina Gavinelli venne presa
all'arma bianca dalla Brigata *Pinerolo*. e i piemontesi furono di nuovo presso la Cavalletta dove l'Arciduca Alberto riuscì a fatica a raggruppare poche truppe, in vista dell'ultima problematica resistenza.
Anche sulla sinistra piemontese l'edificio colonico detto il Castellazzo, dopo un'aspra lotta, venne riconquistato.
La durezza degli scontri venne sottolineata nel Rapporto ufficiale del Maresciallo Radetzky:

> "Allora si avanzò il general-maggiore conte Kolowrat co' suoi 2 battaglioni e mezzo contro i tiraglieri nemici.
> I cacciatori del 9.° battaglione erano sciolti in catena, e si avanzavano eroicamente sotto la direzione del coraggioso colonnello Weiss, mentre li seguiva il prode generale colle altre sue truppe a piedi, disposte in colonne d'assalto, dacchè il terreno non permetteva il cavalcare dappertutto.
> Due volte il medesimo diede principio colle sue truppe all'assalto della Cassina fortemente occupata al suo fianco destro, ma fu ogni volta costretto dalla preponderanza del nemico ad abbandonarla.
> Finalmente gli venne mandato in aiuto il battaglione della *landwehr Kinsky*, della Brigata Bianchi, sotto il comando del maggiore Latterer. Frattanto anche la Brigata Lichtenstein avea ricevuto ordine di entrare nella prima linea del combattimento, ed avea già prima occupato mediante il 2.° battaglione cacciatori il villaggio di Olengo che si trovava sul suo fianco destro.
> Un battaglione Fürstenwärther fu inviato dietro al già mentovato battaglione della *landwehr Kinsky*, verso Castellazzo. I due battaglioni presero d'assalto questa fattoria, e il battaglione della *landwehr* dei *Kinsky* assalendo vi penetrò perfino co' bersaglieri del 4.° battaglione cacciatori fin verso la cassina Farso, dove però fu costretto a sospendere un'altra volta la sua marcia per la nuova preponderanza del nemico.
> Pure il risoluto Latterer ordinò, protetto da una profonda fossa d'acqua, nuovamente l'assalto al suo battaglione; ma essendo stato ricevuto da un fuoco micidiale, potè penetrare soltanto co' più coraggiosi de' suoi, in un col primo tenente Latterer e il tenente Kober, fino all'estrema mura di circonvallazione di Torrione Quartara, poiché il nemico prese qui improvvisamente una grandiosa offensiva, e il battaglione dovette retrocedere verse Olengo; come pure in generale tutta l'ala destra correva rischio di essere fortemente circuita nel suo destro fianco, ed ora andava sempre più perdendo terreno, anzi il nemico stesso si avanzò fino alla posizione di Olengo, occupata dal 2.° battaglione di cacciatori Imperatore [sic per *Kaiserjäger*, ndA]. "

Erano circa le tre pomeridiane. Il II *Korps* era ormai in rotta, ricacciato verso Olengo, ove non può trovare sicuri appigli tattici alla sinistra, mentre i piemontesi quivi già sopravanzano. Il d'Aspre aveva chiesto alle due e mezzo, con manifesta ansia, al III *Korps* d'accelerare la marcia, e al Radetzky d'inviare altri soccorsi. Ma proprio i carriaggi del II *Korps* ingombravano la strada, cosicché alle tre solo il battaglione *Jäger* d'avanguardia del III *Korps* si trovava a tre chilometri da Olengo e il IV *Korps* era ancora più lontano; e le sue avanguardie non sarebbero potute giungere al ponte dell'Agogna prima delle cinque e mezzo.
Oltretutto, il comando del IV aveva inviato 5 battaglioni verso Casale. Il I *Armeekorps* e il I *Reserve-Korps* erano lontani. L'esercito piemontese non aveva impegnato che meno della metà delle sue forze, vale a dire poco più di 2 delle sue 5 divisioni e mezzo: 30

battaglioni e 32 pezzi sopra 73 disponibili con 109 pezzi, e dei 30 battaglioni impegnati una decina soltanto erano veramente logori.

Gli austriaci in seguito non si stancarono d'esaltare nella loro propaganda l'eroismo delle due divisioni del II *Korps*, che per quattro lunghe ore sostennero il peso di tutto quanto l'esercito piemontese: in realtà esse ebbero contro, successivamente, forze all'inarca uguali: tre quinti dell'esercito non avevano combattuto!

Le due divisioni piemontesi avevano finito col respingere e fiaccare l'impeto baldanzoso delle due divisioni del *Feldzugmeister* d'Aspre.

Gli austriaci rimasero inchiodati sul terreno e si trovarono col vuoto alle spalle, in una posizione molto critica.

Se Chrzanowski li avesse contrattaccati prima che arrivassero i rinforzi, avrebbe potuto annientarli.

Come scrisse infatti il generale von Schönals,

> "La spossatezza delle nostre truppe era giunta al colmo: anche ai più coraggiosi cadevano le armi di mano. Se il nemico, già vittorioso, avesse rinnovato l'attacco, avremmo dovuto cedere".

Per il comando sardo sarebbe stato veramente il momento di contrattaccare con tutto l'esercito: i resti del II *Korps* si sarebbero definitivamente sfasciati prima che il III *Korps* avesse potuto validamente sostenerli; e anch'esso sarebbe stato travolto e poi sarebbe venuta la volta dello smilzo IV *Korps*, dopo di che al Maresciallo Radetzky non sarebbe rimasto altro che cercare di riportare in salvo in Lombardia gli ultimi due corpi: e nuovi orizzonti si sarebbero davvero aperti all'azione dell'esercito vittorioso.

Già il generale Chrzanowski, a rigore, avrebbe potuto schiacciare prima la Divisione dell'Arciduca Alberto, e successivamente l'altra del generale Schaaffgotscheee. Comunque, non era più adesso il caso di tardare.

Ma Chrzanowski non si era reso conto della situazione: da un lato, non aveva compreso d'aver di fronte solo il II *Korps*; dall'altro, nelle alterne vicende del combattimento, era rimasto soprattutto colpito - ossessionato com'era dal preteso cedimento morale di Mortara - dal retrocedere e dallo sfasciarsi d' alcuni corpi, dal loro troppo lento ricostituirsi, dal solito quadro degli sbandati e dei fuggiaschi, mentre una diagnosi non molto diversa sarebbe stata possibile anche dall'altra parte; gli erano viceversa sfuggiti la tenacia e l'impeto di altri reparti e si potrebbe dire dell'intera 4a Divisione; mentre lo avevano impressionato i reiterati, seppure fuggevoli e transitori, successi nemici.

Ma il generale polacco non conosceva i piemontesi né il loro esercito; estremamente miope, non poteva nemmeno rendersi sufficiente conto di quanto avveniva intorno a sé. In realtà, egli mirava soprattutto a trattenere il nemico fino a sera, nella speranza forse che, come a Goito l'anno prima, il Radetzky, di fronte a una resistenza prolungata, rinunziasse a rinnovare l'attacco e retrocedesse su Pavia e la Lombardia.

Proprio mentre il Duca di Genova incalzava le schiere del II *Korps*, Chrzanowski gli ordinò di retrocedere.

Non solo, ma Chrzanowski ordinò al Bes di non muoversi e di mantenere con la 2a Divisione un atteggiamento difensivo.

Quando l' XI battaglione *Jager*, avanguardia del III *Korps*, giunse finalmente a Olengo e si affretta a schierarsi a destra del paese, per impedire un'azione avvolgente nemica, i sardi non gli contrapponevano più che un velo di bersaglieri, lasciati a coprire il ripiegamento della 4a Divisione.

L'arretramento della Divisione del Duca di Genova permise alle truppe austriache, tanto scosse fino a quel momento, di riordinarsi e al III *Korps* di schierarsi indisturbato. Da parte piemontese, lo Chrzanowski, pensando che la pressione austriaca sarebbe proseguita dal lato della Bicocca vi richiamò, a sostegno della 4a Divisione e dei resti della 3a, i Cacciatori delle Guardie, il 7° reggimento *Cuneo* e una batteria, tutte forze sottratte alla Divisione di riserva.

Decisione profondamente errata, perché sì privava così dell'ultima vera massa di manovra che gli restava per l'attuazione della sua controffensiva.

Dopo un'ora di sosta la battaglia riprende vivacissima alle quattro. La Divisione di testa del III *Korps* attaccò coi suoi sette grossi battaglioni e rinforzata da dietro dai resti del II *Korps*. I sardi dovettero retrocedere, sia pure lentamente e combattendo, ma al sopraggiungere dei Cacciatori delle Guardie e del 7° fanteria *Cuneo* il nemico dovette ripiegare.

Scrive Radetzky nella propria Relazione ufficiale, che riportiamo nella versione italiana apparsa sulla *Gazzetta di Milano*:

"Fu tosto ordinato da S. A. I. l'Arciduca [Alberto] un rinnovato attacco contro il nemico stabilito nelle vicine case, ma fu dato il cambio al reggimento *Arciduca Francesco Carlo*, il quale era quasi totalmente smarrito e stanco del combattimento.

Inoltre la batteria reggimento d'artiglieria collocata si vantaggiosamente presso una casa nel fianco sinistro, e la batteria di razzi nella fronte, per cura del capitano Pakeny dello stato-maggiore, che l'artiglieria nemica fu ben tosto ridotta al silenzio, ed ora si avanzarono con gran valore le colonne formate di nuovo.

Frattanto giunse anche il reggimento *Gyulai*, ed allora si tentò l'attacco combinato contro il nemico; ma una forza superiore di artiglieria nemica lo rese vano con un sì violento fuoco incrociato, che a nulla sortirono per il momento tutti gli sforzi della truppa onde avanzarsi.

In questa occasione fu molto gravemente ferito il valoroso tenente-colonnello Seyffert del reggimento *Gyulai*, e notevolmente nella spalla il general-maggiore conte Stadion.

Però la batteria a piedi n. 4 manteneva sempre un fuoco vivissimo contro la batteria nemica, posta nel fianco sinistro. Fu all'incirca in questo mentre che si seppe il combattimento della colonna laterale del colonnello Kielmansegge, la quale erasi incontrata col nemico presso Torrione Quartara, e impedì con tutto il vigore il medesimo, mercè la sua comparsa, nonchè con arditi attacchi ed ostinata resistenza, nel suo proponimento di accerchiarci nel fianco sinistro, contro il quale esso si era già notevolmente avanzato. In questa posizione estremamente difficile e dubbia della fronte della linea di battaglia, in cui tanto i gregari che gli ufficiali dimostrarono il massimo sacrifizio e zelo, il tenente-maresciallo conte Schaaffgotsche staccò dalla sua Divisione il 2.° battaglione de' volontari viennesi ed un battaglione *Kinsky*.

Questi furono spinti tosto all'attacco; ma anche questo falli, dopo un breve avanzamento, stante la solidità della posizione nemica, l'inviò continuo di truppe fresche, e l'effetto devastatore della sua artiglieria, superiore di numero e calibro.

I due battaglioni si ritirarono dopo una notevole battaglia. e subentrò nuovamente l'anteriore condizione difficoltosa.

Coi maggiori sforzi individuali e col fedele aiuto del suo seguito, il valoroso Arciduca raccolse e di spose le sue truppe, onde sostenere con esse ancora le estreme case meridionali, ed attendere nuovi rinforzi".

Anche ora, non vi era nulla che rivelasse da parte piemontese alcuna intrinseca inferiorità rispetto al nemico: gli austriaci fecero entrare in battaglia sette nuovi grossi battaglioni, 22 pezzi, 4 squadroni, un insieme di 9000 uomini; i piemontesi 5 battaglioni e 8 cannoni, 3500 uomini; e di nuovo respinsero il nemico.

"Ma non v'è dubbio- commenta Pieri- *che questa battaglia, ridotta a un'ininterrotta successiva immissione di nuove forze nel combattimento, e sempre nello stesso posto, non potrà non risolversi a favore di chi ha la superiorità del numero!* "

Alle cinque pomeridiane il Maresciallo Radetzky, giunto di persona a Olengo, odinò un nuovo decisivo attacco, rincalzato dall'altra Divisione del II *Korps* e sostenuto dall'azione del IV *Korps*, ormai giunto con l'avanguardia presso il ponte dell'Agogna. Contemporaneamente Chrzanowski si decise finalmente a tentare la manovra controffensiva, ordinando alla Divisione Bes d'avanzare verso la Bicocca e prescrivendo anche alla Divisione Durando d'appoggiare il movimento: era la ripetizione, scrive Pieri, della mossa di Goito, *o meglio la parodia della mossa di Goito.*

Durando passò il cavo Dassi e prese il Torrione Quartara e le case adiacenti; ma ben presto, udito che grosse forze austriache attaccavano alla destra- erano i primi elementi del IV *Korps* di Thurn und Valsassina che arrivavano- retrocedette.

Intanto, erano giunti ad Olengo anche i cinque battaglioni di granatieri del I *Korps* di riserva16, nonché il parco d'artiglieria forte di ben 64 cannoni; quando il Maresciallo venne informato che il IV *Korps* (Thurn und Valsassina) già stava richiamando forze piemontesi sopra di sé. Il Maresciallo Radetzky diede le ultime disposizioni per l'attacco finale: 10 battaglioni alla destra, 5 alla sinistra, altri 5 di rincalzo immediato, e di riserva i 5 battaglioni di granatieri: si trattava di ben 25 battaglioni il cui attacco venne preceduto da una violenta preparazione d'artiglieria.

Contro questa massa non erano disponibili che il 4° reggimento fanteria *Piemonte* e il 14° *Pinerolo*, sostenuti da pochi resti di *Savona* e da due compagnie di bersaglieri; e inoltre una parte dell'11° *Casale*; il 2° reggimento *Granatieri Guardie* e il 7° *Cuneo*, inviati in ritardo dalla Divisione di riserva, erano ancora in marcia e di riserva non c'era che il 3° reggimento *Piemonte*, che, come s'è detto, era stato ricostituito; la Brigata composta (Solaroli) era ancora lontana, perché il general maggiore non l'aveva voluta richiamare, e tutto il giorno era stata tenuta a bada da due sole compagnie austriache.

Lo Chrzanowski non si decise a tempo né a contrattaccare col centro costituito dalla 2a Divisione, del generale Bes e con la destra. La Divisione di Durando, appoggiate dalla Divisione di riserva del Duca di Savoia, né a concentrare tempestivamente le maggiori forze alla Bicocca: la Brigata composta, i Cacciatori delle Guardie, il 7° *Cuneo* e la Brigata Solatoli, chiamati a tempo, avrebbero costituito pur sempre, una massa di 15 battaglioni di riserva, coi quali l'attacco nemico, pur cosi violento, avrebbe potuto essere contenuta: così non fu.

L'avanzata del IV *Korps* insidiò immediatamente il fianco destro della 1a Divisione del generare Durando, e per i piemontesi la situazione peggiorò drasticamente quando tre battaglioni della Brigata Maurer conquistarono Cascina Farsà mettendo i *Kaiserjäger* in grado di poter avanzare alle spalle delle posizioni piemontesi della Bicocca, ponendo in grave pericolo i pezzi di artiglieria.

Frattanto il generale Bes comandante della 2a Divisione, avanzò con la Brigata composta di Solaroli ed il reggimento *Piemonte Reale Cavallerìa*, ma gli giunse da parte del La Marmora, a nome del general maggiore Chrzanowski, l'ordine di sospendere l'attacco e ripiegare a sostegno della Divisione, minacciata dal IV *Korps*.

L'ordine, in realtà, era un'iniziativa del solo La Marmora, il quale scosso da quanto av-

---

16   Gli austriaci raggruppavano i reparti di granatieri reggimentali in formazioni *ad hoc*.

venuto a Mortara il 21, temeva ora che stava per sferrarsi l'attacco generale di Radetzky, che la 2a Divisione potesse venir tagliata fuori, e aggirata alle spalle dal IV *Korps* nemico: la battaglia era da considerarsi oramai perduta e bisognava solo cercare di salvare il salvabile.

Il generale Bes esitò; ma l'ordine gli venne ripetuto da un ufficiale di Stato Maggiore, e allora il comandante della 2a Divisione si vide costretto a retrocedere, mentre elementi nemici che tentavano di incalzare i sardi in ripiegamento vennero vigorosamente contrattaccati alla baionetta dai fanti del 12° *Casale*.

Carlo Alberto, nel proprio scritto sulla campagna steso sotto lo pseudonimo di *un ufficiale piemontese*, le già citate *Considerazioni sopra gli avvenimenti militari...*, scrive:

> "Il momento fatale della giornata si presentava alle ore cinque.
> Chrzanowski aveva calcolato che dopo sei cinque pomeridiane, gettandoci noi in massa sovr' esso colla divisione quarta, coi quattro battaglioni di Cuneo, e i cacciatori Guardie, con tre battaglioni di Solaroli e con numerosa cavalleria ed artiglieria, e furiosamente attaccandolo, lo avremmo sconfitto, incalzato e rovesciato nel Ticino.
> Secondo il suo computo tre brigate avrebbero dovuto bastare per la successiva di fesa della Bicocca; e qui, a parer mio, vi fu errore nell'estimazione morale della nostra fanteria, poiché in virtù della sua formazione essa deve riuscir meglio in un repentino attacco che non nella difesa ; ne nacque che i battaglioni destinati alla riscossa offensiva , dovettero venire impiegati anzi tempo alla difesa della Bicocca, e quando si presentò l'istante calcolato dal generale maggiore, mancò la fanteria per eseguire l' ideata operazione.
> Per contrario, appunto verso le cinque, accortosi il maresciallo austriaco dell'indebolimento delle nostre forze, mandò gli ordini già concertati in massi ma per l'attacco simultaneo sulle nostre estremità e lungo tutta la linea e per esecuzione dei movimenti che dovevano minacciare la nostra ritirata.
> L'avvertenza di Radetzky si fondò sulla semplice nozione statistica delle nostre forze , della qual nozione egli era ben sicuro, poiché diffalcando i nostri tre corpi d'oltre Po, egli poteva esser certo che la nostra restante truppa attiva si trovava tutta sotto Novara: dopo ciò , sottraendo ancora le cinque brigate malconcie alla Bicocca , la riserva che non si poteva allontanare dalla strada di Vercelli e la brigata *Regina* quasi tutta perduta o prigioniera di guerra, egli poté naturalmente rimaner convinto che a quell'ora le brigate piemontesi si riducevano a quelle poche della prima e seconda divisione, che non potevano essere più di tre, coll'aggiunta di qualche battaglione.
> Se i miei lettori fossero tutti militari, non darei di questa mia asserzione ulteriori schiarimenti essendo la cosa troppo chiara per se stessa; ma affinché ognuno si persuada che quel calcolo di probabilità instituito dal nostro avversario fondavasi sul raziocinio e non sopra delazioni, mi affretto a soggiungere che lo scambio successivo delle nostre linee non si poteva tenere invisibile al nemico: che i prigionieri di quelle cinque brigate dovettero necessaria mente esporre la cosa ; che i generali austriaci, troppo bene informati della formazione della nostra fanteria, dovevano essere abbastanza certi che i battaglioni ritrattisi una volta , non sarebbero più ritornati pej quel giorno né alla difesa, né all'attacco.
> Aggiungo che noi non potevamo, se non che per notizie positive e difficili, essere istrutti della qualità e quantità delle truppe austriache al di qua del Ticino; ma per contrario, il nemico non abbisognava di calcoli per convincersi che, se non il numero totale, certo al meno le specie delle nostre forze erano tutte colà riunite. Ed è questo uno degli infiniti vantaggi che hanno le grandi potenze sovra le piccole; quelle mandano in campo una porzione, non si sa quale, delle loro forze; queste, astrette a cimentare tutto, svelano da per sé la qualità, e quasi sempre anche la quantità del loro esercito".

Radetzky, il quale era ormai convinto di avere i piemontesi in pugno, alle 18.00 ordinò l'attacco finale contro la Bicocca.

L'offensiva venne preceduta da un intenso tiro d'artiglieria che aprì la strada ai battaglioni del Feldmaresciallo che attaccarono in massa, l'armata austriaca continuò a rafforzarsi e il colpo decisivo venne inferto dalla Divisione Taxis del III *Armeekorps*.

Di fronte a tanta preponderanza di forze l'intera linea piemontese oscillò dapprima e poi arretrò; il nemico, che non subiva nessuna minaccia sui fianchi, né da parte della 2a Divisione, né da parte della Brigata Solaroli incalzò i sardi e la Bicocca cade alla fine in mano del nemico che continuava ad avanzare.

I due battaglioni di Cacciatori delle Guardie e i 3 battaglioni di *Cuneo*, giunti ora sul campo, cercarono dì far argine alla dilagante fanteria imperiale; ma questa procedette fino al cimitero.

A Santa Lucia, l'anno prima, il cimitero, col suo muro di cinta tutto tagliato con feritoie, era stato per gli austriaci un caposaldo difensivo d'eccezionale importanza. Ma qui nessun lavoro era stato fatto.

Entrarono in linea i 5 battaglioni austriaci di rincalzo, che effettuarono una manovra avvolgente contro la sinistra della difesa piemontese.

Lo Chrzanowski oppose a questi 5000 uomini i 3 battaglioni di riserva, estrema riserva, del 3° fanteria, 1600 uomini in tutto, e il Duca di Genova, che nel corso della battaglia aveva già avuto tre cavalli uccisi sotto di sé, si pose alla loro testa, eroicamente, a piedi: il nemico venne fermato e le truppe poterono sfilarsi e ritirarsi in discreto ordine in Novara.

A sostegno del 3° fanteria giunse ora il 2° Granatieri, e valse a rendere meno confusa, fra le tenebre sempre più fitte, la ritirata delle truppe dalla Bicocca.

Così il Maresciallo Radetzky descrive l'azione finale nella sua Relazione sulla battaglia:

"Erano circa le ore 6 di sera, ed io mi trovava sull'altura nel centro a sinistra della via, avendo vicino a me la riserva dei granatieri, quando il quartiermastro generale dell'armata propose soltanto di sbaragliare il centro nemico mediante un assalto per parte della Brigata dei granatieri, poiché i loro generali, ufficiali e gregari mi avevano pregato instantemente, alla ripresa delle ostilità, d'impiegare i loro servigi contro il nemico. Io glielo permisi: però il tenente-maresciallo Hess si era disposto ancora prima sulla più prossima altura a sinistra, onde convincersi dell'andamento del fuoco del 4.° corpo oltre l'Agogna. Quando esso mi recò di colà la notizia che i medesimi si avanzavano colla maggior energia, io feci ordinare per mezzo del bravo maggiore Rossbacher dello stato maggiore del quartier generale di avanzarsi su tutta la iinea di battaglia. Però le mie brave truppe e il generale d'artiglieria barone d'Aspre, nonchè il tenente-maresciallo barone Appel lo avevano già ordinato in pari tempo.

Sull'ala sinistra le truppe avevan già prima ripresa l'offensiva, e l'Arciduca Alberto stringeva il nemico. Ora quest'ultimo venne respinto di casa in casa dai valoroso reggimento Gyulai e da varie divisioni d'altri reggimenti, i quali da questo procedere furono incoraggiati a nuovi attacchi.

Sull'ala destra si avanzarono rapidamente per Olengo tutta la Brigata Kolowrat, i battaglioni 2.° dei cacciatori *Imperatore*, *Fürstenwärther*, *Kinsky*, presero d'assalto Castellazzo e il cortile Farzette, e conquistarono due cannoni; frattanto il 1.° battaglione *Arciduca Leopoldo*, il 1.° battaglione *Sigismondo* e il 5.° battaglione cacciatori, comandati dal general maggiore Maurer, respingevano sull'estrema ala destra il nemico sempre più verso Novara, lo scacciarono da tutte le sue posizioni, minacciando fortemente il suo fianco sinistro.

> In questa occasione, il 1.° battaglione *Arciduca Sigismondo*, sotto il suo bravo comandante, prese cinque cannoni: nel qual fatto si distinsero principalmenle i capitani Korta, Kraguliatz, Seidel e Lorenzetti. colonnello Signorini e i capitani Steiger e Cappi del 5.° battaglione cacciatori.
> Non meno valorosamente combattè su quest'ala il primo battaglione Arciduca Leopoldo, comandato dal suo colonnello conte Degenfeld in persona e dal maggiore Klippfeld; e nello stesso tempo il 5.° battaglione dello stesso reggimento sotto il suo risoluto maggiore Brehm nell'ala destra presso la Divisione Arciduca Alberto diede prove del proprio valore.
> Fra questi reggimenti meritano particolar menzione i capitani Rodossovich, Molitor. Shimatovich, Schrever e Horvath. La batteria da sei a piedi n. 20 sotto il comando del suo bravo primo tenente Martini, operò in modo preclaro in questi attacchi contro una batteria nemica da 16.
> Finalmente venne vittoriosamente preso d'assalto l'ultimo villaggio innanzi Novara, chiamato Bicocca, e così il nemico fu respinto ancora a notte oscura fino alle porte e alle mura di Novara.
> La ritirata del nemico nella fronte era ormai cosa evidente, e fu affrettata ancor più sulla sua ala destra rimpetto al 4.° corpo, poiché il general maggiore conte Degenfeld fece avanzare già prima il reggimento Nugent, dietro uno dei casini posti presso il ponte sull'Agogna, al sud dell'argine, contro i casini ivi situati e provveduti fortemente d'artiglieria e fanteria, e sotto la direzione del colonnello Mandel, dei capitani Zimmer, Wirth e Gresvke di questo reggimento, li prese d'assalto, malgrado il più violento fuoco di fucili e di artiglieria, s'impadronì di tre cannoni e di un carro di munizioni, e fece più di 400 prigionieri, fra cui tre ufficiali.
> Essendo già sopraggiunta l'oscurità, che stante la forte pioggia divenne ben presto fitta tenebra, divenne impossibile il continuare l'attacco su tutti i punti, cosicché subentrò necessariamente una tregua".

Mentre la sinistra piemontese ripiegava sotto la pressione d'un nemico troppo superiore di forze, la destra era seriamente minacciata dall'entrata in azione del IV *Korps*. Verso le cinque e mezzo, i primi elementi dell'avanguardia nemica (due compagnie con due cannoni e mezzo squadrone) sboccano dal ponte dell'Agogna, ma furono subito presi di mira dall'artiglieria piemontese e vigorosamente caricati da uno squadrone di *Savoia Cavalleria*. Il Duca di Savoia, che aveva mandato a spizzico gran parte della sua Divisione alla Bicocca, non disponeva ormai che del 1° reggimento Granatieri delle Guardie, indubbiamente i migliori soldati dell'Armata sarda, e di 10 squadroni e di 9 pezzi.

Il principe Vittorio Emanuele schierò dietro il cavo Dossi i tre battaglioni di Granatieri del 1° reggimento *Granatieri Guardie*.

Intanto il grosso del IV *Korps* con i suoi sette battaglioni, passava l'Agogna; ma visto l'ostacolo e, dietro di esso, i Granatieri schierati in linea di battaglia, subito si fermò, rimanendo in attesa.

Intanto al generale Durando giunse l'ordine di ritirata, ma reparti austriaci, passato il canale, cercarono di ostacolarlo; la Divisione retrocedeva molto lentamente, nel terreno rotto, fra le tenebre, molestata dal fuoco nemico, ma prima delle otto poteva riparare in Novara. Le misure adottate dal Duca di Savoia erano riuscite ad evitare il più grave pericolo, quello d'un'irruzione nemica alle spalle dell'esercito in crisi dal lato di Vercelli.

Quanto alla Brigata mista Solaroli, essa aveva avuto ancora per due volte qualche molestia, subito rintuzzata, ma nell'insieme era intatta.

Il generale Solaroli, che in tutta la giornata non aveva ricevuto ordini, alle otto circa iniziava indisturbato il ripiegamento e da Novara proseguiva per Càmeri.

Malgrado il caos ci si continuava a battere disperatamente. Il giovane capitano Mattei ha il braccio mutilato da una palla ma rimane al suo posto continuando a dare ordini ai propri uomini. Il tenente Ferdinando Balbo, figlio di Cesare Balbo, cui il capitano della batteria ha ordinato di non muovere il capo al tempestare dei proiettili nemici, e di non muoversi ai colpi dell'artiglieria, resta fermo e eretto per dare l'esempio ai propri soldati, e viene ucciso da un proiettile che lo abbatte insieme col cavallo. Il tenente Hugo ha una gamba frantumata da un colpo di moschetto, ma grida ai suoi uomini che lo soccorrono: "*Viva l'Italia!*" Il giovanissimo tenente Carlo Niccolis di Robilant, mentre aiutava i suoi artiglieri a puntare il cannone, ha una mano amputata di netto da una scheggia di mitraglia.

Suo padre, aiutante di campo del Re, passava in quel momento con Carlo Alberto; e, vedendo il figlio mortalmente, gli chiede se sia ferito; cui il figlio, levando il moncherino sanguinante di sotto il mantello e mostrandoglielo, grida: "*Viva il Re!*" "A quella vista *ei si sente come mordere il cuore; pur, frenando l'interno schianto*, scrive Filippo Venosta, e risponde al figlio: "*Bravo, Carlo; hai fatto il tuo dovere!*"

Il Robilant ebbe un braccio maciullato ma ebbe la fortuna di salvarsi, tanto che rimase nell'esercito, facendo poi una brillante carriera diplomatica; ma il suo fu un caso fortunato; spesso la ferita veniva infettata e andava in cancrena causando una morte lunga e dolorosa.

Ed intanto l'artiglieria sarda mitragliava di fronte e di fianco il nemico con incredibile celerità di tiro. I bersaglieri anch'essi non cedevano il terreno; molti i feriti e moltissimi i morti; i volontari della Valtellina, di recente formati da lombardi, e che facevano parte della brigata Solaroli, di cui coprivano il ripiegamento, si battevano particolarmente bene, tanto da sembrare veterani e non un reparto di recentissima formazione.

Nelle fasi finali della battaglia di Novara, ecco un episodio che ricorda da vicino l'estremo sacrificio della Vecchia Guardia a Waterloo: gli ufficiali superstiti della brigata *Savona*, attorno alla posizione della Bicocca, raccolgono i fucili dei morti e dei feriti e sparano le ultime cartucce ancora disponibili contro un nemico che ormai ha già conquistato la vittoria. Scrive in proposito Stanislao Grimaldi del Poggetto:

> "Gli ultimi proiettili sparati a Waterloo dalla Vecchia Guardia erano i rantoli dell'aquila che muore; quelli che alla Bicocca sparano gli ufficiali superstiti della brigata *Savona*, con i fucili raccolti sul terreno cosparso di morti, sono il preludio di un riscatto che non si farà attendere. L'espressione degli ufficiali piemontesi non ha la disperazione che rendeva tetri i granatieri della Guardia intorno all'Imperatore ma è solo di dolore, del rassegnato dolore di chi ha fede nella riscossa"

Ma le truppe in ritirata iniziarono a perdere i vincoli di disciplina, ad ammassarsi nel tentativo di giungere per primi nella sicurezza delle mura cittadine, e per molti la ritirata si trasformò in rotta; i reparti si sfaldavano e si frammischiavano, mentre i traini d'artiglieri in ripiegamento bloccavano le strade di accesso. Secondo Filippo Venosta, il cedimento della Bicocca

> "Fu il segno dello sbandamento generale. Il disordine a non dirsi; nessuno ode più la voce de'capi; la confusione si raddoppia nella fuga come la neve nelle alpine valanghe. Le ombre della notte addensavansi e pioveva forte.
> Le truppe in folla entravano in Novara, sfinite, ansimanti, annacquate: i traini, le ambulanze, i cavalli, tutto insieme con esse, spingendosi, schiacciandosi, perché ognuno voleva esser primo a salvarsi. Carlo Alberto fu l'ultimo.

Mentre entrava in città, una bomba cadeva nel mezzo della sua scorta, ed uccideva molti soldati, i cui cavalli impennandosi si sbandavano.
Egli diceva ad un suo aiutante: *"Almeno l'onore dell'armata fosse salvo!"* poscia soggiungeva con un accento di profondo rammarico: " *La morte non volle colpirmi!...*"
Presente a tutti i gli attacchi della Bicocca, presente allo sfacelo del l'esercito suo, non poteva farsi più nessuna illusione sulle conseguenze di quella campale giornata".

Intanto la pioggia iniziò a cadere fittissima, mentre l'esercito piemontese si ritirava all'interno di Novara; verso le otto o poco dopo, tutto l'esercito si trovava riunito nella città negli immediati dintorni di questa. Gli austriaci non inseguivano i reparti in ritirata, paghi di dormire sul campo di battaglia tanto duramente conteso.
Ecco come descrive la scena il sovrano sconfitto, che invano aveva cercato la morte sotto il fuoco nemico:

"L'artiglieria restante retrocedeva in massa colle rispettive divisioni, od abbandonata da qualche scorta doveva ritrarsi di galoppo.
Una lunga e disordinata colonna di fuggiaschi e di feriti, mista d'affusti, di cassoni e di cavalli entrava in città per porta Mortara; la sua vista sgomentava molti altri e propagava il disordine.
Qua e là alcuni corpi in movimento regolare, alcuni pelottoni raccolti alla rinfusa da ufficiali che non potevano piegarsi a tanto disastro, molti valorosi isolati che fuor di speranza andavano cercando una morte onorata ed ignota a tutti, protrassero il combattimento sino alle nove della sera, cioè durante quasi tre ore di notte.
Tanto era in quell'esercito il vitale elemento dell'onore, che quattr'ore dopo esser certo della sua rovina, pugnava ancora individualmente per amore della sua antica ed onorata bandiera.
In città il tumulto, la confusione, il disordine erano al colmo: ufficiali e soldati dissennati per la troppa sventura, feriti nostri mescolati con feriti e prigionieri austriaci, gemebondi, stritolati dalle ruote delle vet ture d'artiglieria che correvano a furia; bande armate senza cibo e senza direzione; comandi non dati, non uditi o derisi; soldati proterdi che abusavano dello scompiglio per rompere in orrendi eccessi; la cavalleria che caricava per le strade; l'artiglieria che traeva dalle mura contro i nemici che instavano superbi e baldanzosi; fucilate ad ogni tratto, pioggia dal cielo, sangue e cadaveri per le vie, tal era l'aspetto di Novara ricoverante l'esercito nostro nella tristissima notte del 23 marzo".

Le perdite erano state gravi dalle due parti, ma più numerose tra gli austriaci, il che prova in qual misura i vinti si fossero battuti duramente, cosa riconosciuta dallo stesso Radetzky nella sua Relazione ufficiale.
L'esercito sardo si trovava raccolto in gran parte sulle mura della città, mentre parte della 3a e 4a Divisione era a porta Sempione, e nei primi tratti della strada per Arona, mentre qualche elemento era sulla strada centrale di Borgomanero, e nuclei della 2a Divisione, col generale Bes, sulla strada di sinistra, quella di Romagnano.
Quale fosse lo stato morale del Re lo ricorda il ministro Carlo Cadorna, che vide Carlo Alberto davanti alle mura di Novara; già verso le sei pomeridiane il sovrano e Chzarnowski avevano deciso di chiedere l'armistizio:

"Stavano avanti al Re parecchi cannoni, ed il fuoco era ancora sufficientemente nudrito da ambe le parti. Il Re era pallido, contraffatto. Egli mi disse, per alcune ore la sorte esserci stata propizia; la posizione della Bicocca essere stata da noi perduta, e poscia ripigliata tre o quattro volte; le nostre truppe avere, in fine, dovuto cedere il terreno. "Il General maggiore, soggiunse, si è adoperato a tutto suo potere, i miei figli hanno fatto il loro dovere, ed Duca di Genova ebbe uccisi sotto di sè due cavalli; ridotti contro la città, e sulle mura, col nemico qui sotto, e coll'esercito stremato e spossato, una ulteriore resistenza non sarebbe possibile".

Di fatto gli austriaci erano a pochissima distanza; ed il fischio frequente delle palle, alcune delle quali s'infiggevano negli alberi sotto i quali ci trovavamo, e percotevano nei muri posti dietro il bastione, ne facevano testimonianza. Prima di rispondere al Re, adempiendo al dovere che mi incumbeva come Ministro, di mantenere la responsabilità dei fatti militari nel Generale Chzarnowsky, mi rivolsi a lui e gli dissi: "*Generale, che ne dite voi?*"

Egli con poche frasi recise, dirette ad allontanare da sè la responsabilità della riuscita di quella fatale giornata, avendo confermato che non poteva oltre proseguirsi il combattimento, ed essere necessario domandare un armistizio, rivoltomi di nuovo al Re dissi, non potere nella mia qualità avvisare alle cose militari, nè oppormi a ciò che si credesse necessario; non aver perciò difficoltà da opporre alla domanda della sospensione d'armi".

Carlo Alberto, dopo aver avvertito della cosa, in presenza del general maggiore Chzarnowsky, il ministro al campo Carlo Cadorna, inviò perciò il generale Fecia di Cossato, sottocapo di Stato Maggiore, a chiedere un armistizio al nemico.

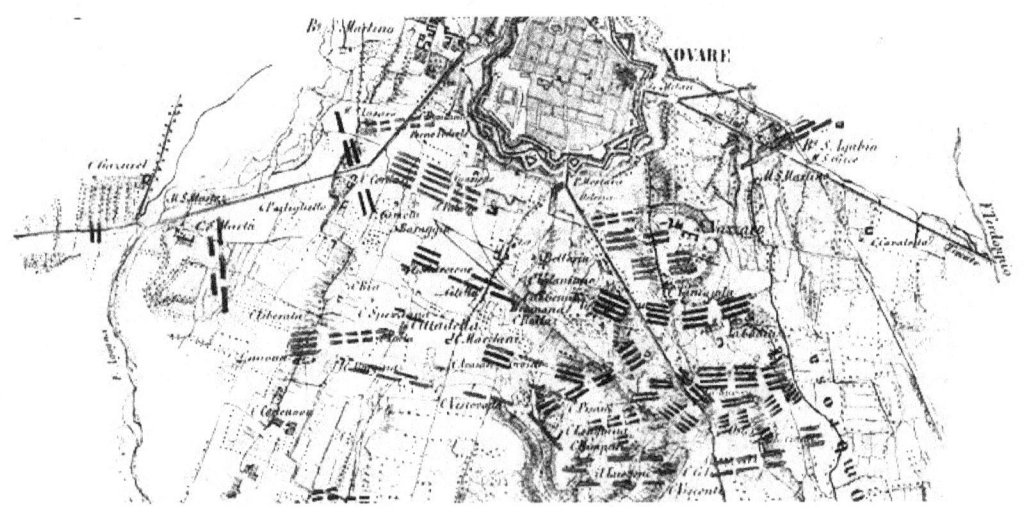

La battaglia di Novara in una cartina del XIX secolo.

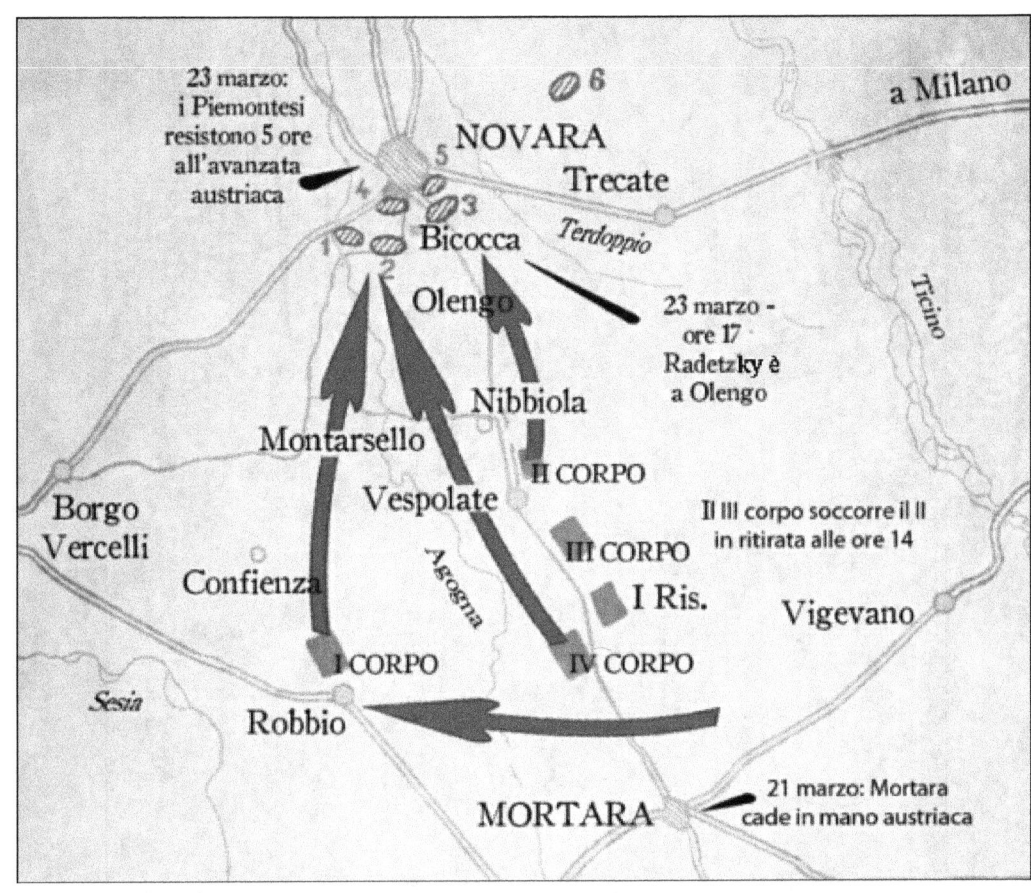

Novara, 23 marzo 1849.
Le frecce indicano le direttrici degli *Armeekorps* austriaci.
I numeri indicano le grandi unità piemontesi:

1 Durando (1a div.),
2 Bes (2a div.),
3 Perrone di San Martino (3a div.),
4 Divisione di Riserva (Duca di Savoia),
5 Duca di Genova (4a div.),
6 Brigata Solaroli.

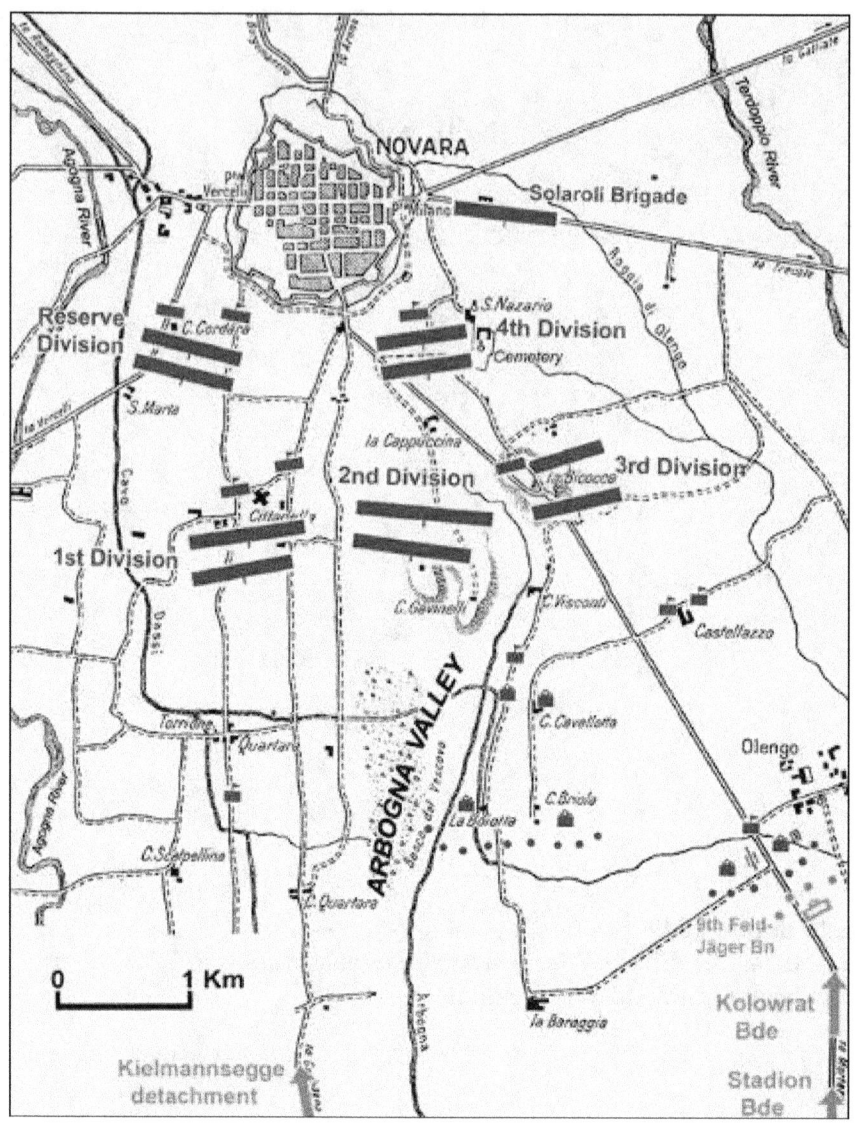

Battaglia di Novara. Situazione alle ore 11.00 del mattino (da Embree, 2011).

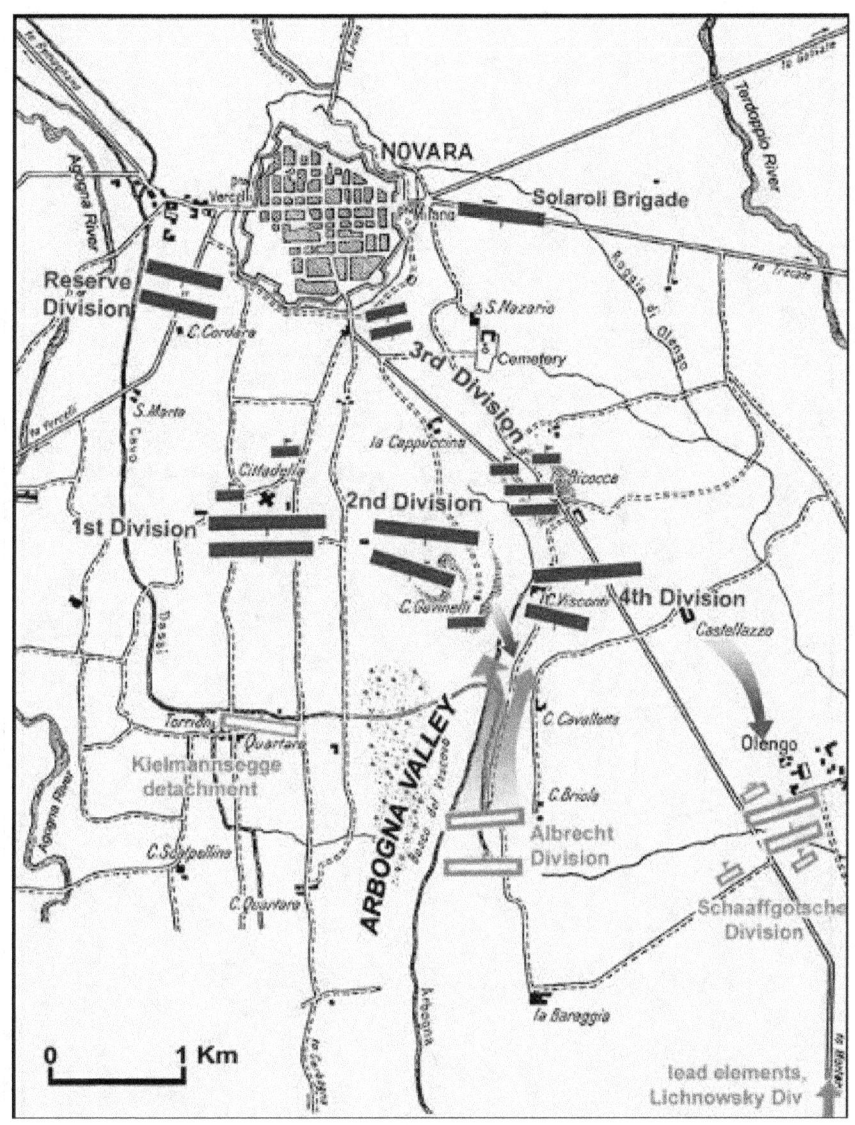

Battaglia di Novara. Situazione alle ore 14.30 (da Embree, 2011).

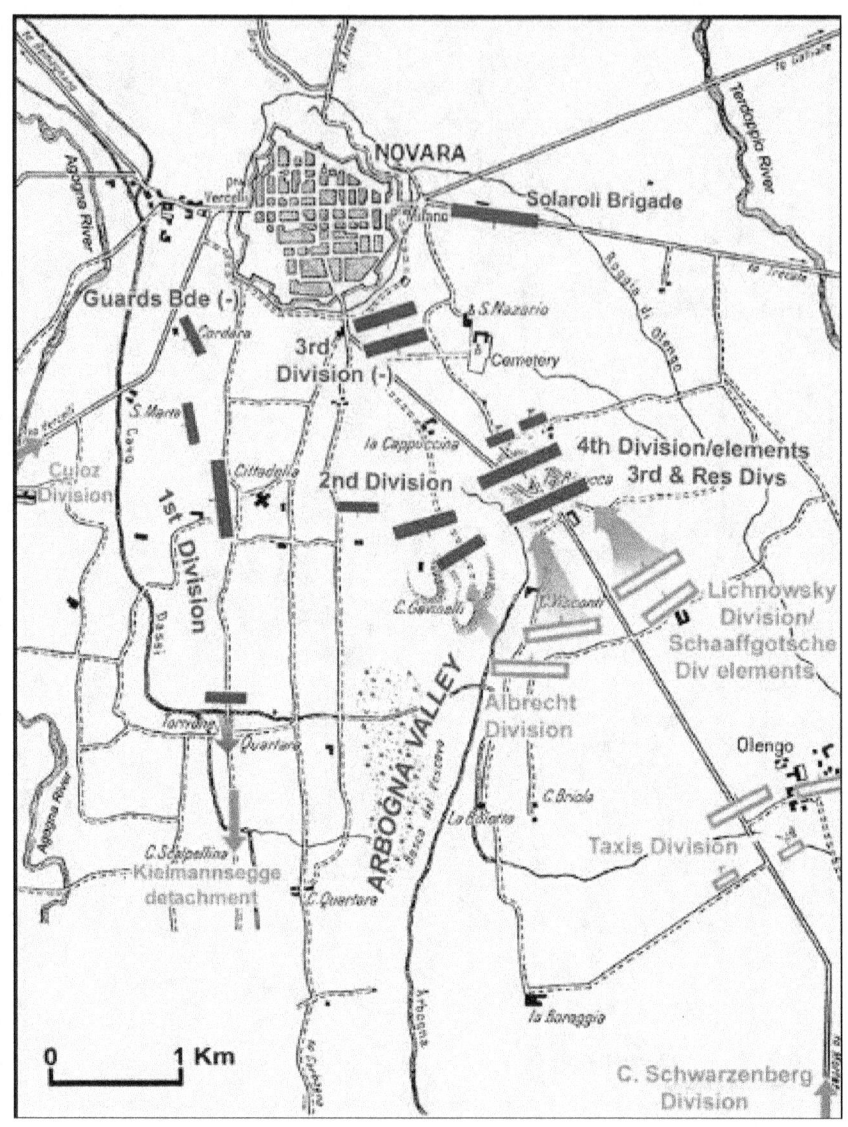

Battaglia di Novara. Situazione alle ore 17.15 (da Embree, 2011).

Carlo Alberto in divisa da generale, con la fascia dell'ordine mauriziano.

Il comandante dell'Armata sarda, general maggiore Wojcech Chrzanowski in divisa polacca nel 1831.

Il principe ereditario Vittorio Emanuele, duca di Savoia, comandante la Divisione di Riserva, che divenne Re di Sardegna la sera della sconfitta di Novara.

Ferdinando di Savoia, Duca di Genova, comandante della 4ª Divisione.
A Novara ebbe tre cavalli uccisi sotto di sé. combattendo spesso in primissima linea.

Il Feldmaresciallo Johann Joseph Radetzky von Radetz,
comandante in capo dell'esercito austriaco in Italia.

L'Arciduca Alberto d'Asburgo- Lorena, ritratto di Miklós Barabás, 1854.

Il FZM Konstantin d'Aspre, comandante il II. *Armeekorps*.

Il FML Georg Thurn-Valsassina, comandante del IV. *Armeekorps*.

Gli scontri a Villa Visconti: carica della cavalleria piemontese. (Prina 1863).

L'assalto del II. btl. W*iener Freiwillinge* a Villa Visconti (A. Adam).

Il combattimento della Bicocca tra fanti piemontesi e *Jäger* tirolesi. Il soldato Chiaffredo Picciotto della brigata *Pinerolo* salva la bandiera del 13° reggimento.

Il Feldmaresciallo Radetzky ed il suo Stato Maggiore alla battaglia di Novara (A. Adam).

Il Duca di Savoia Vittorio Emanuele, comandante della Divisione di riserva in prima linea tra gli artiglieri.

Il Feldmaresciallo Radetzky riceve notizie dei successi delle sue truppe durante la battaglia di Novara.

L' Arciduca Alberto a Novara (von Myrbach).

L'assalto del IV. *Korps* contro la Bicocca (von Myrbach).

Il generale Ettore Perrone di San Martino, comandante della 3a Divisione, caduto a Novara, Medaglia d'oro alla Memoria. Nel 1848 era stato Presidente del Consiglio e ministro degli Esteri.

Il generale G.L. Passalacqua di Villavernia, comandante la Brigata *Piemonte*, caduto il 23 marzo alla testa del 3° Reggimento fanteria.

Carlo Alberto la sera di Novara, davanti alla chiesa di S. Maria della Bicocca

Gli ufficiali di ciò che resta della Brigata *Savona* schierati intorno alla bandiera reggimentale come semplici fanti.

Le truppe austriache sfilano di fronte a Radetzky durante la battaglia, litografia austriaca del 1850.

L'incontro tra il nuovo Re Vittorio Emanuele II e il Feldmaresciallo Radetzky alla Cascina Avogadro a Vignale il 24 marzo 1849.

L'ABDICAZIONE DI CARLO ALBERTO

Come abbiamo detto Carlo Alberto fin dalle 18.00 dopo aver consultato il Generale Chrzanowski e Cadorna decise di inviare al quartier generale austriaco Luigi Fecia di Cossato, sottocapo di stato maggiore, nella speranza di ottenere una cessazione delle ostilità.

Alle 20.30 Fecia di Cossato dopo aver incontrato il capo di stato maggiore austriaco Hess ritornò al campo piemontese con una serie di richieste che prevedevano tra l'altro l'occupazione di parte del territorio piemontese.

Perdipiù Radetzky pretese come garanzia per il buon esito degli accordi di prendere come ostaggio il Duca di Savoia Vittorio Emanuele, concedendo una tregua di sei ore.

Alle nove e un quarto di sera il Re indisse una riunione, alla quale erano presenti il sovrano, con due aiutanti di campo, i generali Carlo Emanuele La Marmora e Giacomo Durando; lo Chrzanowski col capo di Stato Maggiore, Alessandro La Marmora, e due dei cinque comandanti divisionali, ossia il Duca di Savoia e il Duca di Genova, figli del sovrano.

Alla domanda del Re se si ritenesse possibile *"riprendere le ostilità ed opporsi efficacemente al nemico"*, tutti risposero negativamente: allora Carlo Alberto dichiarò la propria decisione di abdicare.

Felice Venosta, che fu ufficiale della Divisione lombarda, in *"La battaglia di Novara"* pubblicato a Milano nel 1864 racconta dello stato d'animo di Carlo Alberto nel vedere la sconfitta del proprio esercito a Novara e i sentimenti che lo portarono all'abdicazione in favore di suo figlio Vittorio Emanuele II di Savoia. È un brano che merita di venire riportato interamente:

"Presente a tutti gli attacchi della Bicocca, presente allo sfacelo dell'esercito suo, non poteva farsi più nessuna illusione sulle conseguenze di quella campale giornata. Onde, sopraffatto dal dolore, fissando col pensiero lo stato suo, correva sugli spaldi della porta di Genova, ove cadevano a furia i proietti nemici. L'anima sua pareva non sentisse le cose di fuori; la era interamente assorta in un voto; e in esso tendevasi, e brancolando il cercava come una tregua a' durati tormenti. Ma a Dio non piacque esaudire alla sua preghiera di morte. Molti che amavano la libertà e la indipendenza della patria erano stati un giorno da lui abbandonati senza apparente rammarico. Molti altri, quasi rei di delitti, sbanditi a viva forza dal paese nativo. Ed altri, fatti languire in dure prigioni. Ed altri ancora, spietatamente uccidere per mano del carnefice. E per lunghi anni, squilibrando il pensiero e l'azione, aveva sobbarcato sè stesso e costretto i suoi popoli a piegare alla influenza di una sêtta nefasta, all'arbitrio di perfidi governanti che loro amareggiavano le fonti della vita civile. Ora egli scontava nelle sue le atroci pene patite dalle migliaia per lui, e provava l'angoscia che dentro rode le carni e fuori non geme. La divina giustizia lo faceva raumiliato ed infelicissimo per indi redimerlo degno di sè e dell'Italia, che per due anni aveva occupato di amore operoso la mente sua ed il suo braccio. Ei fu giuocoforza adoperare la più grande insistenza per ritrarlo da quel loco ferale e condurlo in città. A quei che primi ne lo sollecitarono, rispondeva: *"Signori, lasciatemi morire. È questo il mio ultimo giorno!"*

Appena in Novara, chiese al Maresciallo un armistizio; cui quegli rispose accordarlo a patto di occupare il territorio posto tra il Ticino e la Sesia insieme colla cittadella di Alessandria; aggiunse che, non fidando nella parola del Re, voleva in istatico il Duca di Savoia. Riunito un consiglio di guerra e chiarito non potersi ulteriormente resistere all'oste invaditrice, non volendo egli accettare condizioni dalle quali l'onor suo ripugnava, disse voler rendere l'ultimo servigio al paese, abdicando. Ed a quelli, che insistevano, a ciò revocasse la sua decisione, disse queste memorabili parole che la storia seppe conservare:

« *Signori; io mi sono sacrificato alla causa dell'indipendenza italiana; per essa ho esposto la mia vita, quella dei miei figli, la corona; non potei conseguirla. Io comprendo che la mia persona potrebbe oggi essere d'impaccio alla conclusione di una pace divenuta ormai indispensabile; io non potrei firmarla. poiché non ho potuto trovare la morte sul campo di battaglia, consumerò l'ultimo sacrificio a vantaggio del mio paese; io depongo la corona, ed abdico a favore di mio figlio il Duca di Savoia.*»

E, abbracciando affettuosamente tutti quelli che il circondavano, si chiuse in una stanza, e scrisse l'atto di abdicazione. Quindi sprofondato dalla battaglia che dentro lo combatteva, levò gli occhi in alto col viso di chi sentesi venir meno. Allora si avvide sedere sopra un oggetto che aveva nella tasca della divisa. Gli era un pacco suggellato, venutogli da Torino e pôrtogli nell'atto ch'ei muoveva all'assalto della Bicocca. Lo aprì e fuori ne trasse un braccialetto di ricco lavoro, opera di un riputato orafo di Parigi. Egli strinse convulsivamente il monile, vi poggiò la fronte e lunga pezza vi stette su come in letargo. Finalmente si riscosse, lo appressò alle labbra febbrili, e scritto un foglio, entro ne lo serrò. L'indirizzo era a sua moglie. Ed il pensiero a chi?
Ciò fatto esciva dalla camera, riabbracciava e baciava i figliuoli, i suoi aiutanti di campo, gli astanti, porgendo loro le più vive azioni di grazie pei servigi a lui renduti e allo Stato. E dopo la mezzanotte, accompagnato da due soli domestici, partiva".

Il ministro al campo Carlo Cadorna descrisse così quello che indubbiamente fu uno degli avvenimenti decisivi della storia italiana.

"Di lì a poco, cioè verso le ore sette e mezzo, ritornò dal campo Austriaco il General Cossato sotto-capo del nostro Stato Maggiore, il quale in allora adempiva alle funzioni di capo del medesimo, riferendo le condizioni volute dal nemico per l'armistizio. Fra le altre condizioni eravi quella della espulsione dei cittadini appartenenti alla Lombardia, e quella della occupazione della Divisione (ora provincia) di Novara, e della cittadella di Alessandria. Eravamo col Re il Generale Chzarnowsky, il Generale Giacomo Durando, Aiutante di campo del Re, il Generale Cossato ed io. Il Re dichiarò, che non avrebbe mai potuto sottoscrivere a tali patti. Erasi, purtroppo, avverato il caso pel quale Re Carlo Alberto aveva deciso di abdicare alla Corona. Difatto il Re ci manifestò questa sua intenzione, e rivoltosi a me mi domandò se non fosse necessario il far risultare da un atto scritto la sua abdicazione. Risposi affermativamente. Dopo di ciò, Egli ordinò che si adunassero presso di lui i Generali per le ore nove ed un quarto di quella sera. Prima che avesse luogo questa adunanza, io fui ancora col Re Carlo Alberto da solo a solo. Disse che eravamo quasi circuiti dal nemico, separati da Alessandria e da Torino; che pure i soldati avevano fatto il loro dovere; lamentò di nuovo amaramente la disobbedienza di Ramorino, come una delle cause principali del di sastro e della nostra condizione; accennò alla quasi impossibilità di uscirne anche con un atto di audacia; disse doversi mandare ancora un parlamentario al campo Austriaco per trattare dell'armistizio; richiamò alcune delle esorbitanti condizioni annunziate dal nemico, e giunto a quella della occupazione della cittadella di Alessandria, il Re, con insolita concitazione, e con nn accento tra lo sdegno ed il dolore, esclamò: "*Impossibile!*"

Queste sue ultime parole mi tolsero ogni dubbio, che la di Lui determinazione di abdicare era irrevocabile. Ogni insistenza e rimostranza mi parve affatto inutile, ed anzi inopportuna; massime dappoiché dalle parole di lui compresi ab bastanza chiaramente come Egli credesse che la sua stessa per sona fosse un ostacolo a che si potessero ottenere dall'Austria condizioni meno gravose per l'armistizio, e che ciò dovesse essere men difficile al suo Successore.

Egli forse non s'era ingannato; ben s'ingannò in tal caso l'Austria credendo che il Figlio potesse essere meno leale, meno patriotta, men valoroso soldato del Padre, e dimenticando che è questo il solo patrimonio che la Casa di Savoja ha di generazione in generazione sempre accresciuto, ma di minuito non mai. Ben se ne ricordò l'Italia, la quale sentì la necessità di un principio unificatore; che conobbe, il Re e la regnante Dinastia essere, in un Governo costituzionale, non già un uomo ed una famiglia, ma sibbene un principio, e l'incarnazione di un principio; doversi ascrivere a gran fortuna se siano lunga mente provati, ed essere debito sacro di ogni onesto patriotta man tenerli in onore, checchè gli susurrino all'orecchio le passioni private o municipali.

Mi limitai pertanto a dire al Re, come mi fossi già permesso di sottomettergli il mio avviso a questo riguardo; che però io pur sentiva la nobiltà del concetto che lo moveva, e che, ad ogni modo, era convinto che Egli avesse colla sua grande lealtà, col suo coraggio e col suo patriottismo innalzato ancor più la sua Dinastia nel concetto della Europa, al cospetto, ed a benefizio del l'Italia. Il Re mi disse: *"a momenti ci rivedremo"*.

Alle ore nove e un quarto il Duca di Savoia, il Duca di Genova, il Generale Chzarnowsky, il Generale Alessandro Della Marmora capo dello Stato maggiore, il Generale Carlo Della Marmora principe di Masserano primo Aiutante di campo del Re, il Generale Giacomo Durando ed io eravamo al cospetto del Re nella piccola sala che ora è anticamera al gabinetto del Prefetto (essendo ora quel palazzo occupato dall'ufficio della prefettura).

Re Carlo Alberto stava ritto colle spalle rivolte al caminetto; alla di Lui sinistra erano il Duca di Savoia ed il Duca di Genova; i Generali erano disposti in cerchio avanti di Lui, ed io era alla estremità del cerchio, alla destra del Re.

Il Re pigliò la parola, ed accennando alle condizioni straordinarie pretese dal nemico, disse, doversi perciò vedere anzitutto, se non vi fosse proprio modo di uscirne. Domandò quindi, rivolgendosi al General maggiore, se non fosse possibile una ritirata, od il fare, come suol dirsi, una punta sopra Alessandria o Vercelli.

Egli rispose negativamente, e così risposero di poi tutti i Generali presenti, interpellati ad uno ad uno. Le ragioni di questa opinione unanime furono in sostanza, che l'audacissimo atto fosse (e massime dopo le conseguenze della sventura di quel giorno) di esito assai incerto e quasi disperato; dovese, in qualsivoglia ipotesi, esser causa di grande carnificina, e recare con sè la perdita di quasi tutto il materiale di guerra.

Re Carlo Alberto ripigliò allora la parola, e con calma e dignità ammirabili in tanta sventura disse: in 18 anni di regno aver sempre procurato di fare tutto ciò che gli era stato possibile nell'inte resse del Piemonte, e pel bene dell'Italia; non aver potuto trovare in quella stessa giornata una palla che lo uccidesse; esser egli persuaso che la di lui abdicazione avrebbe facilitata la via alla stipulazione di un armistizio con condizioni più eque e più consentanee all'onore ed all'interesse del Paese; avere perciò deciso di abdicare alla Corona. A queste ultime parole il mio onorevole e rispettabile amico Giacomo Durando, che in tutta quella giornata erasi tenuto al fianco del Re, ed a cui Questi, scongiurato di allontanarsi da luoghi in cui la sua vita era in evidente e continuo pericolo, aveva risposto: "Generale, questo è l'ultimo mio giorno; lasciatemi morire", – tentò di fare una rimostranza, mosso da quei medesimi sentimenti che m'avevano consigliato di fare il mattino stesso al Re analoghe osservazioni.

Però Carlo Alberto, con atto e con frase benevola e cortese, esprimendo come la sua risoluzione fosse frutto di matura e lunga riflessione, proseguì dicendo: *"da questo mo-*

mento io non sono piu il Re; il Re è mio figlio Vittorio". Si volse quindi al Generale maggiore ringrazian dolo di ciò che aveva fatto pel buon esito della guerra, il quale, se era stato infelice, non poteva ascriversi a sua colpa; ringraziò me, e mi impose di ringraziare a suo nome i miei colleghi nel Ministero della assistenza che gli avevamo prestata ; ringraziò tutti della loro cooperazione; ci abbracciò tutti ad uno ad uno, e si ritirò tosto nella vicina camera insieme co' suoi figli, che mesti e silenziosi erano stati presenti a questo atto. Così si è compiuta questa dolorosa cerimonia, della quale la ristrettezza del tempo, il concorso di tante circostanze, e, più di tutto, la quasi immediata partenza del Re Carlo Alberto nel tempo che io era al campo Austriaco, impedirono che si facesse il pro cesso verbale. Durante questo convegno Egli era triste, pallido, abbattuto; ma conservò sempre una pacatezza ed una dignità ammirabili, quasichè in tutto ciò vi fosse alcun che di fatale. Nobilissimo, veramente magnanimo esempio di Re, che dopo di aver data volontariamente la libertà al suo popolo, dopo di aver combattuto ed esposto il trono e la vita per difendere la libertà e l'indipendenza della sua patria, depone la Corona condannandosi a volontario esilio, e va a morire di crepacuore in terra stra niera! Felice, mille volte felice il paese che possiede una tal razza di Re, se a lei strettamente congiunto provvede, con altrettanto coraggio e con abnegazione pari, ai destini della Patria!! La libertà, la indipendenza, la gloria di quel paese non periranno mai! Di lì a pochi minuti Carlo Alberto mi fece di nuovo chiamare nel suo gabinetto, ove fui solo con lui. Mi ordinò che gli facessi fare il passaporto per la Francia, per la Spagna, pel Portogallo, sotto il nome di Conte di Barge, ufficiale superiore piemontese in missione.

"E' questo", diss'egli, *"uno dei titoli della Corona".*

Parecchie cose soggiunse, di cui taccio, perché ora non ne ho sicura memoria; ben ricordo però le memorabili e nobili parole con cui pose fine al suo discorso. *"I miei voti* (disse con voce risoluta) *saranno sempre per la salute e per la felicità del nostro Paese; ho fede che verranno per l' Italia giorni migliori: che se dovremo combattere ancora gli austriaci, ed io ancora vivrò, piglierò il fucile, e verrò a battermi come semplice soldato".*

Ringraziò di nuovo me e mi impose di ringraziare i miei colleghi mel Ministero dell'aiuto prestatogli. Ciò che in quel momento sentissi e dicessi, non importa alla storia ; non parlava più al Re; io era avanti alla veneranda figura di un martire che, al supremo sacrifizio, confessava e confermava la sua fede. Ancora una volta, egli disse; e ponendomi benevolmente le braccia sugli omeri, ed abbracciatomi, soggiunse: *"Addio".*

Non ebbi parole, e serratagli strettamente la mano, uscii col cuore spezzato".

Vennero ora riprese le trattative, ma senza che gli austriaci intendessero interrompere le ostilità: il mattino del 24 marzo, alle otto, il IV *Korps* entrò in città e proseguì sulla via di Borgomanero; il II *Korps* entrò da Porta Mortara e proseguì sulla via di Arona: era evidente l'intenzione austriaca di serrare a destra e a sinistra il grosso dell'esercito piemontese, che si ritirava per la strada centrale di Borgomanero, per impedire ai sardi di varcare la Sesia a Romagnano per difendere il Piemonte, o di varcare il Ticino a Sesto Calende e penetrare in Lombardia.

Ma, del resto, nessuna disposizione era stata data dal Comando Supremo per una ritirata dell'esercito in una dì queste due direzioni; le ostilità vennero ben presto sospese in attesa del convegno fra il Maresciallo Radetzky e il nuovo Re Vittorio Emanuele II, convegno che ebbe luogo a Vignale, quattro chilometri a nord di Novara, sulla strada di Borgomanero, fra le due e le tre pomeridiane, come si vedrà. In questo stesso giorno 24 la Divisione autonoma Wimpffen iniziava le operazioni contro Casale Monferrato, piazza comandata dal generale Solaro di Villanova, reduce napoleonico, coadiuvato dall'avvocato e deputato casalese Filippo Mellana, giunto quale commissario regio da Torino il 15 marzo.

Nessun apprestamento difensivo era stato compiuto nei nove mesi d'armistizio, e tanto meno negli anni antecedenti: esisteva il vecchio castello con 8 vecchi cannoni e 4 grossi obici da 32, ma con 12 cannonieri in tutto; poi il deposito del reggimento *Cacciatori Guardie* e un centinaio di fuggiaschi da Mortara. Ma v'era pure la Guardia Nazionale, e tutta la popolazione risoluta a difendersi.

Era stata improvvisata alla meglio una testa di ponte al di là del Po, e questa venne difesa per tre ore dalla Guardia Nazionale contro un battaglione ungherese, sostenuto da una compagnia di cacciatori e da 3 batterie d'artiglieria. Gli austriaci varcavano il ponte, ma non osavano assalire la città e concentravano contro il castello il fuoco di 30 cannoni e di 6 racchette, ossia razzi di tipo *Congreve*; ma l'artiglieria piemontese rispondeva con grande efficacia, tanto che la fanteria nemica si ritirava, lasciando solo un velo di cacciatori presso il ponte.

La mattina dopo, 25 marzo, giungeva da Alessandria il tenente Morozzo con 10 carabinieri e alcune guardie nazionali e volontari, e respingeva gli *Jäger* oltre il ponte. Ma il nemico tornava numeroso e riprendeva intenso il suo fuoco d'artiglieria, sempre vivacemente controbattuto, quando alle sedici e mezzo le ostilità venivano sospese in seguito alla notizia della conclusione dell'armistizio. Casale non era stata conquistata.

Stampa popolare raffigurante l'abdicazione di Carlo Alberto in favore di Vittorio Emanuele II.

Vittorio Emanuele II. Litografia di F. Perrin, 1851.

EPILOGO

*E sulla sera
ai piedi delle croci di Novara
sbocciò la rosa della primavera.
E le croci dei campi di Novara
dissero a quella rosa: Apriti e spera.*

F, Coppi, *Le rose di Novara,* 1859.

Le testimonianze di tutti coloro che combatterono a Novara unanimemente rimarcano le dimensioni della battaglia e l'intensità dei combattimenti (il numero complessivo dei morti e dei feriti si può stimare in tre-quattro mila piemontesi e altrettanti austriaci, anche se le cifre fornite ufficialmente sono inferiori). Johann Grossrubatscher, capitano nel reggimento tirolese dei Kaiserjäger, nel resoconto della campagna d'Italia del 1849 inviato alla sorella Johanna, pittrice di idilli montani nel Tirolo, racconta:

"Novara resterà indimenticabile per ciascuno di noi, fu una battaglia terrificante! Combattemmo tutto il giorno in 20mila contro 60mila nemici".

In realtà gli austriaci potevano contare su 60-70mila fanti, 5mila cavalli e oltre 200 cannoni; le forze piemontesi erano di circa 45mila fanti, 2.500 cavalli e poco più di 100 cannoni. Si aggiunse anche il maltempo: quel 23 marzo 1849 fu una giornata fredda e piovosa, nei giorni immediatamente successivi arrivò inaspettata persino la neve. Radetzky impartì ai suoi ufficiali precise disposizioni di comportarsi con grande riguardo verso la popolazione civile. È ancora il capitano Grossrubatscher che scrive alla sorella:

"Marciammo nella città salutando freddamente, non toccammo i loro infanti», mentre l'Armata piemontese sconfitta, nella notte prima della sua partenza, aveva saccheggiato la propria città di Novara".

Si tratta questo di un aspetto poico noto, e su cui val la pena di scrivere qualche riga.
I disordini in città iniziarono tra la notte del 22 e del 23 Marzo 1849, quelli che all'inizio erano semplicemente atti di indisciplina diventarono ben presto atti di violenza verso la popolazione civile.
La mattina del 23 narzo la tensione in città era altissima, il grosso delle truppe era pronto a combattere a sud di Novara contro il nemico austriaco, ma non tutti i militari erano schierati nei campi della Bicocca, alcuni gruppi di soldati sbandati avevano iniziato fin dalle prime ore del giorno a saccheggiare negozi e abitazioni private pronunciando insulti contro il Re, il papa e più in generale contro i signori che avevano voluto la guerra. Chiunque si fosse opposto alle ruberie o avesse solo *messo* in discussione il comportamento dei soldati veniva ricoperto di insulti o malmenato.

Per tutta la mattina i carabinieri cercarono di tenere a bada il comportamento degli sbandati costringendoli verso il campo di battaglia, a nulla valsero i numerosi tentativi di ricondurli al proprio dovere, questi continuarono la loro opera di saccheggio, le armi non vennero utilizzate per difendere la città dal nemico ma bensì per metterla a ferro e fuoco.

Mentre la battaglia si avviava a diventare una sconfitta, numerosi disertori si unirono al comportamento criminale dei ribelli che già avevano devastato palazzi, chiese, botteghe e edifici pubblici.

La situazione degenerò ulteriormente nelle ore immediatamente successive alla sconfitta.

La Guardia Nazionale cercò invano di riportare alla normalità la situazione che si era venuta a creare, ma troppi erano i disertori e i soldati allo sbando che si scatenavano in saccheggi e omicidi, mentre insufficienti erano le forze della Guardia, comandate dal capitano Luigi Tornielli che rivolse un disperato appello di aiuto al comandante della Brigata *Guardie*, il conte Carlo Biscaretti di Ruffia, dal quale però ricevette questa risposta, che si riferiva alle mene del partito liberale e repubblicano che avevano spinto il Regno in una guerra disastrosa : *"Hanno voluto la guerra, ebbene ne subiscano le conseguenze!"*.

La città era fuori controllo, occupata e distrutta dalle stesse truppe che avrebbero dovuta proteggerla, tanto che in quelle ore concitate Carlo Alberto sul procinto di abdicare pronunciò sconsolato le seguenti parole : *"Tutto, tutto è perduto, anche l'onore"*.

Alcuni reparti di cavalleria e carabinieri guidati dal Duca di Genova iniziarono un pattugliamento zona per zona cercando di scovare e punire i colpevoli delle violenze, chi era sorpreso a rubare veniva fucilato sul posto, ma neanche la minaccia di una punizione così severa fermò l'azione di questi banditi che non esitarono a puntare le armi contro i loro stessi ufficiali, lo stesso Duca di Genova impegnato nel tenere a bada i disordini rischiò di rimanere ucciso durante uno scontro.

Di quanto avvenne resta eloquente testimonianza quanto scrisse il ministro Carlo Cadorna:

"Invero, miserando spettacolo e teatro di deplorabili scene fu la città di Novara in quella sera ed in quella notte, delle quali vano sarebbe ora il tacere. Senonchè ingiusto sarebbe il far cadere sull'esercito d'allora la enorme colpa di alcuni traviati, e pochi in proporzione della massa dell'esercito, di quell'esercito, che nella stessa memoranda giornata diede molte prove di valore, e di cui la storia narrerà inoltre fatti ed episodi nobilissimi e degni di lui avvenuti in quel combattimento; di quell'esercito che, sebbene battuto, si ritirava sotto il comando dei suoi capi con quell' ordine maggiore che poteva ancora desiderarsi e sperarsi in quelle luttuose circostanze. Torme di soldati di molti corpi diversi sottrattisi al comando dei loro capi invasero quella sera ed innondarono l'infelice città di Novara. Quà vedevi drappelli di soldati che stavano abbattendo porte di botteghe e di fondachi a colpi di archibugio, di daga, o d' altro; là magazzini svaligiati, colà cantine di privati od osterie invase dalla soldatesca e depredate d'ogni cosa; in tutte le contrade un ammasso di soldati che gridavano e sparavano colpi di fucile; ad ora tarda due case arse da incendio; sicchè meglio che non una città, l'avresti detta una bolgia infernale. In quel miserando stato delle cose, nessun cittadino osava metter piede fuori delle proprie case, le quali erano tutte chiuse e sbarrate, e niuno avrebbe neppure ardito di mettersi alla finestra, ché la borghesia e la Guardia Nazionale erano l'oggetto dell'accanimento di quella accozzaglia, rifiuto dell'esercito. Invano l'Autorità militare aveva tentato di metter freno a tanto disordine; invano lo stesso valoroso Duca di Genova aveva esposto di nuovo in meno glorioso, ma in non meno grande rischio, la propria vita al medesimo scopo. Si dovette ricorrere al mezzo di far fare cariche dalla cavalleria in parecchie delle principali contrade della città, il che, se recò qualche momentanea diminuzione allo spaventoso disordine, non valse però a farlo cessare".

Da parte sua Felice Venosta scrisse dei saccheggi e del caos causato dagli sbandati delle pagine che confermano quanto ricordato dal ministro Cadorna:

"Dopo le prove di valore, le prove di viltà.
Dopo la onorata battaglia del campo, la battaglia oscena, malversatrice, fratricida della città. I combattenti eranvi rientrati stanchi, affamati; le vie, ingombre dai carri, dai feriti, dalla moltitudine armata, per la più parte ignara del paese, del luogo destinato a darle ricetto, dell'ufficio ove i viveri dovevano essere distribuiti.
La è trista consigliera la fame, e ben più trista quando si marita al dispetto, al livore, al rilassamento della disciplina. Molti rei uomini che parteggiavano per lo straniero, animati dallo spirito del disordine e della vendetta, malignamente incitarono i soldati ad azioni avare e ribalde. Pioveva forte; le vie erano popolate a tumulto; la luce dei lampioni, sparpagliata dalle gocciole che venivano giù dalle gronde, abbagliava la vista; molti i lamenti e le grida; molte le bestemmie e i colpi di fucile dati alle porte de' fondachi e delle case; moltissimi i soldati che dopo aver rubato a sacco denari e oggetti di maggior prezzo, gittavano le armi e par tivano. In Piazza d'erbe accorrevano e pompieri e citta dini per ispegnere il fuoco appiccato a tre botteghe; i soldati briachi lo impedivano a fucilate. Un cittadino che avesse avuto soltanto il berretto di guardia nazionale veniva insultato, percosso. Un popolano che dalla Piazza del Rosario muoveva verso la Piazza Bellini, preso per spia, era macellato a colpi di baionetta.
Nelle prime ore, tanta era la confusione e lo smarrimento de' capi, che le brutali insolenze, i violenti sforzi, le ladre opere accadevano inosservate, o non represse. E ad esempio citiamo come, presentatisi alcuni della città al generale Biscaretti, che stavasene tranquillo all'albergo del Cappel Verde, e pregatolo ponesse un freno alla malvagia condotta dei soldati, quegli rispondesse: *Voleste la guerra, soffritene le conseguenze.*
E voltava ai supplicanti le spalle. Ma quando i mali atti si fecero peggiori, e parecchi cittadini, per la difesa delle loro robe, vennero feriti ed uccisi, ed alcune case bruciarono per l'appiccatovi incendio, gli ufficiali scesero nelle strade, e pregarono, minaccia rono, trafissero i pervicaci negl'insulti, nelle rapine.
Il Duca di Genova, sdegnato de tanti eccessi commessi, ordinava girassero per le contrade dell'addolorata città, numerosi drappelli di cavalleria per disper dere ed uccidere senza riguardo alcuno gl'infelloniti soldati. I lancieri danno di sprone a' cavalli, li cacciano a slancio per le affollate vie e quanti fermanti formano ingombro, tanti ne calpestano, ne schiacciano e uccidono. I meglio avventurosi ratto disperdonsi; e i più ostinati tra questi, riparando ne por campagne e ne borghi dovunque passò, sino ad Arona".

Le violenze commesse dai soldati piemontesi- o meglio, soprattutto dai volontari lombardi- in ritirata spiegano certe scene di gaudio dei novaresi, che accolsero l'ingresso in città degli austriaci non come "nemici", ma quasi come "liberatori" dalla paura e dall'anarchia: citiamo ancora la testimonianza di Venosta, che descrive la cauta entrata austriaca nella città, avvenuta dopo un breve bombardamento:

"Il giorno 24 tutta la truppa piemontese erasi ritirata da Novara; ivi non rimanevano che alcuni sbandati ubbriachi.
Gli austriaci tuttavia non azzardavano di entrare in città, e, dalla posizione del Prato della Fiera, continuavano a gettarvi bombe e granate. Molte di queste caddero sulle carceri

del castello per cui i detenuti, credendosi in pericolo, tumultuarono.
Allora il municipio inviò un parlamentario al Radetzky, e a lui annunciò essere la città sguernita di truppe. Cessò tosto il bombardamento; e il sindaco, signor Bollati, il vescovo e parecchi cittadini, recatisi dal Maresciallo, lo pregarono a voler affrettare la sua entrata in Novara per porre freno agli sbandati, che vi commettevano ancora delle ribalderie. Era ben dolorosa la condizione di cittadini italiani di dover ricorrere allo straniero per la tutela delle proprie cose contro la mala opera dei fratelli".

Il *Generalmajor* conte Leopold Graf von Kolowrat giudica le truppe sabaude un nemico valoroso e loda il loro comportamento sul campo di battaglia, distinguendole dai raffazzonati volontari lombardi. Lo sbando tra saccheggi e violenze a Novara,

"Fu il risultato che Carlo Alberto ebbe per aver guastato il suo altrimenti coraggioso esercito con ogni sorta di gentaglia, accorsa da ogni dove e da lui accolta".

Aggiungeremo che molto influì la propaganda repubblicana e antisabauda, pregiudizialmente ostile all'opera di Carlo Alberto.
Nei giorni successivi alla battaglia, con gli austriaci giunti a Fara e i piemontesi accampati a Ghemme (due località sulle colline novaresi, anche allora note per il buon vino), il conte von Kolowrat racconta di un invito a cena rivolto agli ufficiali piemontesi, secondo le vecchie tradizioni della cortesia tra nemici antecedenti alla Rivoluzione francese:

"Noi bevemmo, dimenticando ogni rancore, alla vecchia e nuova amicizia con i nostri ospiti".

La prima campagna della Prima Guerra d'Indipendenza era durata quattro mesi, contrassegnata da episodi brillanti e da vittorie rimaste indimenticabili nel cuore di tutti gl'italiani come Goito, Pastrengo, la presa di Peschiera; e la seconda, pur dopo un affannoso lavoro di otto mesi, si era risolta in quattro giorni, con gli episodi brillanti di Borgo San Siro, di Gambolò e della Sforzesca, ma con le due dolorose rotte di Mortara e di Novara. Pure, i soldati avevano fatto coraggiosamente il proprio dovere, e in quei pochi giorni il Duca di Genova, il generale Bes, il generale Perrone, e lo stesso Duca di Savoia la sera del 23, si erano distinti, e così il generale Morozzo della Rocca alla Sforzesca e il generale Passalacqua a Novara.
Il Perrone suggellava una vita nobilissima con una morte eroica e il Passalacqua era caduto da prode alla Bicocca alla testa della Brigata *Piemonte*. Emersero poi tre colonnelli di fanteria, destinati ad un brillante avvenire, il Cucchiari del 4° *Piemonte*, il Cialdini del 23° parmense-modenese e il Mollard del 17° *Acqui*, nonché il colonnello di Montevecchio del *Piemonte Reale Cavalleria*. Ma, ancora una volta, all'esercito era mancato un capo.
Chrzanowski, pur ricco di studi e d'esperienza, mostrò tuttavia di mancare in troppo grande misura delle qualità essenziali d'un capo: intuito e forza di decisione.
Il Re Carlo Alberto non fu nemmeno in questa campagna un capitano, come non lo era stato l'anno precedente; mostrò ancora una volta la sua fredda imperturbabile calma davanti al pericolo, si trovò spesso nei punti più esposti, cercò invano la bella morte redentrice sul campo di battaglia. Novara segnava per il sovrano la conclusione catastrofica d'una politica quasi ventennale sbagliata; ma, ai tempo stesso, l'inizio della rinnovata fortuna della sua casa. Citiamo ancora una volta Piero Pieri:

"Dopo troppe oscillazioni e incertezze, egli aveva trovato la sua vera via nel grande movimento nazionale italiano, pur senza comprenderlo appieno e saperlo di conseguenza guidare! Ma quando per la seconda volta era sceso in campo coi suoi figlioli, in un'impresa da molti giudicata disperata, egli e l'opera sua s'eran trovati finalmente all'unisono colla coscienza nazionale".

Le perdite delle due parti possono essere così valutate (ci baseremo sulle stime proposte da Michael Embree nel suo *Radetzky's Marches, The Campaigns of 1848 and 1849 in Upper Italy*);

Austria:

Caduti: 11 ufficiali e 396 sottufficiali e soldati;

Feriti: 2 generali, 101 ufficiali, 1747 sottufficiali e truppa;

Prigionieri: 2 ufficiali e 78 sottufficiali e truppa;

Dispersi (da considerarsi in massima parte morti): 1 ufficiale e 876 sottufficiali e truppa;

Totale: 120 ufficiali, 3.097 sottufficiali e truppa.

Il reggimento imperiale col maggior numero di perdite fu il K.u.K. IR *Kinsky*, per un totale di 19 ufficiali e 339 sottufficiali ed uomini di truppa; per quanto riguarda i battaglioni, il II/ *Wiener Freiwillingen* perse 9 ufficiali e 253 tra sottufficiali e truppa, il IX *Feldjäger Battaillon*, 11 ufficiali e 173 sottufficiali e sodati.

Regno di Sardegna:

Caduti: 2 generali, 37 ufficiali e 1046 sottufficiali e soldati;

Feriti: 96 ufficiali, 1758 sottufficiali e truppa;

Prigionieri: 2 ufficiali e 2.387 sottufficiali e truppa;

Dispersi: circa 20.000 in gran parte rientrati alle bandiere dopo la battaglia.

Venne persa una bandiera (13° reggimento *Pinerolo*) e dodici cannoni.

Secondo Pieri, invece, le perdite furono le seguenti: 578 morti, 1405 feriti e 409 dispersi o prigionieri da parte piemontese, una bandiera e otto cannoni, perduti tutti nella fase finale della battaglia o fra le tenebre; e da parte austriaca 410 morti, 1850 feriti e 963 prigionieri o dispersi.
Perdite complessive: 2392 uomini da parte piemontese, e 3223 da parte austriaca[17].

---

17   Va considerato che nelle campagne risorgimentali i dispersi erano in maggioranza morti non identificabili. e che tra il 10 e il 20% dei feriti non sopravviveva.

Per quanto riguarda i cannoni persi, furono effettivamente solo otto; anche per le cifre finali riteniamo che il Pieri sia più attendibile.

Per quanto riguarda i feriti, la cui sorte viene troppo spesso trascurata nei resoconti delle battaglie risorgimentali, presso l'Archivio di Stato di Novara sono conservati faldoni, versati dall'Ospedale di Novara, contenenti le schede mediche compilate, per le degenze dei feriti della battaglia del 23 marzo 1849, che ci mostrano, col crudo realismo del documento burocratico, le tristi vicende dei soldati feriti che sono state oggetto di studio da parte del dott. Paolo Cirri, consigliere della Società Storica Novarese e della Associazione Amici del Parco della Battaglia[18].

Le schede, compilate ovviamente molto sommariamente, dato il gran numero di ricoverati, non riportano, nella gran parte dei casi, i dati personali richiesti dal formulario, ma si limitano a dati identificativi, nome grado e reggimento di appartenenza, riportando poi, sinteticamente la storia sanitaria del ricoverato, con il tipo di ferita, l'esito e la data della dimissione o, molto frequentemente, del decesso.

Gran parte dei feriti si ebbe a causa dell'artiglieria; i cannoni sparavano proiettili pieni di un peso fra i tre e gli otto kg ed erano ovviamente letali, anche a grande distanza, fino a 1200 metri circa, ma ancora a due chilometri di distanza, rimbalzando a terra, sulla fine del loro percorso, conservavano la forza di frantumare un piede.

Micidiali erano poi le granate, proiettili cavi in metallo con esplosivo interno, che spargevano una pioggia di schegge metalliche che avevano un effetto devastante sulle persone investite dall'esplosione.

Fra le schede sanitarie studiate dal dott. Cirri vi è quella di Luigi Lorenzini, ricoverato all'Ospedale Maggiore, raggiunto il 9 aprile dalla madre, che ebbe il permesso, allegato alla scheda, di assisterlo fino alla dismissione dall'ospedale. Permesso accordato ben sapendo che la morte sarebbe presto sopravvenuta: il Lorenzini morì infatti due giorni dopo.

Minori i casi, come già detto, di ferite da arma bianca, particolarmente temute dai soldati, non tanto quelle da sciabola quanto quelle inferte dalle baionette, micidiali lame a sezione triangolare che entravano in profondità nei polmoni o nel ventre con il loro carico di germi e causando, quando non erano immediatamente mortali, una lenta e dolorosissima morte per setticemia.

Le schede ci evidenziano anche un buon numero di decessi non imputabili direttamente alle ferite ma alle precarie condizioni di ricovero; esemplare il caso di Bruno Boggio, artigliere, ricoverato per ferita da granata e amputato della gamba sinistra il 23 marzo. La ferita del Boggio non si infettò ed egli si sarebbe avviato a guarigione. Purtroppo le finestre dell'ospedale venivano spesso lasciate aperte per consentire un ricambio dell'aria, viziata dalla presenza di tante persone, affette da piaghe; l'aria gelida fu la causa scatenante di una polmonite che portò il giovane alla morte l'otto di aprile.

Gli arti colpiti venivano perlopiù amputati e l'amputazione veniva effettuata con seghe, senza alcuna anestesia, in modo dolorosissimo, e con conseguenze terribili anche per quelli che si salvavano.

Nel XIX secolo, infatti, tanto nell'Armata sarda che nell'Imperial- Regio Esercito la condizione dei reduci mutilati era drammatica; questi uomini, già contadini richiamati alle armi, venivano restituiti invalidi alle comunità di origine, che dovevano farsene ca-

---

18   "Storie di vittime della Battaglia di Novara del 23 Marzo 1849 Attraverso le carte dell'Archivio di Stato
23 marzo 1849. I feriti della battaglia di Novara".http://www.ssno.it/html/ar04.htm

rico, trovando loro un posto in famiglie che spesso non erano economicamente in grado di sopportare il peso morto di un componente inabile al lavoro. Spesso era la comunità che trovava per il reduce una sistemazione come guardiano o sagrestano o altri lavori che essi potessero svolgere, malgrado la mutilazione, ma l'invalido rimaneva sempre un cittadino di secondo piano, tollerato, ma non gradito, e l'umiliazione portava spesso questi sfortunati giovani al suicidio.

Molti di quelli che erano guariti dalle ferite ne portavano poi per anni le conseguenze con infezioni pregresse e una vita breve e travagliata e anche queste morti andavano ad aggiungersi alle centinaia di caduti sul campo, italiani e austriaci sepolti dapprima in fosse comuni presso le cascine della zona e le cui ossa hanno poi trovato, in parte, pietoso e comune asilo nel monumento funebre della Bicocca, costruito nel 1879 per ospitare, senza distinzioni, i caduti dell'esercito sardo e di quello imperiale.

La mattina del 24 marzo il giovane sovrano incontrò Radetzky in una cascina di Vignale per fissare i punti dell'armistizio che sarebbe stato siglato due giorni dopo.

In atto di omaggio e come segno di buona volontà Radetzky per prima cosa restituì al sovrano i suoi cavalli, che erano stati catturati a Mortara.

Le descrizioni di alcuni ufficiali austriaci alimentarono i pettegolezzi di una discendenza illegittima. Il monarca appariva effettivamente diverso dal padre e, secondo gli austriaci, aveva tratti poco regali. Era *basso di statura*, mentre Carlo Alberto superava il metro e novanta, ruotava gli occhi "*in una maniera particolare*" e dimostrava impazienza, evidentemente considerata poco consona per un Re: "*era agitato, aveva la barba lunga e un contegno poco regale*" annotò un ufficiale austriaco presente alla scena.. Ma si trattava, ad ogni modo di un sovrano sposato ad un'arciduchessa d'Austria, Maria Adelaide d'Asburgo- Lorena, appena divenuta Regina di Sardegna, e il rispetto tributatogli fu massimo[19].

Vittorio Emanuele indossava una "*giacca polacca blu decorata di cordoncini* [ovvero uno *spencer* da generale. ndA], *il fazzoletto rosso dei savoiardi al collo, pantaloni blu con galloni dorati e un bonetto da fatica con orlatura rossa di molto reclinato sull'orecchio*", ossia un kepì, al posto della feluca da generale.

Il Re abbracciò e baciò il Maresciallo che gli era venuto incontro, e che, come cavaliere della SS. Annunziata era suo cugino.

I due entrarono nel cortile del un cascinale Avogadro, e solo il generale Hess assistette al loro colloquio che si svolse in piedi. Il Re disse ch'era ben deciso a liquidare il governo e il partito democratico che aveva spinto il padre a quella insensata avventura, ma che per questo aveva bisogno di tempo e di moderazione da parte dell'Austria che, imponendo condizioni troppo gravose, avrebbe discreditato la monarchia e lasciato libero campo, anche in Piemonte, alle forze rivoluzionarie. Nel darne notizia al suo governo, Radetzky scriveva:

> "Questi motivi sono tanto veri che io non potei metterli in dubbio, perciò cedetti e credo di aver fatto bene, perché senza la fiducia del nuovo Re e la tutela della sua dignità, nessuna situazione nel Piemonte può offrirci garanzia di tranquillità per il prossimo avvenire".

---

19   Anche la madre del nuovo Re, Maria Teresa, era un'Asburgo- Lorena, del ramo granducale toscano. Il padre della neo Regina di Sardegna era l'Arciduca Ranieri, figlio di Leopoldo II e fratello di Francesco I d'Austria, sino al marzo 1848 Governatore del Lombardo- Veneto.

L'Austria fissava le clausole per ottenere la pace in sei punti ben precisi e cioè:

1) Il Re di Sardegna avrebbe dovuto adoperarsi per la conclusione di una pace definitiva.
2) Scioglimento dei Corpi dell'esercito sardo costituiti con l'apporto di sudditi dell'impero austriaco (lombardi, polacchi, ungheresi).
3) Occupazione austriaca dei territori tra Po, Sesia e Ticino nonché metà della piazza di Alessandria.
4) Ritiro delle truppe sarde dai ducati di Parma e Modena.
5) Ritiro della flotta sarda dall'Adriatico.
6) Riduzione dell'esercito sardo come convenuto.

Quando il sovrano rimontò a cavallo, Radetzky gli baciò la mano destra, esclamando poi. *Arme Junge! Povero ragazzo!*
Vittorio Emanuele II, pur accettando le clausole dell'armistizio, era tuttavia riuscito a dissuadere il Maresciallo Radetzky dalla ventilata marcia su Torino. Ma una corrente estremista di parlamentari, con a capo Angelo Brofferio, intendeva concretamente reagire allo strapotere austriaco, come se un esercito appena uscito dalla disfatta novarese fosse in grado di competere con le armate di Vienna, tecnicamente assai agguerrite. Ecco le clausole dell'armistizio:

"Il Re di Sardegna dà un'assicuranza positiva e solenne di mandare ad effetto, per quanto dipende dal suo onore, un trattato di pace sopra le basi dei seguenti capitoli.

1. Il Re di Sardegna discioglierà i corpi militari ungaresi, polacchi e lombardi, riservandosi di conservare alcuni ufficiali negli altri corpi che crederà.

2. Il conte Radetzky si intrometterà per parte sua presso S. M. l'Imperatore, onde intera amnistia sia accordata ai militari unga resi, polacchi e lombardi, che sono sudditi della predetta S. M.

3. Il Re di Sardegna permette che 18 mila austriaci di fanteria e 2 mila di cavalleria occupino il territorio compreso tra il Po, il Ticino e la Sesia, e la metà della guarnigione nella cittadella di Alessandria.
Quest'occupazione non avrà alcuna influenza sulla amministrazione civile e giudiziaria della divisione di Novara.
Tremila austriaci potranno fare la metà della guarnigione, città e cittadella d'Alessandria, e l'altra essere composta di truppe di S. M. Sarda.
Gli austriaci avranno libera comunicazione tra Alessandria e Lomellina per Valenza. Sarà nominata una commissione militare mista per regolare il mantenimento delle truppe austriache.
Saranno evacuati dalle truppe sarde i ducati di Modena, Piacenza e Toscana, cioè tutti i territorii, che prima della guerra non appartenevano al Piemonte.

4. L'entrata della metà della guarnigione austriaca nella citta della di Alessandria non potendo aver luogo che fra tre o quattro giorni, sarà guarentita dal governo sardo.

5. La flotta sarda lascierà l'Adriatico con tutti i vapori fra il termine di giorni 15, rientrando nei suoi porti, ed i piemontesi che fossero in Venezia, avranno ordine di rientrare negli antichi Stati nello stesso termine.

6. Il Re Vittorio Emanuele promette di conchiudere una pace pronta e durevole, e di ridurre l'armata su piede di pace.

7. Il Re di Sardegna riguarda come inviolabili tutte le prece denti pattuite condizioni.

8. Si spediranno plenipotenziarii reciproci in una città qualun que che sarà determinata per conchiudere la pace definitiva.

9. La pace sarà fatta indipendentemente dalla stipulazione di quest'armistizio. 10. Quando non si venisse a conchiudere la pace, la denuncia zione dell'armistizio sarà sempre fatta 10 giorni prima della ri presa delle ostilità.

11. Saranno restituiti reciprocamente e prontamente tutti i prigionieri di guerra.

12. Tutti gli austriaci che già avessero passata la Sesia, saranno tenuti a restituirsi entro i limiti fissati.

Segnati

VITTORIO EMANUELE – RADETZKY".

In ogni caso, il generale Heinrich von Hess ed il Maresciallo Josef Radetzky decisero di non occupare Alessandria, come la terza clausola dell'armistizio avrebbe loro consentito, e ciò fu interpretato, erroneamente, come un segno di ammorbidimento da parte austriaca.
La sera del 25 marzo Il maresciallo Radetzky indirizzò un ordine del giorno piuttosto enfatico ai propri soldati, col quale annunciava l'abdicazione di Carlo Alberto e la conclusione dell'armistizio:

"Soldati!
Avete tenuto fede alla vostra parola; avete intrapresa una campagna contro un nemico superiore di numero, e la aveta conclusa vittoriosamente in cinque giorni.
La storia non negherà che ci sia mai stata un'armata più coraggiosa, più fedele di quella che il mio Signore e Sovrano, l'Imperatore, ha affidata al mio comando.
Soldati!
Nel nome dell'Imperatore e della Patria, vi ringrazio per le vostre coraggiose imprese, la vostra devozione, e la vostra fedeltà.
Con tristezza, i miei occhi si posano sulle tombe dei nostri fratelli, i gloriosi caduti, ed io non posso esprimere la mia gratitudine ai vivi senza ricordare i cmorti con tutto il cuore.
Sodati!
Il nostro più tenace nemico, il Re Carlo Alberto, è disceso dal trono. Col suo successore, il giovane Re, ho concluso un armistizio, che ci garantirà una rapida conclusione della pace.
Soldati!
Con gioia, ne siete testimoni, con gioia gli abitanti del paese ci hanno ovunque ricevuti, vedendo in noi, non oppressori, mai i loro salvatori dall'anarchia.
Dovete confermare queste attese, con la vostra stretta osservanza della disciplina, mostrare al mondo che i guerrieri dell'esercito austriaco sono tanto terribili in guerra quanto onesti e gentili in pace, e che siamo venuti per proteggere e non per distruggere.
Io sto raccogliendo elementi per segnalare il nome dei coraggiosi, che si sono distinti in modo straordinario, sia per decorare i loro petti immediatamente con un segno d'onore,

sia per chiedere a Sua Maestà di decorarli.

Radetzky, Feldmaresciallo".

Il nuovo sovrano da parte sua il 27 emise un proclama da Torino in cui nulla rinnegava dell'opera paterna, mantenendo anche lo Statuto del 1848, a differenza di Pio IX, del Granduca Leopoldo di Toscana e di Ferdinando II che avevano ritirato le loro Costituzioni:

"Cittadini!

Fatali avvenimenti e la volontà del veneratissimo mio GENITORE mi chiamarono assai prima del tempo al Trono dei miei AVI.
Le circostanze fralle quali io prendo le redini del Governo sono tali che senza il più efficace concorso di tutti difficilmente Io potrei compiere all'unico mio voto, la salute della Patria comune.
I destini delle Nazioni si maturano nei disegni d'IDDIO; l'uomo vi debbe tutta la sua opera; a questo debito Noi non abbiamo fallito.
Ora la Nostra impresa debbe essere di mantenere salvo ed illeso l'onore, di rimarginare le ferite della pubblica fortuna, di consolidare le nostre Istituzioni costituzionali.
A questa impresa scongiuro tutti i miei popoli; io m'appresto a darne solenne giuramento, ed attendo dalla Nazione in ricambio aiuto, affetto e fiducia.

Torino, addì 27 marzo 1849.

VITTORIO EMANUELE".

Il 13 aprile iniziarono a Milano le trattative per la pace. Gli austriaci avevano delegato il ministro Karl Ludwig de Bruck, i piemontesi il generale Giuseppe Dabormida e il magistrato Carlo Boncompagni.
Dal 13 al 24 aprile i delegati sardi lottarono con convinzione contro l'ostinato de Bruck, senza ottenere risultati positivi. Dal 25 aprile sino al 3 giugno, le trattative vennero interrotte, dato che i toni espressi dall'Austria si facevano sempre più ultimativi, mentre i piemontesi, tra l'altro, volevano avere salvo l'onore nazionale, l'integrità territoriale, la conservazione del Tricolore come bandiera nazionale ed il mantenimento dello Statuto.
Scriveva il 25 aprile Roberto Taparelli d'Azeglio, fratello maggiore del senatore Massimo: *"Il ne nous reste plus que à souhaiter plaies et bosses pour tout le monde[20] "*.
E i piemontesi si convinsero finalmente ad imboccare la via diplomatica, chiedendo la mediazione delle grandi potenze. Le potenze occidentali, Gran Bretagna e Francia, preoccupate per l'intervento russo in Ungheria, effettuato per domare la rivoluzione, desideravano in sostanza che non si accendessero in Europa pericolosi focolai di guerra; e comunque volevano che Vienna non alzasse troppo i toni con la vittoria contro il Regno sardo.
I negoziati furono ripresi il 20 di giugno; Il nuovo Presidente del Consiglio, Massimo d'Azeglio, condusse le trattative con l'Austria con pazienza e fermezza, senza mai transigere sui punti fondamentali:

---

[20] Non ci resta che auspicare di diventare attaccabrighe attraverso tutte le nazioni.

"Non firmerò un trattato dove l'Austria non riconosca il principio della nazionalità italiana, dove non vi sia qualche stipulazione in favore dei fratelli lombardi... Finché comando io, il Piemonte, piccolo e rovinato com'è, non farà certo pazzie, ma voglio che tenga la crestina ritta, come quei galletti che stanno sulla punta del timone nell'aia, e che il contegno esprima quest'idea: cedo perché son piccino, ma non domando perdono perché ho ragione".

Il 16 luglio fu inserito un eccellente diplomatico, Carlo Beraudo conte di Pralormo, peraltro ben visto dagli austriaci essendo stato ambasciatore sardo a Vienna dopo il 1821, noto per le posizioni assolutistiche e reazionarie.

Il tono delle discussioni si attenuò e fu ottenuta l'amnistia a favore dei fuorusciti lombardi, senza la quale si sarebbe rischiata una nuova interruzione delle trattative

Il 6 agosto 1849, alle ore 22 precise, i plenipotenziari furono in grado di apporre le proprie firme in calce al protocollo definitivo. La bandiera tricolore rimase e così lo Statuto, sino al 1946. Rimane ancor oggi la migliore costituzione della storia d'Italia, e così la bandiera tricolore.

La Imperiale e Regia Gazzetta di Milano del 7 agosto 1849 informava i lettori che

"Cento colpi di cannone hanno annunziato agli abitanti di Milano che la pace fra Austria e Piemonte è stata sottoscritta dai plenipotenziari di ambedue le parti".

A pagare per la sconfitta fu il generale Ramorino. Il processo contro di lui si tenne il 3 maggio, e lo stesso giorno, con sabauda efficienza, venne emessa la sentenza di condanna a morte previa degradazione.

"Il Consiglio di Guerra convocato d'ordine del signor Luogotenente Generale, Generale Maggiore dell' Esercito il 3 maggio 1849 in Torino, per giudicare il nominato *Ramorino Gerolamo*, del fu Gioanni di Genova, d' anni 57, luogotenente generale, già comandante la quinta divisione dell'esercito, ditenuto nella cittadella di Torino, ed inquisito del reato previsto dall'art. 259, n. 5 del Codice penale militare, per avere scientemente ommesso di far prendere, nel mattino del giorno venti marzo ultimo alla quinta divisione (Lombarda) da esso in allora comandata, una forte posizione alla Cava, e suoi dintorni alla sinistra del Po, come gli era stato prescritto dal Generale Maggiore dell' Esercito con suo ordine scritto del sedici di detto mese di marzo da Alessandria, e di essersi invece tenuto colla massima parte della sua divisione sulla destra di detto fiume, per cui facilitò l'entrata al nemico dal lato di Pavia, e lo pose in grado di maggiormente nuocere all' armata, avendo in tal modo esposto a pericolo l 'Esercito ed incagliato il buon esito delle operazioni militari che il Generale Maggiore predetto erasi proposto di eseguire.

Invocato il Divino aiuto

Udita la relazione degli atti del processo fatta dal signor cavaliere Santi Vice - Uditore generale di guerra presso il Quartier generale principale dell' Esercito, l' inquisito nelle sue risposte, il Fisco nelle sue conclusioni, ed il difensore nelle difese, dichiara provata l ' accusa, e visti gli articoli 259, n. 5, 152 e 154 del Codice penale militare, doversi condannare come condanna il suddetto Gerolamo Ramorino della pena della morte previa degradazione".

Il 5 maggio Vittorio Emanuele II fece grazia al Ramorino della degradazione; la sentenza venne eseguita in Piazza d'Armi a Torino il 22 maggio. Ramorino chiese ed ottenne di comandare personalmente il plotone d'esecuzione.

Sin da subito era stato chiaro che gli alti comandi intendevano scaricare tutte le responsabilità della disfatta sul Ramorino, che parecchie ne aveva, ma non tutte; egli non avrebbe potuto in nessun caso sbarrare il passo a Radetzky, avrebbe solo potuto rallentarlo, e comunque la sua mancata resistenza non era stata determinante. Determinanti erano stati gli errori e le indecisioni del Comando supremo, dominato più dalle preoccupazioni politiche che dalle esigenze strategiche. Ma qualcuno che facesse da capro espiatorio faceva comodo, e Ramorino aveva i requisiti per essere il prescelto. Oltre che un mercenario moralmente tarato e militarmente inetto, era anche il "Generale dei democratici", naturalmente inviso a quelli di carriera, che fecero coro alle accuse contro di lui. Quella di tradimento fu smontata da Brofferio che lo difese con appassionata eloquenza e forse sarebbe riuscito a salvargli la testa, se Ramorino o qualche suo amico non avesse fatto correre la voce che a spingerlo alla disobbedienza era stato Vittorio Emanuele, desideroso di una disfatta che spingesse suo padre all'abdicazione e spianasse a lui la via del trono. Pare impossibile che una simile diceria avesse attecchito, ma essa comunque metteva il Re nell'impossibilità di concedere la grazia.

Non si può non riflettere su ciò che scrisse Carlo Pisacane: *"egli non era che un generale poco abile, che altre volte erasi malamente condotto; ma in questa circostanza non fu che una vittima."*

La sconfitta di Novara era il seme che sarebbe germogliato con i decisivi trionfi dì dieci anni dopo, mentre l'esercito piemontese manteneva, pur nella sconfitta, il proprio onore e il proprio prestigio.

Del resto, il *Generalquartiermeister* austriaco Karl Ritter von Schönhals scrisse in un brano già citato, ma che vogliamo riportare nell'originale tedesco, che

> "Ihre Artillerie besteht aus gewählten Leuten, guten und unterrichteten Offizieren, hat ein gutes Material und ist im Kaliber der unsrigen überlegen ... Die Kavallerie ist keine verächtliche Waffe. Ihr erstes Glied ist mit Lanzen bewaffnet. Der Gebrauch dieser Waffe erfordert aber einen sehr gewandten Reiter, wir möchten daher nicht gerade sagen, daß diese Einführung direkt eine Verbesserung bedeutet. Ihre Schule der Equitation ist jedoch eine sehr gute (...) wurde von beiden Seiten mit großer Tapferkeit gefochten. Die Piemontesen griffen mit großer Lebhaftigkeit und Ungestüm an – sowohl Piemontesen als auch Österreicher vollbrachten viele Taten großen persönlichen Mutes (...)
> Die piemontesische Armee hat das Recht, den Tag von Novara in Erinnerung zu bringen, ohne erröten zu müssen".[21]

Dopo Novara l'aristocrazia subalpina, che aveva guardato di malocchio la rivoluzione, e che per i suoi convincimenti reazionari si sentì sempre più vicina al nemico austriaco che agli insorti milanesi, veneziani o romani, ora sentì la sconfitta come un'umiliazione, e per lavare l'onta della quale era necessaria solo una vendetta. Sarebbe arrivata dieci anni dopo.

---

21   La loro artiglieria è composta da ufficiali scelti e ben preparati, ha un buon materiale ed è di livello superiore alla nostra come calibri... La cavalleria non è un'Arma da sottovalutare. La prima schiera è armata di lancie. Tuttavia, l'uso di una tale arma richiede un cavaliere molto addestrato, quindi non vuol dire che una tale innovazione sia un miglioramento immediato. Ad ogni modo, la loro scuola d'equitazione è ottima. (...) Si è combattuto con sorprendente coraggio da entrambe le parti. I piemontesi attaccarono con grande vivacità ed impeto; sia i piemontesi che gli austriaci compirono moti atti di grande coraggio individuale... L'esercito piemontese ha il diritto di ricordare il giorno di Novara senza dover arrossire.

Novara rimase il simbolo della battaglia da vendicare. Ancora alla vigilia della Grande Guerra gli interventisti cantavano le parole dell'Agnoletti:

*Faremo la battuta della lepre,
lepre tedesca, lepre magiara:
vendicheremo l'onta di Novara
e l'Asburgo tremerà22!*

Dall'altra parte, resta la *Radetzky- Marsch*, con la quale Johann Strauss cercò di far dimenticare la sua adesione alla rivoluzione viennese: ma ormai, anch'essa, fa venire alla mente più il concerto di Capodanno che i dimenticati campi coperti di nebbia e di sangue della Bicocca e della *brumal Novara*.

Medaglia commemorativa della vittoria di Radetzky nel 1849

---

22   Da parte sua il Comando Austro-Ungarico aveva denominato le offensive del giugno 1918 sul Grappa e sul Piave rispettivamente *Radetzky* e *Albrecht*. Il corso del 1992 della *Teresianische Militär- Akademie* di Vienna era intitolato alla battaglia di Novara.

L'incontro tra Vittorio Emanuele II e il Maresciallo Radetzky nella Cascina Avogadro a Vignale. Il Re è raffigurato nell'atto di ribattere a Radetzky, che gli ingiungeva di abrogare lo Statuto del Regno: "*I Savoia conoscono la via dell'esilio, non quella del disonore!*", frase a quanto pare mai pronunciata nella realtà storica. Affresco di Pietro Aldi nella Sala di Vittorio Emanuele II nel Palazzo Pubblico di Siena, 1886.

NOVARA VISTA DALL'AUSTRIA: IL *RAPPORTO UFFICIALE SULLA CAMPAGNA DEL 1849* DEL FELDMARESCIALLO RADETZKY [23]

Mi affretto a rimettere all'eccelso ministero della guerra una succinta relazione degli ultimi fatti d'armi in Piemonte, perché sia pubblicata.
La medesima non è ancora compilata dagli atti in dettaglio, ma soltanto da ragguagli de'corpi, sufficienti del resto a porre l'armata ed il pubblico in piena cognizione del corso esatto e fedele delle imprese belliche seguite, e dei nomi e servigi prestati dagli ufficiali della mia brava armata, nonchè de'corpi d'armata che si sono maggiormente distinti, Il 12 marzo venne denunciato dal governo piemontese l'armistizio conchiuso il 9 agosto 1848.
Quindi io impartii tosto i necessarii ordini onde porre in movimento le truppe che si trovavano nelle diverse guarnigioni, in guisa ch'esse dovessero arrivare il 19 intorno ed in Pavia, e tutta l'armata era concentrata su questo punto per modo che il giorno seguente potè subito incominciare i suoi movimenti offensivi.
In tutta la Lombardia furono presidiati soltanto i castelli di Milano, Brescia, Bergamo, Modena, la testa di ponte di Brescello e la fortezza di Piacenza, posta nella sfera di operazione dell'armata.
Le guarnigioni di tutti questi punti salvano a circa 10.000 uomini.
Tutta la Lombardia, tutte le città, nonché l'intera campagna rimasero libere e senza presidii, imperciocchè bisognava prendere una grande risoluzione onde, unire tutte le forze in un sol punto per agire rapidamente di fronte a un nemico in generale molto più forte; e quand'anco fossero scoppiate alle nostre spalle delle insurrezioni, vincendo il nemico esterno, noi divenivamo ben presto nuovamente padroni di sedare in breve energicamente l'incendio interno.
La Brigata *Görger*, la quale se ne stava tutta sola co' suoi avamposti al Ticino superiore, ma che col grosso, sotto il comando del tenente maresciallo Wohlgemut, era appostata presso Varese, come pure i debolissimi avamposti di cavalleria del tenente-maresciallo conte Schaffgtosche, che stavano ancora al Ticino medio o inferiore, avevano ricevuto

---

[23] Versione italiana apparsa sulla Gazzetta di Milano, poi pubblicata in *Le battaglie di Novara e Mortara (20- 23 marzo 1849) descritte dal Maresciallo Radetzky nel suo Rapporto ufficiale*, Novara 1849, pp. 1-32.

ordine, la prima, di radunarsi presso Legnano, ed osservare soltanto con leggieri distaccamenti l'eventuale approssimarsi del nemico presso Sesto Calende, e di ritirarsi per Gaggiano sopra Rosate; l'ultima invece, sotto il comando del maggiore Czech degli ussari *Reuss*, di fare colla sua Divisione e col battaglione *Kinsky* la sua ritirata verso Pavia.

I miei avvisi sul conto del nemico mi avevano convinto che il medesimo, colla sua forza principale tra Vercelli, Novara e Vigevano fino al Ticino, sarebbe marciato innanzi con una forza minore, però sempre considerevole, sulla riva destra da Sarzana verso Parma e di là verso la parte media del Po, onde varcarlo all'altezza di Brescello.

Perciò presi presto la mia risoluzione. Senza perdere un istante di vista i moti rivoluzionarii nella Lombardia, io volli penetrare nel centro del nemico, rivolgermi dapprima contro la sua forza principale, lungo i confini del nostro Stato, e indi, dopo la ritirata dei nemico, acquetare di nuovo all'uopo rapidamente il passaggio del Gravellone in tre colonne.

La colonna sinistra sotto il comando del general maggiore conte Stadion, consistente dell' 11. di cacciatori, di 2 battaglioni e della batteria di Brigata a piedi n. 4, – si avanzò alquanto più tardi sur un ponte di barche, che dovette esser lanciato al momento; la colonna di mezzo, comandata dal colonnello Benedek, consistente di 2 battaglioni *Gyulai* e d'una batteria da 12, passò per il ponte di barche già esistente; e la colonna destra, comandata dal tenente-maresciallo Arciduca Alberto, la quale era composta della summentovata Brigata Kolowrat, passò a guado il ruscello Gravellone.

Questo passaggio fu effettuato senza gran resistenza per parte del nemico, dopo avere scambiate alcune fucilate di bersaglieri, all' 1 ora dopo mezzodi dalla colonna di mezzo, la quale inseguì il nemico fuggente (un battaglione di Lombardi sotto il comando di Manara) fino a San Martino, e fece qui alcuni prigionieri. Neppure le altre colonne incontrarono notevole resistenza per parte del nemico.

Da San Martino le colonne presero la direzione verso Garlasco.

Mercè l'indugio, che la colonna comandata dal general maggiore Stadion subì nel passaggio oltre il ruscello Gravellone, piantando il ponte, nonché per l'animato inseguimento del ripiegante nemico, eseguito dal nono battaglione dei cacciatori e da due battaglioni di fanteria *Imperatore* della Brigata Kolowrat, il terzo corpo d'armata, che avea pur rice uto ordine di avanzarsi verso Garlasco dietro il secondo corpo, era giunto in questa strada alla testa del secondo corpo, per cui onde non indugiare l'avanzamento totale, la Divisione Lichnowski del terzo corpo formava l'avanguardia, durante la marcia ulteriore, dietro a cui la Divisione Alberto del secondo corpo proseguì la marcia per Carbonara verso Gropello; entrambe si avanzarono senza imbattersi nel nemico.

Il medesimo era stato pienamente sorpreso ed illuso. Il primo corpo d'armata, che formava l'ala destra dell'esercito, avea intrapreso la sua marcia nella direzione di Zerbolò, dopo seguito il passaggio colla fanteria sopra angusti argini, ma colla cavalleria e artiglieria sulla strada; però il quarto corpo d'armata s'avanzò per San Martino verso la Cava, e inviò la Brigata Edoardo Liechtenstein per osservare il passaggio del Po presso Mezzana-Corti; essa fu pur rinforzata con una divisione[24] di cacciatori *Imperatore* ed una compagnia del corpo di flottiglia, che avea seco due batterie di razzi.

Il nemico fu respinto oltre il Po da una divisione di fanteria *Imperatore* e *Gyulai*, ma rimase, con circa 5000 uomini, al di qua del ponte del Po presso Mezzana-Corti con una batteria da 16, e scambiò, alcuni tiri colla Brigata Edoardo Liechtenstein e il primo della

---

24   Con *divisione* si intende distaccamento, con *Divisione* una grande unità. Con cacciatori Imperatore si intendono qui i *Kaiseräger*.

landwehr di fanteria *Leopoldo*, comandato dal colonnello Kawliczek, mentre il resto della Brigata, seguendo il comando di perlustrazione del tenente colonnello Schanz, arrivò alla strada maestra con ducente da Garlasco a Vigevano.

I due battaglioni summentovati si erano approssimati a questo luogo prima che il tenente-colonnello Schanz; ma siccome esso era occupato da una Brigata nemica, così essi presero una posizione coperta, onde attendere che si avanzasse il tenente-colonnello Schanz e la Brigata Strassoldo.

Ora quando questi arrivarono, il battaglione della *landwehr* cominciò il suo fuoco, si appostò sullo spianato che circondava quel sito a levante, mentre il secondo battaglione di campo se ne stava protetto alla fronte.

Dopo una mezz'ora si avvicinò il resto della Brigata; tosto si piantò una mezza batteria sul mentovato altipiano, cannoneggiò fortemente il nemico, e scagliando abilmente delle granate, scacciò i bersaglieri nemici che si trovavano innanzi quel luogo.

La 5 e 6 compagnia del 10.° battaglione di cacciatori, comandata dai capitani Kozelli e Lammer, si avanzaron dappoi a sostegno del battaglione della *landwehr*, dispersero colà i bersaglieri, e poco dopo presero d'assalto, unite con una compagnia di *landwehr*, il fianco destro del luogo, mentre anche il 2.° battaglione *Hohenlohe* e il rimanente della bri gata si avanzava di fronte contro quel sito. In pari tempo, anche sull'ala sinistra il 5.° battaglione di campo Latour, del comando di perlu

strazione del tenente-colonnello Schanz, guidato dal suo risoluto tenente-colonnello langravio Fürstenberg, aveva attaccato quel luogo, il quale così venne assa lito da tutte le parti.

Innanzi ad esso si riunirono poi le truppe, e s'avanzarono verso Gambolò, senza incontrarsi nel nemico, il quale all'avvicinarsi del l'antiguardo abbandonò questo luogo, però prese nuo vamente posizione un miglio e mezzo verso Vigevano, Siccome in pari tempo il comando di perlustrazione del tenente-colonnello Schanz fu attaccato violente il 2° battaglione Hohenlohe e la batteria di Brigata furono inviati a quella volta, lasciando in Gambolò soltanto 4 compagnie del 1.° battaglione *landwehr* dello stesso reggimento.

Più avanti a questo sito l' avanguardia della Brigata Strassoldo s'abbattè in un forte numero di nemici, il quale all'avanzarsi di essa prese egli stesso l' offensiva; ma fu ivi trattenuto da un assalto intrapreso dalla compagnia del capitano Siller del 10.° battaglione di cacciatori e dall'attacco di cavalleria del maggiore conte Ingelheim, nonché dal fuoco di due cannoni.

Frattanto il tenente-colonnello Schanz erasi avanzato alla distanza di circa quattro miglia col suo comando di perlustrazione sulla via che da Gambolò conduce a Vigevano, quando trovò il nemico appostato su un'altura. Egli lo attaccò tosto; l'altura fu presa di fianco da tre compagnie Latour, mentre il tenente-colonnello Schanz condusse contro la fronte il 5° battaglione *Hohenlohe* della colonna d'assalto.

Ma il nemico spiegò considerevoli forze, respinse il tenente-colonnello Schanz e mediante un forte fuoco d'artiglieria produsse disordine fra la truppa; anzi si corse pericolo che i tre cannoni di questa fossero presi dal nemico, poiché una divisione di cavalleria nemica[25] minacciava dal fianco sinistro la sua linea di ritirata. Però in questo critico momento il tenente-colonnello Schanz piombò colla sua divisione di ussari alla sbandata contro le divisioni di fanteria nemiche, e le respinse.

Animati da questo mirabile successo, i suoi due battaglioni si avanzarono nuovamente, e la batteria fu salva. Non appena ebbe egli raccolti nuovamente alcuni dei suoi ussari, si

---

25   Erano due squadroni di *Piemonte Reale Cavalleria*, ndA

gettò un'altra volta sui lancieri nemici, li respinse e ne fece alcuni prigionieri. In questo fatto furono feriti il capo squadrone Hinuber, 1 caporale e 5 ussari, e fatti prigionieri il tenente colonnello Karwaly e il tenente Uszkay, i quali eran tutti e due caduti da cavallo. Il primo fu però di bel nuovo liberato dal capo squadrone Duschek e da due gregari; così il combattimento fu per il momento ripristinato, e specialmente però quando più tardi, giunse in soccorso il tenente-maresciallo Wohlgemuth, si arrestò lo avanzarsi del nemico.

Questo generale, il quale, come abbiam già menzionato, era rimasto colla Brigata Görger sulla riva, sinistra del Ticino superiore onde ingannar il nemico, avea ricevuto ordine già il 20 di marciare da Rosate a Bereguardo, di far passare colà alla sua fanteria il Ticino, onde poter cooperare secondo le circostanze mediante l'avanzarsi del suo corpo d'armata; e di inviare all'incontro oltre Pavia la cavalleria e la fanteria che aveva seco.

Però egli fu in grado sol tanto di accorrere colà col quarto battaglione di cacciatori imperatore [*Kaiserjäger*, ndA] e 10 compagnie del reggimento confinario di *Ogulini*, [*3. Grenz-Regiment"Ogulner"*, ndA] ch'eran passati pei primi; il resto delle sue truppe rimase al Ticino sotto il comando del general maggiore Görger, onde poter essere totalmente imbarcate più tardi, e procedere innanzi.

Immediatamente innanzi San Siro gli era pervenuto l'ordine urgente di soccorrere il tenente-colonnello Schanz. Ma siccome esso non aveva presso di sè artiglieria, prese tosto seco una batteria della riserva di artiglieria, del primo corpo ch'egli incontrò nella sua marcia, e (conoscendo la poco favorevole posizione in cui trovavasi il mentovato tenente colonnello, in lotta contro un numero assai preponderante) si gettò contro il nemico con tutta la sua forza.

Quest'ultimo tentò quattro volte un violento attacco alla baionetta, e altrettante fiate fu respinto.

Finalmente lo stesso tenente-maresciallo Wohlgemuth prese l'offensiva.

Gli Ogulini, sotto il comando del loro valoroso colonnello barone Steininger, in unione a due compagnie del 4° battaglione del cacciatori imperatore, condotte dai capitani Auge e Schindler, prigionieri ed armi), ricollocandosi però più in là in una posizione più vantaggiosa, assunta da una truppa fresca.

Ma per costringerlo a ritirarsi anche da qui, fu staccato il tenente-maresciallo di Wohlgemuth, quanto era possibile, contro la sua estrema ala destra, e riuscì a respingerlo dal sito detto la Sforzesca verso Vigevano, al che contribuì moltissimo la comparsa di una colonna con artiglieria, che il maggiore Gianni dello Stato maggiore aveva condotta con singolare perspicacia e bravura da Gambolò verso il luogo summentovato.

Secondo rapporti concordi sembra che qui la forza del nemico ascendesse a 15,000 uomini, composti di due brigate della Divisione Bes – e che si trovassero presenti il Re, non che lo stesso general maggiore piemontese Chrzanowsky. Nel frattempo, mentre avevano luogo questi combattimenti sull'estrema ala destra dell'armata, il secondo corpo d'armata erasi avanzato per Garlasco, dove egli udiva il cannoneggiamento nel suo fianco destro, a Trumello e verso Mortara. Quando verso le ore quattro e mezzo pomeridiane la sua estrema avanguardia giunse innanzi a questa città, dessa fu accolta con un colpo di cannone. Il gene rale d'artiglieria, barone d'Aspre, ordinò quindi subito egli stesso di formare dalla Divisione Arciduca Alberto le colonne d'attacco ad ambe le parti della strada.

Le medesime furono formate a destra di questa dai due battaglioni *Francesco Carlo* della Brigata Kolowrat, indi dall' 11° battaglione dei cacciatori e da due battaglioni *Gyulai* della Brigata Stadion – a sinistra di quella però da 2 battaglioni *Imperatore* della Brigata Kolowrat, e dai due battaglioni *Paumgartten* della Brigata Stadion.

Il 9 battaglione di cacciatori della Brigata Kolowrat era in parte disposto qual bersagliere, in parte collocato dietro ad un largo fossato, fino al quale gli tenne dietro anche la Divisione Schaaffgotsche come riserva principale, ed occupò i casini di S.Albino per accogliere, all'uopo, le truppe dell'antiguardo [avaguardia, ndA].

Dopochè l'attacco fu preparato mediante un fuoco di artiglieria, che durò un'ora intera, e a cui il nemico rispose con molta energia, al tramonto del sole, verso le ore sei, fu comandato l'attacco generale in un ampio arco di tutte le colonne d'assalto.

Dopo un combattimento di due ore, durante il quale un nugolo di polvere, che si andava sollevando da ogni parte, non permetteva allo sguardo di ae certarsi intorno l'esito di esso, il nemico fu caccia to pienamente nella città, e verso le ore otto e mezzo di sera l'entrata di Mortara venne occupata, da un battaglione *Gyulai* e due battaglioni *Paumgartten*.

Ma tosto dopo il colonnello Benedek penetrò con un battaglione *Gyulai*, mediante rinnovato assalto, nell'interno della città, e gli tenne dietro in sostegno l'altro battaglione, dacchè le spalle del colonnello Benedek erano minacciate dalle divisioni nemiche, accorrenti da diverse vie laterali.

Il capitano conte Pötting entrò arditamente colla sua compagnia, e così facilitò la posizione pericolosa del colonnello, mediante il quale la città fu oramai sgombrata dal nemico, il quale vi lasciò oltre 2000 prigionieri, fra quali 66 ufficiali, 6 cannoni, molti carri di munizioni e moltissime armi, come pure fu conquistata la scuderia del Duca di Savoia.

I capo-squadroni Stentsch de' cavalleggieri *Windischgrätz* e Riefkohl degli ulani *Arciduca Carlo* erano accidentalmente presenti all'assalto eseguito dal bravo capitano Pötting, a cui entrambi presero parte, a piedi, col fucile in mano e in linea.

Nello stesso tempo in cui il colonnello [sic! Era generale, ndA] Benedek era entrato a Mortara, il general maggiore conte Kolowrat si avanzava con due battaglioni di fanteria all'estrema ala destra del nemico, le quali vennero prese d'assalto dal reggimento Imperatore, e il nemico fu da qui pure respinto a Mortara.

Esso venne inseguito alla baionetta; ma la nostra truppa, giunta alla distanza del tiro immanzi la porta della città, fu: ricevuta da tre cannoni con una grandine di mitraglia. Ad onta di ciò il valoroso 2° battaglione *Imperatore* si avanzò in colonne di divisione.

La 6a Divisione, ehe, dopo rimasto ferito il risolutissimo primo tenente Neuhauser, era comandata dal primo tenente Brosche, s' inoltrò nella città, e vi fece prigionieri un ufficiale e 55 gregari.

La 5a Divisione, coraggiosamente guidata dal capitano Zapletal, che avea prima preso d'assalto le Cassine di Sant'Albino, si avanzò pure verso la città, ma non poté conseguire il suo scopo stante i grandi impe dimenti del terreno e il violento cannoneggiamento.

Tuttavia i primi tenenti Giuglielmo Duca di Würtemberg, conte Thun e Karth (aiutante di reggimento), i sotto-tenenti Forster e barone Holzhausen con 12 gregari, favoriti dall'oscurità della notte, intrapresero un attacco su cannoni, e s'avanzarono sino alle bocche di essi.

Il Duca di Würtemberg e il sotto-tenente Forster assalirono a sciabolate gli artiglieri, e fecero 10 prigionieri. Però il primo ricevette un colpo di calcio di fucile sul capo, e l'altro una sciabolata sul braccio.

Ma il nemico spaventato da questo coraggioso attacco, ritirò in fretta i suoi cannoni, che caddero più tardi, in mano del reggimento *Gyulai*. In questi fatti del 2° battaglione *Im-*

peratore si distinse specialmente per coraggio e risolutezza il maggiore Medel, appoggiato nel miglior modo dal suo aiutante di battaglione Pokeles.
L'asserzione dei prigionieri confermò il sorprendente effetto, che questo assalto del luogo, ordinato, al cominciar della notte ed eseguito durante la notte, aveva prodotto sul nemico, il quale attendendosi una sospensione del combattimento da parte nostra coll'imbrunire, credeva poter fare appena durante la notte la sua ritirata in pien ordine; speranza che gli venne frustrata mercé il valore delle nostre truppe.
Era quivi la Divisione Durando, composta delle brigate *Regina* e *Aosta*, sotto il comando del generale Trotti e La Marmora con tre batterie (in tutto 15,000 uomini) e inoltre di 2 battaglioni di Lombardi, che avevano occupato e difeso Mortara, il merito speciale della riuscita della presa di Mortara rimane all' originaria perspiscace disposizione dei generali d'artiglieria barone d'Aspre e del suo valoroso di visionario Arciduca Alberto, nonché finalmente al coraggio e alla presenza di spirito del colonnello Benedek e del suo bravo reggimento Gyulai.
Inoltre il general maggiore conte Kolowrat vi contribuì essenzialmente, mercé la risoluta e prudente direzione della sua colonna, ed anche il tenente-colonnello Bauer dell' 11° battaglione cacciatori dimostrò nuovamente la sua nota bravura personale. Finalmente il capitano Edlinger del 4° reggimento d'artiglieria e il primo-tenente Jelend, comandante della batteria da sei n. 4, manifestarono in questo combattimento molta perspicacia, bravura e attività nel collocamento del cannoni.
Così in questo giorno il 1.° corpo era giunto a Gambolò, il 2° a Mortara, ed il 5° a Trumello.
Ma il 4.° corpo d'armata erasi avanzato fino a San Giorgio. Il primo corpo di riserva finalmente si avanzò fino a Gropello; il gran quartier generale rimase in Trumello; del resto il 4.° corpo aveva inviato da Valeggio a Lumello la divisione del tenente-colonnello degli ulani *Arciduca Carlo* onde proteggere il fianco sinistro dell'armata, di cui uno squadrone fece una perlustrazione verso Valenza e l'altra per Sartirana verso Frassinetto, onde osservare il Po, e proteggere il fianco sinistro di questo corpo, Il mattino del 22, alle ore 11, l'armata si pose verso Novara.
Il grosso del 2.° corpo d'armata si accampò dinanzi a Vespolate, e spinse la sua avanguardia fino a Garbagna, mentre il 5° e il 1° corpo di riserva, - tenendo dietro a questo, si accamparono, il primo ad un miglio dietro Vespolate, e l'ultimo presso Mortara.
Il 4° corpo d'armata avanzossi per Robbio al l' Agogna, presso casa Serbelloni-Busca davanti Torre di Robbio, dove si accampò, e si mise in prossima: comunicazione col 2.° corpo d'armata, che si trovava a Vespolate.
Il 23, il 2.° corpo d'armata si pose di nuovo in via dopo aver fatto il rancio alle ore 11 antimeridiane, marciando per la strada che mena a Novara.
Il nemico era rimasto sì tranquillo, che secondo l'opinione del generale d'artiglieria barone d'Aspre si credette sufficiente d'inviare contro il medesimo il 5° corpo, destinato a sostenere il 2°; per cui il 4° corpo credette tanto più presto poter intraprendere la marcia verso Vercelli, ch'esso avea ricevuto ordine di incominciare appena dopo la presa di Novara, quantoché la miglior via transitabile tanto verso, Novara che verso Vercelli passava per Confienza, da cui soltanto secondo le circostanze si poteva prendere la direzione al nord verso il primo luogo, ovvero a sud-ovest passando da Borgo-Vercelli per l' ultimo luogo.
Erano circa le ore 11 del mattino quando innanzi al luogo di Olengo l'estrema avanguardia della Divisione Arciduca Alberto si abbattè nel nemico, che teneva occupato questo

luogo e le alture a destra e a sinistra.

Tosto s'impegnò un cobattimento di bersaglieri, e quindi il generale d'artiglieria d'Aspre fece disporre la colonna d'attacco alle due parti della strada nel modo seguente: a sinistra della strada: dalla Brigata Kolowrat due battaglioni di fanteria *Francesco Carlo*, a destra il 9.° battaglione cacciatori e due di fanteria *Imperatore*. Siccome però si osservò che il nemico spiegava notevoli forze sulla sua ala destra, furon disposte sulla via principale a sinistra ancora due battaglioni *Gyulai* della Brigata Stadion, l'11.° battaglione cacciatori, 1.° battaglione *Paumgartten* e una mezza batteria di razzi della riserva, indi una batteria da dodici nel centro.

Un battaglione *Paumgartten*, una Divisione del l'11° battaglione cacciatori ed un drappello di ussari con l'altra metà della batteria di razzi, sotto il comando del colonnello conte Kielmansegge, eransi già avanzati nella stessa direzione da Nibbiola per Monticello sulle alture, quale estrema colonna dell'ala sinistra. Tutta l'ala sinistra di questa linea di battaglia fu affidata al comando di S. A. I. l'Arciduca Alberto in persona, ma la destra a quello del general maggiore Kolowrat:

Tutta la cavalleria di queste 4 brigate fu radunata indietro a destra, le divisioni cavalleggieri Windischgrätz, prima assegnate al 2.° corpo, furon collocate ancor più indietro a sinistra, onde in caso che quest'ala fosse respinta, accoglierla e ricacciare il nemico avanzatosi.

Durante questi ordini erasi in pari tempo ottenuta la certezza, secondo le dichiarazioni di alcuni prigionieri, che noi avevamo a fare con tutta la forza principale del nemico, la quale poteva calcolarsi da 55 a 60,000 uomini.

Ciò indusse il generale d'artiglieria barone d'Aspre a raccomandare al 5.° corpo che lo seguiva di avanzarsi al più presto sulla via di Novara, nonché di esortare in pari tempo il 4.° corpo onde marciasse invece che a Vercelli, da Confienza verso il fianco destro del nemico; così pure fece egli il debito rapporto della posizione delle cose.

Però io aveva già conosciuto lo stato dei combattimento mediante il sempre crescente cannoneggiamento che si udiva nel quartier generale a Borgo di Lavezzaro, e per assicurare la battaglia che incominciava, nonché per soccorrere le truppe impegnate dinanzi, aveva dato ordine al primo corpo di riserva di recarsi per di dietro nel centro a tergo del terzo corpo.

Così pure io aveva dato ordine ancor durante le notte al 1.° corpo di armata, il quale al 22 era giunto fino a Cilavegna, di marciare per Robbio a Vercelli, colla doppia intenzione o di attaccare con forza il nemico in questa via, qualora esso si ritirasse qui col suo nerbo principale, ovvero, nel caso che rimanesse a Novara, di seguire di dietro il 4.° corpo, partendo da Robbio, onde poter essere impiegato più innanzi a sinistra, secondo le circostanze. Gli diedi quindi ordine di seguire tosto il 4.° corpo, che trovavasi sull'ala sinistra, e a questo modo assicurare in tutti i casi l'esito della battaglia.

Finalmente io mandai mediante un ufficiale d'ordinanza ancora al 4.° corpo d'armata l'ordine di piombare sul fianco destro del nemico che trovavasi presso Novara al di qua dell'Agogna.

Questo però smarrì il cammino ne' difficili passi dell'Agogna; ma l'intelligente comandante di questo corpo, come vedremo più tardi, il tenente-maresciallo conte Thurn, aveva preso già da sè la via più esatta e decisiva contro il nemico, conforme allo spirito della disposizione.

Or quando mi pervenne la prima notizia del 2° corpo intorno il principio della battaglia, io mi recai verso mezzodi più innanzi col mio quartier generale onde spingere la marcia delle colonne seguenti, e dirigere l'andamento della battaglia.

Frattanto l'andamento di essa riguardo al 1.° corpo era divenuto il seguente: quando da principio la testa di esso corpo innanzi ad Olengo erasi imbattuta nel nemico, si spiegò tosto un forte combattimento di bersaglieri.

In pari tempo si osservò sulle alture a sinistra della via, presso i gruppi di case di Mirabello e Monte Cuco, delle divisioni nemiche più numerose, le quali teneano occupate le medesime.

Perciò venne diretto a quella volta il reggimento *Arciduca Francesco Carlo*, dal quale però rimase alquanto indietro il 2.° battaglione, a causa di alcuni impedimenti del terreno. Il tenente-maresciallo Arciduca Alberto si recò colà.

Il 1.° battaglione *Francesco Carlo* attaccò impetuosa mente le prime case, e se ne impadroni, ma fu ricevuto tosto dopo da sì violento fuoco di cannoni e fucili, che non solo fu arrestato nell'ulteriore inseguimento, ma ben anco momentaneamente respinto.

La batteria di razzi, qui recata dal capitano Pakeny dello stato maggiore e il 2.° battaglione ormai sopraggiunto ristabilirono ben tosto di nuovo il com battimento, e permisero un rinnovato attacco ai gruppi di case poste più innanzi, il quale ora riescì e ricacciò il nemico. Però esso rimandò tosto truppe fresche, diede l'assalto con preponderanza d'uomini e d'artiglierie, e prese al reggimento Arciduca *Francesco Carlo* i già espugnati gruppi di case fino alle estreme case meridionali, entro e dietro le quali si raccozzarono le sbandate divisioni.

Qui rimase gravemente ferito il prode maggiore di questo reggimento, Ostoich.

Il nemico si avanzò in pari tempo con veemenza anche al di qua del fondo della valle, nel fianco sinistro del reggimento, ove però gli fu fatta animosissima resistenza dalla 12. compagnia, comandata dal capitano Host.

Due batterie nemiche facevan contemporaneamente fuoco contro questo reggimento, il quale però seppe tuttavia valorosamente resistere ad una considerevolissima forza maggiore, finchè sopravvenne in soccorso il general maggiore conte Stadion con un battaglione *Paumgartten*, l'11.° battaglione cacciatori e 4 cannoni della batteria a piedi N. 4.

Fu tosto ordinato da S. A. I. l'Arciduca un rinnovato attacco contro il nemico stabilito nelle vicine case, ma fu dato il cambio al reggimento *Arciduca Francesco Carlo*, il quale era quasi totalmente smarrito e stanco del combattimento.

Inoltre la batteria reggimento d'artiglieria collocata si vantaggiosamente presso una casa nel fianco sinistro, e la batteria di razzi nella fronte, per cura del capitano Pakeny dello stato-maggiore, che l'artiglieria nemica fu ben tosto ridotta al silenzio, ed ora si avanzarono con gran valore le colonne formate di nuovo.

Frattanto giunse anche il reggimento *Gyulai*, ed allora si tentò l'attacco combinato contro il nemico; ma una forza superiore di artiglieria nemica lo rese vano con un sì violento fuoco incrociato, che a nulla sortirono per il momento tutti gli sforzi della truppa onde avanzarsi. In questa occasione fu molto gravemente ferito il valoroso tenente-colonnello Seyffert del reggimento *Gyulai*, e notevolmente nella spalla il general-maggiore conte Stadion.

Però la batteria a piedi n. 4 manteneva sempre un fuoco vivissimo contro la bat teria nemica, posta nel fianco sinistro. Fu all'incirca in questo mentre che si seppe il combattimento della colonna laterale del colonnello Kielmansegge, la quale erasi incontrata col nemico presso Torrione Quartara, e impedi con tutto il vigore il medesimo, mercè la sua comparsa, nonchè con arditi attacchi ed ostinata resistenza, nel suo proponimento di accerchiarci nel fianco sinistro, contro il quale esso si era già notevolmente avanzato. In questa posizione estremamente difficile e dubbia della fronte della linea di battaglia, in cui tanto i gregari che gli ufficiali dimostrarono il massimo sacrifizio e zelo, il tenente-maresciallo conte Schaaffgotsche staccò dalla sua Divisione il 2.° battaglione de' volontari viennesi ed un battaglione *Kinsky*.

Questi furono spinti tosto all'attacco; ma anche questo falli, dopo un breve avanzamento, stante la solidità della posizione nemica, l'inviò continuo di truppe fresche, e l'effetto devastatore della sua artiglieria, superiore di numero e calibro.

I due battaglioni si ritirarono dopo una notevole battaglia. e subentrò nuovamente l anteriore condizione difficoltosa.

Coi maggiori sforzi individuali e col fedele aiuto del suo seguito, il valoroso Arciduca raccolse e di spose le sue truppe, onde sostenere con esse ancora le estreme case meridionali, ed attendere nuovi rinforzi.

In pari tempo esso ricevette la notizia che la colonna del colonnello Kielmansegge, stretta gagliardamente da gran forza superiore del nemico, trovavasi impegnata in pericolosissimo combattimento, - poiché il nemico si era già inoltrato fra lui e la sua posizione.

In questa difficile situazione, prestò i più importanti servigi la costanza delle sue truppe, poche ed esauste, e del loro comandante, specialmente del colonnello Benedek e delle due batterie, cioè della batteria a piedi n. 4 e della batteria di razzi, sotto il comando del capitano Edlinger, mediante il loro ben nutrito fuoco. Il nemico non azzardò almeno alcun ulteriore attacco, e così divenne possibile di sostenersi fino all'arrivo di nuovi rinforzi.

Nello stesso tempo in cui ferveva la pugna sul l'ala sinistra della Divisione Arciduca Alberto, il general maggiore conte Kolowrat erasi avanzato contro l'ala sinistra del nemico con due battaglioni di fanteria Imperatore, tre compagnie del 9.° battaglione cacciatori e la mezza batteria a cavallo n. 2. I cannoni, sotto il comando del tenente Zechovini, si avanzarono con una celerità straordinaria nella di rezione della Cassina Castellazzo, e incominciarono a rispondere animosamente al fuoco del nemico; però bentosto questa mezza batteria ebbe attirato sopra sè il fuoco di dodici cannoni nemici; con una riso iutezza veramente eroica il comandante della batteria sostenne questa pioggia di palle, e appena quando fu smontato un cannone, e nell'altro essendo pene trata una granata nella cassa, esplose la munizione e prese fuoco il carro, questo valoroso uffiziale si vide costretto di abbandonare la sua posizione e ritirarsi dal combattimento; ma fu presto supplito al nemico fino a 500 passi, e con un fuoco ben nutrito il costrinse alla ritirata.

Allora si avanzò il general-maggiore conte Kolowrat co' suoi 2 battaglioni e mezzo contro i tiraglieri nemici.

I cacciatori del 9.° battaglione erano sciolti in catena, e si avanzavano eroicamente sotto la di rezione del coraggioso colonnello Weiss, mentre li seguiva il prode generale colle altre sue truppe a piedi, disposte in colonne d'assalto, dacchè il terreno non permetteva il cavalcare dappertutto.

Due volte il medesimo diede principio colle sue truppe all'assalto della Cassina fortemente occupata al suo fianco destro, ma fu ogni volta costretto dalla preponderanza del nemico ad abbandonarla.

Finalmente gli venne mandato in aiuto il battaglione della *landwehr Kinsky*, della Brigata Bianchi, sotto il comando del maggiore Latterer. Frattanto anche la Brigata Lichtenstein avea ricevuto ordine di entrare nella prima linea del combattimento, ed avea già prima occupato mediante il 2.° battaglione cac ciatori il villaggio di Olengo che si trovava sul suo fianco destro.

Un battaglione *Fürstenwärther* fu inviato dietro al già mentovato battaglione della *landwehr Kinsky*, verso Castellazzo. I due battaglioni presero d'assalto questa fattoria, e il battaglione della *landwehr* dei *Kinsky* assalendo vi penetrò perfino co' bersaglieri del 4.° battaglione cacciatori fin verso la cassina Farso, dove però fu costretto a sospendere un'altra volta la sua marcia per la nuova preponderanza del nemico.

Pure il risoluto Latterer ordinò, protetto da una profonda fossa d'acqua, nuovamente l'assalto al suo battaglione; ma essendo stato ricevuto da un fuoco micidiale, potè penetrare soltanto co' più coraggiosi de' suoi, in un col primo tenente Latterer e il tenente Kober, fino all'estrema mura di circonvallazione di Torrione Quartara, poiché il nemico prese qui improvvisamente una grandiosa offensiva, e il battaglione dovette retrocedere verse Olengo; come pure in generale tutta l'ala destra correva rischio di essere fortemente circuita nel suo destro fianco, ed ora andava sempre più perdendo terreno, anzi il nemico stesso si avanzò fino alla posizione di Olengo, occupata dal 2.° battaglione di cacciatori *Imperatore* [sic per *Kaiserjäger*, ndA].

Fu appunto nella posizione di Olengo che il di sprezzo della morte di questo battaglione, superiore, ad ogni elogio, fece sostare energicamente il nemico già vittorioso.

Il maggiore Hubel, comandante ani moso e sagace, coi capitani Strecher, Toth, Berukopf, come comandanti di Divisione, fecero prodigi di valore colle esigue lor forze.

Le sparse truppe della prima linea non solo poterono raccozzarsi dietro questo battaglione, ma il coraggio di questi bravi li trascinò all'offensiva, e coll'arma bianca il com battimento venne nuovamente rivolto a nostro favore, ed il nemico fu respinto con forze unite.

Fu appunto in questo critico momento, circa alle ore 4 pomeridiane, che sopravvenne il 5.° corpo di armata con 14 battaglioni onde soccorrere il 2° corpo d'armata comandato dall'intrepido suo duce, il generale d'artiglieria barone d'Aspre, il quale battevasi con grande sforzo e prodezza, ed era esausto. In quell'istante io m'era recato a cavallo all'estrema ala sinistra verso l'Agogna, onde rivolgere la mia speciale attenzione al punto pricipale e più importante, donde potevasi veder meglio la cooperazione per sostenere la fronte mediante le valorose truppe del 2.° e 5.° corpo da una parte col movimento del 4.° corpo nel fianco del nemico dall'al tra, e in caso di bisogno, impiegare i mezzi che stavano a disposizione onde assicurare questo punto, Il generale d'artiglieria barone d'Aspre diede quindi ordine di avanzarsi nella linea di battaglia nel centro, d'accordo col comando del 5.° corpo, la Divisione Lichnowsky, composta di 7 battaglioni, onde soccorrere le angustiate due ale, cioè il 1. battaglione di volontari stiriani, un battaglione *Arciduca Sigismondo*, un battaglione *Arciduca Leopoldo* e *Welden* della *landwehr* furono poco fortunati da principio.

Il loro primo attacco, eseguito con grande valore, andò fallito. Il battaglione *landwehr Welden* fu rapidamente raccozzato in mezzo ad un violento fuoco incrociato, mediante il suo comandante, tenente-colonnello Schutz e il prode maggiore Molinary dello stato maggiore del mio quartier generale, il quale era accorso volontariamente, e condotto ad un novello assalto, quando comparve colà anche il brigadiere colonnello Benedek col suo reggimento, e guidò il medesimo in persona all'ultimo attacco, unitamente al battaglione Welden.

Con raro ardimento queste truppe impavide della morte attaccarono alla baionetta il nemico molto più preponderante, e quantunque agisse contro essi in modo devastatore il micidiale fuoco nemico, nondimeno quello fu bentosto ricacciato, e mantenuta la di lui posizione.

Il tenente-colonnello Schutz, coito da molte palle, rimase morto: il maggior Molinary restò ferito.

Il battaglione Arciduca Leopoldo fu pure raccozzato dopo il primo attacco, e procedette di bel nuovo.

Il maggiore Brehm erasi congiunto al colonnello Benedek con una Divisione del suo battaglione e tenne occupata la strada principale di Novara, finché il capitano Molitor di quel reggimento riprese la posizione, dianzi presa d'assalto, col rimanente del battaglione.

Ristabilito pertanto il combattimento, il nemico aveva nuovamente piantate poco prima del crepuscolo forti batterie sulle alture poste dirimpetto all'estrema ala sinistra.

Il direttore dell'artiglieria di campagna, general-maggiore Swrtnik, era arrivato appunto in quel momento a quel sito, e vide che le batterie da sei a piedi n. 4 e 14 non erano sufficientemente coperte; egli raccolse il battaglione landwehr Welden, il quale, come fu detto prima, aveva sofferto fortemente, lo appostò opportunamente in vicinanza delle batterie, e fece occupare dal 5.° battaglione de' bersaglieri [ossia *Jäger*, ndA] stiriani (il quale venne diretto con sagacia e valore dal suo bravo comandante maggiore Haas) l'altura posseduta dal nemico sulla sua estrema ala destra, e rinforzarla colla mezza batteria n. 12, a maggior sicurezza della nostra ala sinistra; con che fu ormai ripristinata la comunicazione col 4.° corpo d'armata, il quale avanzavasi al di qua dell'Agogna.

- Io era ritornato alquanto prima sul campo di battaglia dall'ala sinistra, dove, come menzionai prima, osservava più davvicino il decisivo avanzamento, mercè l'avanzarsi delle truppe fresche del 5.° corpo, ch'eran state condotte nella linea di battaglia parte dal maggiore Henikstein, parte dal capitano Poschacher dello stato-maggiore generale, come pure mercè l'opportuno appostamento di 5 batterie da sei ed una da dodici innanzi la Bicocca, al centro, per opera del maggior Huyn dello stato-maggiore generale, che ridussero al silenzio l'artiglieria nemica, non solo fu arrestato ed assicurato il combattimento, ma per fino fu preparato possibilmente il prossimo attacco procedendo maggiormente il 4.° corpo d'armata.

La pugna era arrivata a questo punto, quando anche il corpo di riserva, a cui aveva ordinato di venire, arrivò dietro la linea di battaglia verso le ore 6 pomeridiane all'incirca; la Brigata di granatieri si dispose in colonne a destra ed a sinistra della via principale, e con ciò divenne pur disponibile in caso di bisogno per la linea di battaglia la Divisione Taxis; mentre all'incontro il fuoco andava poco a poco cessando su tutta la fronte, perché il 4.° corpo d'armata oltre l'Agogna aveva nel suo movimento, circondante il fianco destro del nemico, già raggiunto - quel punto eminente, che doveva arrecare l'effetto - più favorevole su tutta la linea di battaglia, nonchè finalmente sulla decisione della pugna stessa: torna opportuno quindi rischiarare il suo movimento.

Questo corpo adunque, la cui marcia il 22, il giorno precedente, avea avuta la doppia destinazione di avanzarsi il 25, come avanguardia, verso Vercelli, ovvero qualora il nemico opponesse accanita resi stenza presso Novara, di tagliargli la più breve linea di ritirata verso Vercelli e quindi verso Torino, e con ciò operare decisamente contro il suo fianco destro, giunse alle ore 12 del mattino in Confienza, dove il tenente-maresciallo conte Thurn, non appena si scorse il combattimento perseverantemente forte presso Novara, fece prendere alle sue colonne la di rezione verso quest'ultimo punto. Il colonnello barone Zobel, il quale già prima era stato inviato verso Borgo Vercelli con quattro compagnie di cacciatori *Imperatore*, colla 1. Divisione cavalleggieri *Windischgrätz* e due batterie a cavallo, ricevette l'ordine di far ritorno a Confienza, onde proteggere le spalle del corpo e facilitare la comunicazione diretta col 2.° corpo.

Il 4.° corpo aveva due vie al combattimento; la prima conduceva indietro verso l'Agogna, onde ripassarla sulla sponda sinistra, e disporsi allato al 2.° corpo onde rinforzare immediatamente l'ala sinistra di quest'ultimo. L'altra via, più decisiva, guidava sulla riva destra dell'Agogna direttamente alla via di congiunzione da Vercelli a Novara.

Il tenente-maresciallo conte Thurn, a cui non era giunto il mio ordine in proposito, come fu detto sopra, scelse spontaneamente quest'ultima via. Alla risoluzione di questo generale, il quale indovinò quello che il caso non gli lasciava pervenire, io debbo una parte con siderevole della vittoria.

Il fuoco delle artiglierie e perfin de fucili, che si faceva udire ognor più forte, fece conoscere natural mente ben tosto che la resistenza del nemico e le sue forze erano considerevoli assai.

Perciò il 4.° corpo d'armata si affrettò a raggiungere la via di congiunzione da Vercelli a Novara, e ad avanzarsi per la medesima verso l'ultima città, onde cooperare nel modo più energico alla pugna.

Giunto tra Casalino e Cameriano, il colonnello conte Paar recò l'invito del generale d'artiglieria barone d'Aspre, di appoggiare con una dimostrazione il suo attacco, il quale si era già in procinto di eseguire. Ma avanzandosi ulteriormente si rimase convinti che il nemico non supponeva punto alcun attacco su questa via, il che fu chiaramente dimostrato da viaggiatori, che poco un miglio distante dalla città, l'antiguardo si abbattè in una Divisione di cavalleria nemica, che fu tosto attaccata con ardito impeto cavalleresco dal capo squadrone Stentsch e dal tenente Reutter dei cavalleggieri *Windischgrätz*, e inseguita fin sotto le mura di Novara, ove si fecero quattro prigionieri.

Erano già le ore 5 e mezzo circa di sera, quando la testa del corpo mosse verso Novara per il ponte dell'Agogna.

Alla distanza di circa 8 a 9 mila passi da questa città, il tenente-maresciallo Culoz, che si trovava presso l'avanguardia, osservò che si stava per piantare due cannoni nemici sulla via.

Egli incoraggiò tosto la cavalleria, che si trovava alla testa, ad un rapido attacco onde prendere questi cannoni.

Il tenente-colonnello Wislocki si precipitò colla sua Divisione sui cannoni nemici, ma s'incontrò in un violentissimo fuoco di molti cannoni di grosso cali bro, piantati sulle mura, cosicché ad onta della sua impavidezza, la Divisione di cavalleria dovette abbandonare il suo proponimento e ritirarsi rapidamente.

Frattanto si erano avanzati due cannoni della batteria a piedi da sei n. 22, sotto il comando del capo artificiere Ausarz; erano stati levati dal carro, proteggevano la ritirata della summentovata divisione di cavalleria e sostenevano con gloriosa perseveranza il preponderante fuoco nemico, finché fu dato loro il cambio con due cannoni della batteria da 12 n. 8.

L'effetto della comparsa del 4.° corpo si fece ben tosto osservare coll'essere notevolmente scemato, come fu detto di sopra, il fuoco sulla linea nemica contro il 2.° corpo.

Erano circa le ore 6 di sera, ed io mi trovava sull'altura nel centro a sinistra della via, avendo vicino a me la riserva dei granatieri, quando il quartiermastro generale dell'armata propose soltanto di sbaragliare il centro nemico mediante un assalto per parte della Brigata del granatieri, poiché i loro generali, ufficiali e gregari mi avevano pregato istantemente, alla ripresa delle ostilità, d'impiegare i loro servigi contro il nemico.

Io gliel permisi: però il tenente-maresciallo Hess si era disposto ancora prima sulla più prossima altura a sinistra, onde con vincersi dell'andamento del fuoco del 4.° corpo oltre l'Agogna.

Quando esso mi recò di colà la notizia che i medesimi si avanzavano colla maggior energia, io feci ordinare per mezzo del bravo maggiore Rossbacher dello stato maggiore del quartier generale di avanzarsi su tutta la linea di battaglia. Però le mie brave truppe e il generale d'artiglieria barone d'Aspre, nonché il tenente-maresciallo barone Appel lo avevano già ordinato in pari tempo.

Sull'ala sinistra le truppe avevan già prima ripresa l'offensiva, e l'Arciduca Alberto stringeva il nemico.

Ora quest'ultimo venne respinto di casa in casa dai valoroso reggimento *Gyulai* e da varie divisioni d'altri reggimenti, i quali da questo procedere furono incoraggiati a nuovi attacchi.

Sull'ala destra si avanzarono rapidamente per Olengo tutta la Brigata Kolowrat, i battaglioni 2.° dei cacciatori *Imperatore, Fürstenwärther, Kinsky,* presero d'assalto Castellazzo e il cortile Farzette, e conquistarono due cannoni; frattanto il 1.° battaglione Arciduca Leopoldo, il 1.° battaglione *Sigismondo* e il 5.° battaglione cacciatori, comandati dal general maggiore Maurer, respingevano sull'estrema ala destra il nemico sempre più verso Novara, lo scacciarono da tutte le sue posizioni, minacciando fortemente il suo fianco sinistro.

In questa occasione, il 1.° battaglione *Arciduca Sigismondo*, sotto il suo bravo comandante, prese cinque cannoni: nel qual fatto si distinsero principalmenle i capitani Korta, Kraguliatz, Seidel e Lorenzetti, colonnello Signorini e i capitani Steiger e Cappi del 5.° battaglione cacciatori.

Non meno valorosamente combattè su quest'ala il primo battaglione Arciduca Leopoldo, comandato dal suo colonnello conte Degenfeld in persona e dal maggiore Klippfeld; e nello stesso tempo il 5.° battaglione dello stesso reggimento sotto il suo risoluto maggiore Brehm nell'ala destra presso la Divisione Arciduca Alberto diede prove del proprio valore.

Fra questi reggimenti meritano particolar menzione i capitani Rodossovich, Molitor. Shimatovich, Schrever e Horvath.

La batteria da sei a piedi n. 20 sotto il comando del suo bravo primo tenente Martini, operò in modo preclaro in questi attacchi contro una batteria nemica da 16.

Finalmente venne vittoriosamente preso d'assalto l'ultimo villaggio innanzi Novara, chiamato Bicocca, e così il nemico fu respinto ancora a notte oscura fino alle porte e alle mura di Novara.

La ritirata del nemico nella fronte era ormai cosa evidente, e fu affrettata ancor più sulla sua ala destra rimpetto al 4.° corpo, poiché il general maggiore conte Degenfeld fece avanzare già prima il reggimento *Nugent*, dietro uno dei casini posti presso il ponte sull'Agogna, al sud dell'argine, contro i casini ivi situati e provveduti fortemente d'artiglieria e fanteria, e sotto la direzione del colonnello Mandel, dei capitani Zimmer, Wirth e Gresvke di questo reggimento, li prese d'assalto, malgrado il più violento fuoco di fucili e di artiglieria, s'impadronì di tre cannoni e di un carro di munizioni, e fece più di 400 prigionieri, fra cui tre ufficiali. Essendo già sopraggiunta l'oscurità, che stante la forte pioggia divenne ben presto fitta tenebra, divenne impossibile il continuare l'attacco su tutti i punti, cosicché subentrò necessariamente una tregua.

Finita la pugna, la sera del 23, le truppe del 2°, 3° e 4° corpo si erano accampate nella loro posizione di combattimento; il 1° corpo d'armata occupava. Monticello, ma il 1.°

corpo di riserva bivaccava tra Olengo e Garbagna. Il quartier generale fu trasferito a Vespolate.

Poco dopo la sospensione della pugna, un generale piemontese si presentò a notte oscura alla Bicocca in qualità di parlamentario, al quartier generale del 5.° corpo d'armata, ove trovò il mio quartier mastro generale, tenente-maresciallo di Hess, occupato in dare gli ordini per inseguire durante la notte l'inimico, e gli propose delle trattative per un armistizio. A tal fine venne destinato il mattino del 24 alle ore 8, però senza sospendere le ostilità, e i negoziatori furono inviati al quartier generale in Vespolate.

Durante la notte fu appostata pure dal 4.° corpo, la batteria di razzi n. 6 onde scagliare sulla città da questa parte delle grosse granate, e per far ciò con effetto ancor maggiore, si approfittò pure di questo tempo onde ristabilire le difese per due lunghi obici della batteria da dodici n. 8, e altri due obici della batteria da sei n. 22.

Sul far del giorno la città fu bombardata mediante questi cannoni con costante successo. Erasi già appiccato il fuoco al palazzo vescovile, e ad un magazzino di fieno, quando comparve anche colà un parlamentario, inviato dal comando degli avamposti, onde chiedere la sospensione del bombardamento, avendo avuto luogo la conchiusione di un armistizio; ma il tenente-maresciallo conte Thurn rispose ch'egli non ne sapeva nulla, per cui fu proseguito il fuoco.

Tosto, venne un aiutante del Duca di Genova colla stessa intenzione, al quale però si diede la stessa risposta, aggiungendosi che il fuoco verrebbe sospeso soltanto qualora si sgombrasse e arrendesse la città.

Finalmente si presentò un impiegato del municipio il quale annunziò l'evacuazione della città e arrivo di una deputazione. Frattanto erano state prese tutte le misure per l'attacco o per la marcia dalla parte di Mortara, e così entrambi i corpi penetrarono da questo lato sulla strada di Borgomanero, Momo e Oleggio, onde inseguire l'armata nemica.

Questo però non ebbe luogo, poiché l'armistizio sti pulato frattanto pose termine a tutte le ostilità.

Non faccio parola delle condizioni dell'armistizio, essendo esse già note.

Mentre l'armata principale eseguiva i movimenti summentovati, io aveva ordinato dietro di essa il congiungimento presso Trumello della Brigata Cavriani, che stavasi pure avanzando dalla Lombardia, colla Brigata principe Edoardo Liechtenstein, che stava presso Mezzana Corti, e poste entrambe queste brigate sotto il comando del tenente-maresciallo conte Wimpffen, il quale aveva ricevuto ordine al 25 di recarsi verso Mortara e di là sopra Candia onde osservare e difendere il passaggio del Po presso Casale.

In pari tempo fu assegnata a questa Divisione la Brigata Gustavo Wimpffen, rimasta in Pavia. La sera del 25 marzo arrivarono in Candia le brigate Cavriani e Edoardo Liechtenstein, donde vennero tosto inviate delle opportune divisioni al ponte della Sesia verso Terranuova, onde occupare e rimettere il medesimo, nonché al tragitto della Sesia verso Frassinetto, onde impadronirsi de' mezzi di passaggio. Da entrambi questi punti giunsero notizie non essere la sponda destra occupata dal nemico. Il grosso d'ambe le brigate si accantonò in quel giorno a Candia. Il 24 marzo, dopo mezzanotte, uscirono da Candia la compagnia del corpo di flottiglia e due cannoni delle batteria da sei a piedi n. 16, sotto la direzione del primo tenente Rosenzweig dello stato maggiore del quartier generale, e marciarono in unione alla compagnia dei cacciatori che stava presso il ponte, e ad un distaccamento di ulani, per Terra Nuova verso Casale, dopo che fu totalmente rimesso dal corpo di flottiglia il ponte sulla Sesia. Alle ore tre dopo mezzanotte si avanzò oltre la Sesia il resto della Brigata Liechtenstein, e marciò oltre Terra Nuova, ove il medesimo servi d'appoggio all'avanguardia ch'erasi spinta innanzi verso Casale, e fece in pari tempo fronte verso Vercelli, mediante una compagnia di fanteria *Geppert*, inviata a Villanuova.

Finalmente verso le ore 4 la Brigata Cavriani si mise in marcia da Candia, e si collocò in un punto vantaggioso presso Terra Nuova quale riserva per la Brigata Liechtenstein, lasciando due compagnie presso il ponte della Sesia. Il distaccamento che stava presso il tragitto verso Frassinetto rimase frattanto vicino al medesimo per osservare il passaggio, e fu rinforzato da 2 compagnie della Brigata Cavriani.

Quando l'avanguardia comparve al far del giorno, innanzi Casale, essa fu ricevuta a cannonate.

Ma quando si venne a conoscere che Casale non era che debolmente presidiata, ma protetta da un forte armato, così fu intimata la resa al forte e alla città; questa però fu accettata sotto condizioni, a cui non si poteva aderire.

Perciò si diede ordine alla Brigata Liechtenstein di avanzarsi. Casale, posta sulla sponda destra del Po, congiunta alla riva sinistra con un ponte di ferro, a cui erano stati tolti i pali traversali, e innanzi al quale si era costruita una testa di ponte, protetta inoltre da un forte armato posto, come fu detto, dalla parte occidentale della città, che domina perfettamente il ponte, non poteva esser presa con un colpo di mano, tanto meno che dalla Divisione verso il forte non poteva esser piantata nella parte piana e affatto aperta del paese, che la batteria di razzi, questa città viene completamente dominata dalle alture della riva destra, che la circondano; e quindi è affatto insostenibile nel caso di un attacco da questo lato. L'intrapresa contro la medesima doveva quindi avere per iscopo di proteggere le spalle dell'armata – servire a minacciare la via che per Trino conduce a Torino, – quindi esser più una dimostrazione che un attacco, più un tentativo per vedere se la guarnigione del forte, scoraggiata da una parte per il precipitoso corso delle operazioni presso la principale armata piemontese, e dall'altra spinta da cittadini timorosi per la vita e gli averi, nel caso di un bombardamento, fosse per arrendersi dopo breve resistenza; ora questo tentativo doveva esser fatto.

Quindi, mentre la Brigata Cavriani, quale appoggio presso Terra Nuova, prendeva una favorevole posizione militare, un battaglione *Geppert* occupava il punto in cui s'incrociano le strade di Candia e Vercelli, e copriva queste ultime, e un secondo battaglione *Geppert* si disponeva in parte in colonne di Divisione verso il forte e la città, ed in parte osservava con una divisione di ulani la via verso Torino: le tre batterie apersero il loro fuoco contro la città, il ponte e il forte, e il secondo battaglione *Rukavina*, la 1 compagnia cacciatori si diressero verso la testa del ponte.

Dopo breve fuoco, a cui fu risposto vivamente dal forte, e dapprincipio anche dal ponte e dalla città, i difensori furono scacciati dal ponte e dall'argine citeriore della riva, e la testa del ponte venne occupata dalla compagnia di cacciatori.

Ora per bombardare efficacemente il forte, si portò nella stessa testa di ponte la batteria di razzi, oltre a che già prima si era collocata la batteria a piedi n. 24, ed ora anche la batteria N. 16 presso la strada di Torino. Dacché il fuoco ebbe durato due ore senza recare l'effetto sperato, e divenne ineseguibile un energico attacco ed assalto oltre il ponte, portato via, si sospese il primo, e le truppe furono ritirate dal tiro della moschetteria, tanto più che un ufficiale dello stato-maggiore piemontese, che viaggiava con un salvocondotto del 4.° corpo d'armata, venuto, colla posta di Torino, annunziò che dopo un combattimento presso Novara, vittorioso per le armi nostre, era subentrato l'armistizio.

La Divisione prese ora per la notte una posizione, la quale impediva totalmente la comunicazione colla Brigata Liechtenstein, osservava la via verso Torino,. e teneva fortemente il punto d'incrociamento delle vie di Candia e Vercelli, mentre la Brigata Cavriani, stava di riserva fra Casale e Terra Nuova.

La sera di questo di erano giunti in Candia anche i due battaglioni appartenenti alla Brigata Cavriani, cioè il primo battaglione della *landwehr Arciduca Carlo* e il primo battaglione del cacciatori volontari, viennesi. La mattina del 25, quest'ultimo marciò da Candia alla Brigata destinata per Terra Nuova, e una divisione del battaglione *Landwehr Arciduca Carlo* assunse l'occupazione del ponte della Sesia e il passaggio verso Frassinetto, cosicché la compagnia del corpo di flottiglia, che stava qui, poté avanzarsi verso Novara, e le altre divisioni presso le loro brigate di Casale e vicino a Terra Nuova.

I nostri avamposti che stavano innanzi al primo sito, furono molestati, durante la notte del 24 e 25 e tutta la mattina, dalla guarnigione del forte e della città di Casale, la quale tentò perfino di far una sortita. Onde porre un termine a siffatto giuoco, venne rinforzata verso le ore 2 pomeridiane la catena de' bersaglieri, posta in linea di battaglia la Brigata Liechtenstein e condotta, innanzi la città.

Nel primo assalto stavano quindi pronte a varcare il ponte rimesso, malgrado il fuoco d'artiglieria diretto contro esse dal forte, e ad assaltare la città.

Già avanzavasi dappresso, in soccorso, la Brigata Cavriani, e in quel punto si stava per dar l'ordine dell'assalto, quando giunse il corriere colla notizia ufficiale del conchiuso armistizio, e coll'ordine di sospendere le ostilità e di ritirarsi oltre la Sesia, che dovea for mare la linea di demarcazione delle due armate.

La Divisione occupò quindi uno stretto accantonamento. Durante la mattina era giunta d'altronde da Mezzana Corti la Brigata Gustavo Wimpffen.

Le perdite che l'armata aveva sofferte ne' summentovati combattimenti e battaglie erano stati:

Nel combattimento di Gravellona il 20 marzo, dal sergente in giù: 9 feriti, smarriti 12.

A San Siro, Gambolò e Mortara il 21 marzo, ufficiali morti 2, feriti 20, prigionieri 1; – dal sergente in giù: morti 61, feriti 256, smarriti 182, prigionieri 8.

Nella battaglia di Novara il 25 marzo: ufficiali morti 14 (di stato maggiore 1, ufficiali superiori 15); feriti 2 generali, 7 ufficiali di stato-maggiore, 94 uf ficiali superiori; smarriti 1, prigionieri 2. Dal sergente in giù: morti 596, feriti 1747, smarriti 876, prigionieri 78.

Della Divisione Wimpffen a Casale il 24 e 25 marzo: 10 morti e 21 feriti.

Dimodoché la perdita complessiva fu di ufficiali: morti 1 di stato maggiore e 15 ufficiali superiori; feriti 2 generali, 7 ufficiali di stato maggiore e 114 superiori; smarriti 1 ufficiale superiore; prigionieri 5 ufficiali superiori.

Dal sergente in giù: morti 467, feriti 2015, smarriti 1070, prigionieri 86.

Molti però degli smarriti, i quali erano stati fatti prigionieri, ed a quest'ora sono stati riscattati, od erano stati tagliati fuori, sono successivamente ritornati.

Nel corso di questa rispettosa relazione fu mio più gradito dovere di far menzione di coloro che nei singoli momenti delle battaglie e combattimenti di questa campagna di tre giorni maggiormente si distinsero, e come capi o subordinati sopra gli altri ben meritarono. Ma non essi soli, no, che centinaia di ufficiali, migliaia di coraggiosi sotto-ufficiali e soldati sotto gli occhi dei loro comandanti di corpo e generali, sotto i miei occhi volevano essere i primi in questa lotta del diritto e dell'ordine europeo, in questa lotta dell'integrità della patria, dell'inviolabilità del territorio austriaco.

Un nulla era la vita per quei prodi fra i prodi, perché ell'era consacrata al nostro giovine amato Monarca, le cui prime cure del governo volevam rendere men gravi, e colle nostre vittorie arrecar sollievo allo spirito suo oppresso dalle fatiche del giorno, correndo uniti ai nostri nobili e valorosi fratelli d'armi in Ungheria ad incontrar giubilanti la morte per l'esistenza della Monarchia.

Fra i valorosi miei compagni d'arme appena occorre ch'io nomini i primi miei sostegni, i condottieri dei diversi miei corpi d'armata. Dappertutto i primi nella pugna, pieni di perspicacia e risolutezza in qualunque situazione, essi erano già stati da oltre un anno l'esempio del più fedele e distinto servizio.

E se il valoroso corpo di riserva ed i suoi degni condottieri non presero parte alle battaglie, perché sempre decise dalle prime file, fu però loro concesso, mercé rapide e forzate marcie di continuamente trovarsi come riserva nella prima linea di battaglia, e fondare così la forza dell'esercito e la sicurezza della vittoria.

I condottieri in ispecie del 1.° 2. 5. e 4. corpo d'armata, come anche della divisione in distaccamento a Casale, e sono il generale di cavalleria conte Wratislaw, il general d'artiglieria barone d'Aspre, i tenenti marescialli barone Appel, il conte Thurn, ed il conte Wimpffen, ciascuno nella sua sfera si è prestato nel modo più segnalato. Nei combattimenti che precedettero la battaglia di Novara, a Borgo San Siro, Gambolò e Vigevano, il comandante del 1. corpo, generale di cavalleria conte di Wratislaw, diede, come sempre, prove di fino ac corgimento congiunto a perseveranza e valore. Sotto di lui si distinsero il tenente-maresciallo conte Haller, ed il generale maggiore conte Strassoldo nella presa di San Siro e Gambolò; ed in particolar modo il tenente-maresciallo barone Wohlgemuth, che eseguiva nel modo più ardito e decisivo la marcia ed il passaggio ordinatogli del Ticino, e veniva quindi favorevole sostegno nel combattimento di Vigevano.

Se poi in questa breve campagna debbo nominare per primo e sopra ogni altro il valoroso e risoluto condottiero del 2.° corpo, generale d'artiglieria barone d'Aspre, che col suo corpo conquistava il 21 Morta ra, ed il 25 sotto Novara eroicamente resisteva per cinque ore all'attacco di fronte del nemico superiore in numero, non faccio che nuovamente accordare al suo coraggio ed alla sua forza morale quella considerazione che gli spetta e già gli fu attestata in tanti combattimenti e battaglie.

Per valore e saggezza stavagli degnamente a fianco il comandante del 5.° corpo d'armata tenente.maresciallo barone Appel, nella giornata di Novara; come finalmente il con dottiero del 4.° corpo tenente-maresciallo conte Thurn con altrettanta intelligenza quanta risolutezza e bravura dirigeva l'attacco del fianco destro del nemico ed essenzialmente contribuiva a decider della pugna.

Dei generali dell'armata fra i divisionari spetta principalmente a S. A. I. l'arciduca Alberto, e dopo lui al tenente-maresciallo conte Schaafgotsche del 2.° corpo la lode della più perseverante, esemplare costanza; così anche i tenenti-marescialli conte Lichnowsky del 5.° corpo e de Culoz del 4.° corpo condussero con tanta saggezza quanto valore le loro divisioni al la pugna.

Finalmente i generali maggiori conte Kolowrat, conte Stadion, principe Federico Liechtenstein, Allemann e Maurer del 5.° e general- maggiore conte Degenfeld del 4.°, debbono essere mentovati siccome particolarmente distinti. Della divisione staccata a Casale meritano specialmente la ben meritata lode di prudenti ed accorti condottieri il prode comandante di essa tenente-maresciallo conte Wimpfen e sotto di lui il generale-maggiore principe Edoardo Liechtenstein.

Pienamente riconoscendo i validi servigi dei membri del mio quartier generale, ai quali tutti siccome a quelli che fedelmente mi accompagnano in ogni passo debbo il più onorevole attestato di saldo coraggio, attaccamento e devozione: fra i medesimi nominerò prima d'ogni altro il mio quartier-mastro generale tenente-maresciallo di Hess.

Ad esso, lo attesto di tutto cuore – ad esso è dovuta la maggior parte dei successi che le armi dell'Imperatore hanno riportati in quest'ultima campagna.

Considerando tutte le circostanze con chiaro sguardo, rapidamente riconoscendo e tosto cogliendo il vero punto, mirande sempre ad un grande scopo, egli ebbe tutta la mia confidenza, e con lui a lato conduceva l'armata ad una vittoria certa.

Il sapeva l'esercito e vinse. Il mio primo aiutante generale, tenente-maresciallo di Schönhals, fu nella sua sfera, come sempre, l'uomo sopra gli altri eminenti, che mi soccorse del raro suo ingegno per portare all'ultimo grado di potenza l'onore già proprio dell'armata. Io gli debbo molto, e mi compiaccio di poter qui ripeterlo.

Il general-maggiore barone Switnik, direttore dell'artiglieria di campagna, ed il general-maggior di Hlawoty, direttore del genio, stettero al mio fianco valenti ciascuno nella sua sfera. Il general-maggiore barone Switnik era dappertutto nella battaglia, dove la sua arma rendeva necessaria la sua vivificante presenza, ed anche la truppa seguiva volontieri l'esperimentato suo sguardo.

Il colonnello e secondo aiutante-generale di Schlitter, ed aiutante di comando generale-maggiore Eberhard, diedero prove tanto di perspicacia ed attività in tutto ciò che prima delle battaglie, come anche giorno per giorno aveva relazione ad interne disposizioni nell'armata, quanto di energica risolutezza sul campo dell'onore e mentre non faccio qui menzione che dei più distinti condottieri superiori nei diversi corpi e degli organi principali a me immediatamente vicini, fra i quali debbo però annoverare con degna lode anche i capi ed ufficiali dello stato maggiore generale, dell'aiutantura e dell'artiglieria dei corpi, finalmente i due aiutanti di ala, maggior barone Lekyam e barone Diller, ed i miei bravi uffiziali di ordinanza, mi riservo di portare posteriormente a cognizione di Sua Maestà l'Imperatore i nomi dei medesimi, come di tutti gli altri che si sono distinti, ed in parte furono già mentovati nel corso di questo rapporto, in una mia ossequiosissima proposta per ricompense e distinzioni:

Debbo altresì far menzione che durante questa breve campagna trovaronsi nel mio seguito il general-maggiore prussiano di Willisen, nonchè il colonnello imperiale russo eolonnello principe Trubetkoj; questa campagna, - l'ultimo a me recatosi volontariamente, per dare ogni giorno notizie dei nostri successi al suo monarca, ch'ei sapeva prendervi vivissimo interesse.

Questi sì valenti compagni d'arme di armate a noi alleate – ora presso di me, ora presso i corpi, attestarono in ogni loro passo quella fina perspicacia e quell'alto coraggio, che sono l'impronta indelebile dei valorosi eserciti, cui appartengono, ed in sì bei momenti li vedevamo con gioia in mezzo a noi quai rappresentanti di quelli.

In questo tempo avrò l'onore di presentare a questo eccelso ministero della guerra una descrizione delle operazioni della guerra compilata all'appoggio degli atti.

RADETZKY, m.p.

Radetzky con il suo Capo di S.M. Hess alla battaglia di Novara, Albrecht Adam 1858.
Il quadro riprende la scena centrale del dipinto riprodotto a p.68.

Eroismo del soldato Giovanni Borrello del 13° fanteria, brigata *Pinerolo*.

Gli ufficiali della brigata *Savona* sulle alture della Bicocca.

IL RE CARLO ALBERTO A NOVARA NELLA TESTIMONIANZA DEL MINISTRO CARLO CADORNA[26]

Verso le ore due del mattino del 23 vennero da me il collega Ministro Tecchio, ed il Deputato Guglianetti, mandati dal Ministero per vedere personalmente, e per conoscere da vicino lo stato delle cose.
I miei due amici erano giunti sino a me non senza correre dei pericoli; perché nella città erano sparsi molti soldati sbandati, che sparavano frequenti colpi di fucile contro le finestre delle case, contro le botteghe ed i passeggieri. Udita da me la relazione dei fatti sino allora succeduti, si fu d'accordo sulla convenienza del loro pronto ritorno a Torino, onde recarvi le notizie che ansiosamente vi si aspettavano. Partirono di fatto a quella volta.
Nello stesso mattino del giorno 23, appena fu giorno, mi recai presso al Re.
Egli era alquanto riposato; la riunione delle nostre truppe su Novara lo rassicurava. Feci istanza perché si provvedesse energicamente, e con severi ed instantanei esempi, contro gli atti di indisciplina e di disordine, che si commettevano da parecchi soldati.
Di lì a poco essendo uscito di casa vidi difatto carabinieri e soldati del corpo delle guide radunare i soldati dispersi per la città, ed avviarli al campo.
Vidi di nuovo verso le ore nove il Re a cui recai i dispacci venuti da Torino. Sbrigate alcune cose di Governo, il Re venne ancora sul discorso di Ramorino. Dopo di avere assai lamentate le conseguenze della di lui disobbedienza, il Re, con una concitazione insolita alla sua calma abituale, e con accento di dolore, mi disse: *Me lo aspettava; io non lo aveva mai voluto; ho resistito; ma alla fine l'ho dovuto subire.*
Dal detto del Re credetti poter argomentare che Egli alludesse alla invasione della Savoja tentata molti anni addietro, e capitanata dal Ramorino, nella quale occasione Re Carlo Alberto aveva avuto argomenti per conoscere il Ramorino assai meglio che nol conoscesse nel 1848-49 il popolo ingannato.
Dicendo che lo aveva dovuto subire, il Re si ricordò della fatale pressione che aveva esercitato sul Governo nel 1848 l'energia con cui la Divisione lombarda manifestò il

---

26 C. Cadorna, *Lettera del senatore Carlo Cadorna sui fatti di Novara del 1849,* Venezia 1867, pp. 16 segg.

desiderio di essere posta sotto il comando del Ramorino.

Esempio solenne e decisivo dei tristi effetti della ingerenza diretta delle masse popolari nelle cose di Governo, e principalmente in quelle che riguardano la guerra! E poiché l'esempio fu fatale, non andasse almeno perduto!

Dal colloquio che ebbi col Re in questa circostanza mi convinsi, che, per la parte nostra, non erasi ancora deliberato di prendere l'attacco in quella mattina, e che parimente non avevasi ancora la certezza di essere dal nemico attaccati.

Di fatto, poco dopo le ore dieci, nel mentre che io stava preparando i dispacci pel Ministero, il Re mi fece di nuovo chiamare per la terza volta per dirmi, che gli austriaci avevano già pigliata posizione, che però fra poco sarebbe incominciata la battaglia, e che Egli stava per recarsi al campo.

Mi disse, che aveva fiducia nel buon esito della giornata, la quale probabilmente sarebbe stata decisiva; essergli motivo di sperare la ottenuta riunione di quasi tutte le nostre forze, l'occupare noi forti posizioni, l'essere appoggiati alla città, l'avere potuto quasi tutta la truppa riposare la notte, il batterci in casa: *che se*, Egli soggiunse, *io mi ingannassi e noi fossimo ancora sfortunati, ho deciso, in tal caso, di abdicare alla Corona.*

A questo annunzio, che pur non poteva riuscirmi inaspettato, io, profondamente commosso, feci al Re molte rimostranze con quella libertà e con quella energìa che mi ispiravano il mio dovere e le mie convinzioni.

Dissi, ciò essere pieno di pericoli e di danni pel Piemonte, e per l'avvenire d'Italia; il Piemonte dovere di necessità, ed anche dopo rovesci, rimanere l'antesignano ed il nucleo dell'Italia; esser certo che il Successore al trono avrebbe mantenute intatte le tradizioni di onore e di lealtà della sua Casa, ma Egli solo avere avuto occasione di farsi, come Re, iniziatore della libertà, e propugnatore dell'indipendenza nazionale; dopo un rovescio divenire tanto più stringente la necessità della unione e della fiducia reciproca tra il principe ed il popolo, onde resistere alla pressione del nemico, a quella d'Europa ed alla inevitabile interna reazione politica; Egli, dopo le date solenni prove, essere quella bandiera intorno alla quale sarebbonsi sempre in stretta falange serrati tutti gli Italiani veramente desiderosi d'indipendenza e di libertà costituzionale, poiché il suo nome, la sua persona equivalessero ormai ad irrevocabile programma nazionale; la di lui abdicazione distruggerebbe tuttociò, gitterebbe il Piemonte e l'Italia in balìa de' partiti, comprometterebbe grandemente le sorti della nazione.

A queste ed a molte altre cose udite dal Re silenzioso e con aspetto benevolo, Egli rispose colla tranquilla parola di chi esprime un partito pigliato irrevocabilmente dopo lunga meditazione: non credere egli che, dopo il supposto evento, l'opera sua potesse essere necessaria all'Italia; essere egli convinto che altri potrebbe fare ciò che egli forse più non potrebbe; non parergli doversi temere dalla sua abdicazione i danni da me indicati, e nel supposto caso di un rovescio, essere questa inevitabile.

Il Re mi permise di replicare, e di insistere nelle mie osservazioni, che ribadì con forza, ed il meglio che seppi con altri argomenti; e poiché io aveva finito di parlare, e stava aspettando una sua risposta, Egli, che aveva irrevocabilmente preso quella risoluzione, troncò il discorso sull'abdicazione porgendomi la mano, e dicendo con energia: *Ma io ho fiducia che le cose andranno bene, e, se i soldati faranno, come credo, il loro dovere, batteremo gli austriaci.*

Uscito da questo colloquio doloroso dicendo al Re che mi sarei tenuto ai suoi ordini, aspettai che Egli scendesse per avviarsi al campo col suo Stato Maggiore, e salutai la sua partenza con quegli auguri e quei voti che potevano uscire dal cuore di un antico patriota, di un cittadino tradizionalmente devoto alla casa di Savoia, e di un Ministro in quei solenni momenti.

Il Re salì a cavallo nel palazzo Bellini ove aveva stanza; era in abito di Generale, vestiva lo *spencer* ed aveva in capo il semplice berretto.

Non mi è possibile il progredire nel mio racconto senza esprimere la impressione che hanno in me lasciata le comunicazioni che, come Ministro, ebbi col Re Carlo Alberto.

Il sentimento della dignità della Corona non era mai scompagnato in lui dalle forme dello squisito cavaliere, e queste due cose nel Re Carlo Alberto contemperavansi per tal modo, che difficilmente potrebbesi immaginare chi possedesse a più alto grado la cortesia dignitosa di un Regnante.

Il sentimento dell'altezza e della dignità della sua condizione era tale in Lui che non v'era quasi atto o deliberazione, che egli non considerasse sempre anche per questo rispetto, e tal volta ciò lo moveva a fare osservazioni ed a promuovere dubbi o schiarimenti a questo fine.

Codesto senso delle convenienze era causa per cui egli fosse alquanto esigente delle etichette e delle for me, ed altrettanto osservante di quelle che stimava non potere egli stesso dimenticare verso gli altri senza nuocere alla propria di gnità.

Dalla causa medesima reputo, che fosse originata quella calma, che gli era abituale, che non si smentiva mai, e che era in gran parte frutto dello impero che Egli esercitava sulle proprie impressioni; la qual calma, sebbene talvolta assumesse il carattere di freddezza, e direi quasi d'apparente impassibilità, non aveva però mai nulla di duro, nè di offensivo, quantunque lo palesasse poco espansivo e talvolta anche un poco ironico. Ciò però non to glieva che alcuna volta non aprisse per qualche istante l'animo suo a palesare le sue impressioni in modo benevolo. Nel carnevale del 1849, il Re, che coll'avviso dei suoi Ministri aveva radicalmente riformata la sua Casa dandole carattere unicamente militare , aperse per la prima volta alla Guardia Nazionale ed a classi di persone non appartenenti alla nobiltà l'accesso alle sale del suo palazzo. Nella prima festa da ballo datasi allora in Corte , la quale fu brillante e popolatissima, il Re passeggiava solo in mezzo agli invitati che si aprivano rispettosamente in due ale al suo passaggio, e fermavasi qua e colà a parlare a parecchie persone.

Passando egli rasente a me che lo stava osservando, si fermò un istante e disse a voce bassa e col sorriso di chi è contento dei propri fatti: *Va bene così?*

M'inchinai rispettosamente al Re, che mai non mi era parso più simpatico di quel momento, nel quale si compiaceva della sua vittoria sulle antiche contrarie abitudini, per essere con seguente al nuovo reggimento che Egli stesso aveva instaurato.

Se quelle parole fossero uscite dalla bocca di un Borbone, che faceva imprigionare l'illustre ed ottimo mio amico il barone Poerio pochi giorni dopo di averlo avuto a Ministro, e fors'anco per ciò che egli era stato Ministro, esse mi avrebbero fatto rabbrividire, e mi avrebbero mosso a disprezzo; nella bocca di un Re che aveva data la libertà, che per mantenerla e per fare l'Italia aveva già esposto il trono e la vita, e che si disponeva per la seconda volta a sacrificarli, quelle parole, colle quali egli stesso interpretava un suo proprio atto e ne esprimeva le ragioni, mi inspiravano rispet to, e vieppiù mi apersero i nobili e leali sentimenti di Lui.

Non può esser cosa molto agevole per un Re assoluto, che per circa 18 anni ha già regnato, il deporre tutto ad un tratto i modi e le forme a lui abituali di Re personalmente responsabile, per assumere quelle di Principe irresponsabile, massime nelle rela zioni di lui coi Ministri responsabili della Corona. Però Carlo Alberto seppe conseguire ed attuare questa mutazione pienamente ed in modo tale che meglio non sarebbesi potuto. Le sue relazioni coi Ministri furono sempre, per quanto io sappia, benevole non solo, ma quali debbono essere mantenute da un Re, che non può governare che sotto la responsabilità d'altri, e che non ha in sua piena balìa neppure la scelta dei Ministri, nella quale egli debbe seguire l'azione e l'impulso della maggioranza parlamentare.

Soleva egli proporre i suoi desideri e produrre le sue opposizioni a modo di semplice e pacata osservazione, che lasciava luogo ad una discussione liberissima, e nulla usciva mai dalla sua bocca, nè traspariva dal suo contegno, che potesse esercitare una indebita pressione o porre il Ministro in penosa lotta tra il proprio dovere e la volontà del Re. Le cause di questo compiuto mutamento furono, a mio avviso, l'essere stato in prima nel Piemonte governo mite, e quasi paterno, sebbene assoluto; l'avere Carlo Alberto dato la libertà veramente con lealtà di re e con affetto di padre, come dichiarò pubblicando lo Statuto; l'aver Egli voluto decisamente osservarlo e farlo osservare; ed infine il vivo suo sentimento del dovere, e la padronanza di sé per eseguirlo. la relazione al Ministero, senti i primi colpi di cannone. Compii il dispaccio, ma ne sospesi la spedizione coll'intento d'aggiungervi di poi i fatti importanti della giornata, dappoiché il Ministero era già informato de' fatti anteriori dal mio precedente ultimo dispaccio, e dagli inviati Tecchio e Guglianetti.

Lasciando al palazzo della dimora reale le opportune indicazioni perché mi si potesse rinvenire, passai quasi l'intera giornata sugli spalti della città a porta Mortara, d'onde, per quanto era possibile, meglio scorgevasi il combattimento, e dove poteva a più brevi intervalli raccoglierne le notizie. Io vidi entrare in città qualche compagnia di soldati di fanteria, che si dispose poi in ordine nel corso di porta Mortara, e che di nuovo ne uscì; vidi ad ora più tarda cannoni e cassoni entrare di gran corsa da porta Mortara ed uscire da porta Torino, prigionieri austriaci condotti in città, e disertori e fuggiaschi della nostra armata, che per giustificare la loro viltà andavano spargendo la voce per la città fin dalle prime ore del combattimento, che tutto era perduto e che eravamo sconfitti.

Feci tosto imprigionare i primi di costoro, che entrarono in città; ma poscia, pel loro numero, ciò divenne impossibile. Durante la battaglia, la città di Novara fu quasi abbandonata a sè stessa, non essendovi rimasto che qualche carabiniere e qualche soldato delle *Guide*. La città era quasi deserta, ché i cittadini stavano ritirati nelle loro case. Eranvi condotti i prigionieri, e trasportati i feriti, ed ogni ferito che non fosse trasportato col mezzo delle ambulanze traeva seco quattro o cinque soldati col pretesto di accompagnarlo.

Vedendo rinnovarsi frequentemente un tal fatto, aiutato da alcuni cittadini, andai radunando parecchi altri cittadini, che tosto, e volonterosamente prestarono l' opera loro, e recatisi fuori di porta Mortara ricevevano i feriti, e li conducevano all'ospedale, rinviando i soldati che li accompagnavano. Verso il fine della giornata v'era negli ospedali un immenso ingombro, e penuria grande di chirurghi.

Tutti i chirurghi della città prestarono opera volonterosa, ed assidua, al pari di parecchi sacerdoti.

Fuvvi pure grande imbarazzo per collocare e per custodire i prigionieri, pe' quali sembra che non si fossero date preventivamente disposizioni sufficienti. Verso le ore cinque pomeridiane, col mezzo di un Ufficiale d'ordinanza del Re, ebbi l'ordine di recarmi tosto presso di Lui.

Partii accompagnato dal detto ufficiale, e percorrendo le mura della città che erano (e che ora più non sono) tra il Castello e porta Mortara, giunto al bastione che si elevava alla destra, uscendo da questa porta, vi trovai il Re.

Egli era a cavallo; presso a Lui stava il compianto duca di Genova a piedi, il Generale Chzarnowsky e tutto lo Stato Maggiore del Re.

Stavano avanti al Re parecchi cannoni, ed il fuoco era ancora sufficientemente nudrito da ambe le parti. Il Re era pallido, contraffatto.

Egli mi disse, per alcune ore la sorte esserci stata propizia; la posizione della Bicocca essere stata da noi perduta, e poscia ripigliata tre o quattro volte; le nostre truppe avere, in fine, dovuto cedere il terreno.

Il General maggiore, soggiunse, *si è adoperato a tutto suo potere, i miei figli hanno fatto il loro dovere, ed duca di Genova ebbe uccisi sotto di sè due cavalli; ridotti contro la città, e sulle mura, col nemico qui sotto, e coll'esercito stremato e spossato, una ulteriore resistenza non sarebbe possibile.*

Di fatto gli austriaci erano a pochissima distanza; ed il fischio frequente delle palle, alcune delle quali s'infiggevano negli alberi sotto i quali ci trovavamo, e percotevano nei muri posti dietro il bastione, ne facevano testimonianza. Prima di rispondere al Re, adempiendo al dovere che mi incumbeva come Ministro, di mantenere la responsabilità dei fatti militari nel Generale Chzarnowsky, mi rivolsi a lui e gli dissi: *Generale, che ne dite voi?*

Egli con poche frasi ricise, dirette ad allontanare da sè la responsabilità della riuscita di quella fatale giornata, avendo confermato che non poteva oltre proseguirsi il combattimento, ed essere necessario domandare un armistizio, rivoltomi di nuovo al Re dissi, non potere nella mia qualità avvisare alle cose militari, né oppormi a ciò che si credesse necessario; non aver perciò difficoltà da opporre alla domanda della sospensione d'armi.

Dopo alcun altro discorso, che ora non potrei con sicurezza riferire, il Re avendomi congedato, ritornai per la stessa via al palazzo Bellini aspettandovi il Re.

Prima però di lasciare il campo udii io stesso dar l'ordine di spiegare la bandiera per parlamentare; dopo di che cessò a poco a poco il fuoco da ambedue le parti, ed il Generale Cossato fu spedito al campo Austriaco.

Era già il principio della notte, e cadeva una sottilissima pioggia. Non vedendo ritornare il Re fui per qualche tempo inquietissimo, temendo forte non gli fosse accaduto alcunche di sinistro.

Il Re giunse al palazzo Bellini ad un'ora di notte, cioè verso le ore sette.

Descrivere l'aspetto del Re allorquando rientrò nel palazzo è cosa quasi impossibile. Mantenendo la dignità ed il decoro, che erano da lui inseparabili, i lineamenti del suo volto, il complesso della sua fisionomia avevano subìto una sì profonda e così grande alterazione, che basta a spiegare come egli morisse di poi ucciso dal dolore.

Di lì a poco, cioè verso le ore sette e mezzo, ritornò dal campo Austriaco il General Cossato sotto-capo del nostro Stato Maggiore, il quale in allora adempiva alle funzioni di capo del medesimo, riferendo le condizioni volute dal nemico per l'armistizio. Fra le altre condizioni eravi quella della espulsione dei cittadini appartenenti alla Lombardia, e quella della occupazione della Divisione (ora provincia) di Novara, e della cittadella di Alessandria. Era vamo col Re il Generale Chzarnowsky, il Generale Giacomo Durando, Aiutante di campo del Re, il Generale Cossato ed io.

Il Re dichiarò, che non avrebbe mai potuto sottoscrivere a tali patti. Erasi, pur troppo, avverato il caso pel quale Re Carlo Alberto aveva deciso di abdicare alla Corona. Difatto il Re ci manifestò questa sua intenzione, e rivoltosi a me mi domandò se non fosse necessario il far risultare da un atto scritto la sua abdicazione.

Risposi affermativamente. Dopo di ciò, Egli ordinò che si adunassero presso di lui i Generali per le ore nove ed un quarto di quella sera. Prima che avesse luogo questa adunanza, io fui ancora col Re Carlo Alberto da solo a solo. Disse che eravamo quasi circuiti dal nemico, separati da Alessandria e da Torino; che pure i soldati avevano fatto il loro dovere; lamentò di nuovo amaramente la disobbedienza di Ramorino, come una delle cause principali del disastro e della nostra condizione; accennò alla quasi impossibilità di uscirne anche con un atto di audacia; disse doversi mandare ancora un parlamentario al campo Austriaco per trattare dell'armistizio; richiamò alcune delle esorbitanti condizioni annunziate dal nemico, e giunto a quella della occupazione della cittadella di Alessandria, il Re, con insolita concitazione, e con un accento tra lo sdegno ed il dolore, esclamò: *Impossibile*!

Queste sue ultime parole mi tolsero ogni dubbio, che la di Lui determinazione di abdicare era irrevocabile. Ogni insistenza e rimostranza mi parve affatto inutile, ed anzi inopportuna; massime dappoiché dalle parole di lui compresi ab bastanza chiaramente come Egli credesse che la sua stessa persona fosse un ostacolo a che si potessero ottenere dall'Austria condizioni meno gravose per l'armistizio, e che ciò dovesse essere men difficile al suo Successore.

Egli forse non s'era ingannato; ben s'ingannò in tal caso l'Austria credendo che il Figlio potesse essere meno leale, meno patriotta, men valoroso soldato del Padre, e dimenticando che è questo il solo patrimonio che la Casa di Savoja ha di generazione in generazione sempre accresciuto, ma diminuito non mai.

Ben se ne ricordò l'Italia, la quale sentì la necessità di un principio unificatore; che conobbe, il Re e la regnante Dinastia essere, in un Governo costituzionale, non già un uomo ed una famiglia, ma sibbene un principio, e l'incarnazione di un principio; doversi ascrivere a gran fortuna se siano lunga mente provati, ed essere debito sacro di ogni onesto patriotta man tenerli in onore, checché gli susurrino all'orecchio le passioni private o municipali. - Mi limitai pertanto a dire al Re, come mi fossi già permesso di sottomettergli il mio avviso a questo riguardo; che però io pur sentiva la nobiltà del concetto che lo moveva, e che, ad ogni modo, era convinto che Egli avesse colla sua grande lealtà, col suo coraggio e col suo patriottismo innalzato ancor più la sua Dinastia nel concetto della Europa, al cospetto, ed a benefizio del l'Italia. Il Re mi disse: *a momenti ci rivedremo*.

Alle ore nove e un quarto il duca di Savoia, il duca di Genova, il Generale Chzarnowsky, il Generale Alessandro Della Marmora capo dello Stato maggiore, il Generale Carlo Della Marmora principe di Masserano primo Aiutante di campo del Re, il Generale Giacomo Durando ed io eravamo al cospetto del Re nella piccola sala che ora è anticamera al gabinetto del Prefetto (essendo ora quel palazzo occupato dall'ufficio della prefettura). Re Carlo Alberto stava ritto colle spalle rivolte al caminetto; alla di Lui sinistra erano il Duca di Savoia ed il Duca di Genova; i Generali erano disposti in cerchio avanti di Lui, ed io era alla estremità del cerchio, alla destra del Re.

Il Re pigliò la parola, ed accennando alle condizioni straordinarie pretese dal nemico, disse, doversi perciò vedere anzitutto, se non vi fosse proprio modo di uscirne.

Domandò quindi, rivolgendosi al General maggiore, se non fosse possibile una ritirata, od il fare, come suol dirsi, una punta così risposero di poi tutti i Generali presenti, interpellati ad uno ad uno. Le ragioni di questa opinione unanime furono in sostanza, che l'audacissimo atto fosse (e massime dopo le conseguenze della sventura di quel giorno) di esito assai incerto e quasi disperato; dovesse, in qualsivoglia ipotesi, esser causa di grande carnificina, e recare con sè la perdita di quasi tutto il materiale di guerra.

Re Carlo Alberto ripigliò allora la parola, e con calma e dignità ammirabili in tanta sventura disse: in 18 anni di regno aver sempre procurato di fare tutto ciò che gli era stato possibile nell'interesse del Piemonte, e pel bene dell'Italia; non aver potuto trovare in quella stessa giornata una palla che lo uccidesse; esser egli persuaso che la di lui abdicazione avrebbe facilitata la via alla stipulazione di un armistizio con condizioni più eque e più consentanee all'onore ed all'interesse del Paese; avere perciò de ciso di abdicare alla Corona.

A queste ultime parole il mio onorevole e rispettabile amico Giacomo Durando, che in tutta quella giornata erasi tenuto al fianco del Re, ed a cui Questi, scongiurato di allontanarsi da luoghi in cui la sua vita era in evidente e continuo pericolo, aveva risposto: *Generale, questo è l'ultimo mio giorno; lasciatemi morire,* – tentò di fare una rimostranza, mosso da quei medesimi sentimenti che m'avevano consigliato di fare il mattino stesso al Re analoghe osservazioni.

Però Carlo Alberto, con atto e con frase benevola e cortese, esprimendo come la sua risoluzione fosse frutto di matura e lunga riflessione, proseguì dicendo: *da questo momento io non sono piu il Re; il Re è mio figlio Vittorio.*

Si volse quindi al Generale maggiore ringraziandolo di ciò che aveva fatto pel buon esito della guerra, il quale, se era stato infelice, non poteva ascriversi a sua colpa; ringraziò me, e mi impose di ringraziare a suo nome i miei colleghi nel Ministero della assistenza che gli avevamo prestata; ringraziò tutti della loro cooperazione; ci abbracciò tutti ad uno ad uno, e si ritirò tosto nella vicina camera insieme co' suoi figli, che mesti e silenziosi erano stati presenti a questo atto. Così si è compiuta questa dolorosa cerimonia, della quale la ristrettezza del tempo, il concorso di tante circostanze, e, più di tutto, la quasi immediata partenza del Re Carlo Alberto nel tempo che io era al campo Austriaco, impedirono che si facesse il processo verbale.

Durante questo convegno Egli era triste, pallido, abbattuto; ma conservò sempre una pacatezza ed una dignità ammirabili, quasiché in tutto ciò vi fosse alcun che di fatale. Nobilissimo, veramente magnanimo esempio di Re, che dopo di aver data volontariamente la libertà al suo popolo, dopo di aver combattuto ed esposto il trono e la vita per difendere la libertà e l'indipendenza della sua patria, depone la Corona condannandosi a volontario esilio, e va a morire di crepacuore in terra stra niera! Felice, mille volte felice il paese che possiede una tal razza di Re, se a lei strettamente congiunto provvede, con altrettanto coraggio e con abnegazione pari, ai destini della Patria!!

La libertà, la indipendenza, la gloria di quel paese non periranno mai! Di lì a pochi minuti Carlo Alberto mi fece di nuovo chiamare nel suo gabinetto, ove fui solo con lui.

Mi ordinò che gli facessi fare il passaporto per la Francia, per la Spagna, pel Portogallo, sotto il nome di *Conte di Barge,* ufficiale superiore piemontese in missione. – *E' questo, diss'egli, uno dei titoli della Corona.* –

Parecchie cose soggiunse, di cui taccio, perché ora non ne ho si cura memoria; ben ricordo però le memorabili e nobili parole con cui pose fine al suo discorso.

I miei voti (disse con voce risoluta) *saranno sempre per la salute e per la felicità del nostro Paese; ho fede che verranno per l'Italia giorni migliori: che se dovremo combattere ancora gli austriaci, ed io ancora vivrò, piglierò il fucile, e verrò a battermi come semplice soldato.*

Ringraziò di nuovo me e mi impose di ringraziare i miei colleghi mel Ministero dell'aiuto prestatogli. Ciò che in quel momento sen tissi e dicessi, non importa alla storia ; non parlava più al Re; io era avanti alla veneranda figura di un martire che, al supremo sacrifizio, confessava e confermava la sua fede.

Ancora una volta, egli disse; e ponendomi benevolmente le braccia sugli omeri, ed abbracciatomi, soggiunse: *Addio*.

Non ebbi parole, e serra tagli strettamente la mano, usci col cuore spezzato.

Come dissi più sopra, dovevasi mandare in quella notte al campo Austriaco dei parlamentarii per trattare delle condizioni dell'armistizio, e doveva partire a questo fine il Generale Cossato. Egli, prima ancora che avesse luogo l'abdicazione di Carlo Alberto, mi richiese perché lo accompagnassi. Se la qualità del compagno in questo delicato incarico avesse potuto contribuire a determinarmi a prendervi parte, certo è che niuno più di lui mi vi avrebbe spinto, dappoiché già io aveva imparato a stimare e a riverire l'ottimo cittadino. Ma la trattazione dell'armistizio era fatto essenzialmente militare; la necessità di conchiuderlo era pur essa conseguenza di fatti militari: che se io fossi stato soldato, non avrei esitato, in quelle circostanze, a prendervi parte. Però, sebbene prevedessi la possibilità che in seguito dovessi essere sul medesimo consultato, io non poteva come Ministro iniziare questo atto militare, nè pigliarvi parte ufficiale in conferenze col nemico, senza impegnare indebitamente la mia responsabilità e quella del Ministero.

Risolsi perciò essere mio dovere lo astenermi dal recarmi al campo nemico col Generale Cossato; mi scusai dall'aderire alla di lui richiesta, e, nonostante la cortese insistenza di lui, persi stetti nel rifiuto. La stessa sollecitazione mi venne da persone alto-locate nel seguito e nella Corte del Re; e sebbene taluna di esse la confortasse anche con argomenti e con allusioni che ren devano assai penosa e quasi intollerabile la mia condizione, pure resistetti e mantenni il mio rifiuto: ché indegno è dell'ufficio suo colui che, anche col sacrificio del più caro bene, non ha il coraggio di adempierne i doveri ; e, se nol fa nelle gravi e delicate contingenze, ne è indegnissimo.

Uscendo dall'ultimo mio colloquio con Re Carlo Alberto, trovai nell'attigua sala il Generale Cossato, ed alcuno degli altri Generali ed Aiutanti di campo del Re, che erano stati presenti all'abdicazione.

Mi si rinnovarono le istanze perché accompagnassi il Generale Cossato per trattare col nemico le condizioni dell'armistizio; alle quali opposi, come in prima, un costante rifiuto.

Sorse in allora taluno degli astanti, e notò che il Re Carlo Alberto aveva abdicato per rendere possibile una pace con patti più equi e men dannosi al Paese, e che a me, uomo politico, s' aspettava l'annunziare al nemico l'abdicazione, che era atto politico.

Sebbene fossi convinto che il Maresciallo Radetzky non avrebbe richiesta, per credere al fatto dell'abdicazione, l'affermazione di un Ministro costituzionale, pure fui lieto di cogliere questa circostanza per dichiarare tosto, che, ove l'Autorità militare riputasse utile all'ufficio suo che l'Autorità politica recasse al campo Austriaco la notizia dell'abdicazione di Re Carlo Alberto, ed il mio ufficio fosse a ciò solo limitato, io avrei di buon grado accompagnato il Generale Cossato.

Di fatto, accettatasi la mia proposta, ed avuta in prima insieme con lui udienza dal Re Vittorio Emanuele, cui esposi lo scopo unicamente politico dell'incarico che io poteva accettare, e ricevutine gli ordini, uscimmo dal palazzo. Ci recammo al vicino antico albergo d'Italia, ove stanziava lo Stato maggiore, donde scrissi una lettera all'Intendente generale, acciocché mandasse al palazzo reale il passaporto ordinato dal Re Carlo Alberto, non po tendo io differire più oltre la partenza pel campo Austriaco col Generale Cossato.

Io era in allora assai lontano dal credere che il Re Carlo Alberto intendesse di partire in quella stessa notte, ed anzi quasi immediatamente. Fui perciò sorpreso quando nel seguènte giorno mi fu riferito che Egli era partito poco dopo la mezzanotte, con due sole persone di servizio, senza prevenire alcuno, e senza che il suo stesso primo Aiutante di campo, il Principe di Masserano, ne fosse né direttamente né indirettamente informato. Ciò spiega il perché non siasi potuto fare il verbale dell'abdicazione, in mancanza del quale, nel giorno 28 di marzo, reduci in Torino il Principe di Masserano, il Generale Giacomo Durando, ed io, in assenza degli altri personaggi che avevano assistito all'abdicazione, facemmo una dichiarazione a riguardo della medesima, e delle circostanze da cui fu accompagnata, la quale fu ricevuta ed autenticata dal Ministro degli affari esteri, Notaio della Corona.

All'uscire, come dissi, dal palazzo del Re per recarci ove era l'ufficio dello Stato maggiore, e percorrendo la breve distanza che è tra questo e l'antico albergo d'Italia, eravamo discosti poco più di 50 passi dalla porta del palazzo reale, che dietro di noi si sparò a poca distanza un colpo di carabina, la cui palla fischiò rasente alle nostre teste.

Ci volgemmo guardando dietro di noi, ma non vedemmo alcuno; nè avevamo tempo per ricercare l'assassino, il quale, per buona fortuna, non si palesò buon archibugiere.

Era questo il solo pericolo della nostra ambasciata, ché doloroso troppo sarebbe stato il cadere per le vie di Novara trafitti da palla o da ferro assassino, nel mentre che in quel giorno stesso tante vite eransi spente combattendo valorosamente per la patria.

Invero, miserando spettacolo e teatro di deplorabili scene fu la città di Novara in quella sera ed in quella notte, delle quali vano sarebbe ora il tacere. Senonché ingiusto sarebbe il far cadere sull'esercito d'allora la enorme colpa di alcuni traviati, e pochi in proporzione della massa dell'esercito, di quel l'esercito, che nella stessa memoranda giornata diede molte prove nobilissime e degne di lui avvenuti in quel combattimento; di quel l'esercito che, sebbene battuto, si ritirava sotto il comando dei suoi capi con quell'ordine maggiore che poteva ancora desiderarsi e sperarsi in quelle luttuose circostanze.

Torme di soldati di molti corpi diversi sottrattisi al comando dei loro capi invasero quella sera ed innondarono l'infelice città di Novara. Quà vedevi drappelli di soldati che stavano abbattendo porte di botteghe e di fondachi a colpi di archibugio, di daga, o d'altro; là magazzini svaligiati, colà cantine di privati od osterie invase dalla soldatesca e depredate d'ogni cosa; in tutte le con trade un ammasso di soldati che gridavano e sparavano colpi di fucile; ad ora tarda due case arse da incendio; sicché meglio che non una città, l'avresti detta una bolgia infernale. In quel miserando stato delle cose, nessun cittadino osava metter piede fuori delle proprie case, le quali erano tutte chiuse e sbarrate, e niuno avrebbe neppure ardito di mettersi alla finestra, ché la borghesia e la Guardia Nazionale erano l'oggetto dell'accanimento di quella accozzaglia, rifiuto dell'esercito. Invano l'Auto rità militare aveva tentato di metter freno a tanto disordine; invano lo stesso valoroso duca di Genova aveva esposto di nuovo in meno glorioso, ma in non meno grande rischio, la propria vita al medesimo scopo.

Si dovette ricorrere al mezzo di far fare cariche dalla cavalleria in parecchie delle principali contrade della città, il che, se recò qualche momentanea diminuzione allo spaventoso disordine, non valse però a farlo cessare. In tale stato delle cose, noi attraversammo a piedi tutta la città di Novara, ed i principali quartieri della medesima, percorrendo le vie dalla casa di stanza del Re a porta Mortara situata nella parte opposta, il Generale Cossato in abito militare, io in abito da borghese, preceduti da due soldati con lanterna accesa e colla trombetta.

Giunti a porta Mortara, erano circa le ore undici e mezzo, cadeva una sottilissima e fitta pioggia; la notte oscurissima, buja.

Nel mentre che stavamo per passare sul ponte della Cunetta (canale che gira intorno alla città per raccoglierne gli scoli), che è appena fuori della porta Mortara, lo trovammo ingombro di gran numero di tronchi e di grossi rami d'alberi accatastati che costituivano una barricata alquanto difficile a sormontarsi. La barricata ed il ponte non erano guardati da alcuna sentinella.

Il Generale Cossato, tornando alquanto indietro, salì sulle mura della città ove stavano molte truppe al bivacco, e dispose perché al ponte ed alla barricata fosse posta una guardia.

Dopo di ciò superammo non senza qualche fatica quella barricata e proseguimmo a piedi per la via di Mortara verso la Bicocca, frazione di Novara distante circa 15 minuti da questa città, e posta in luogo alquanto più elevato della città stessa. Procedendo secondo gli usi di guerra, dopo pochi minuti di cammino ci abbattemmo in un pelottone di truppe Austriache, alla cui testa era un Capitano, il quale, avendogli noi esposto la nostra qualità, disse che ci avrebbe condotti e scortati alla Bicocca presso il suo Capo militare.

Bendatici gli occhi, e postosi fra il Generale Cossato e me, ci condusse dandoci il braccio sino nella sala della casa del Curato ove ci fu tolta la benda. Fummo ricevuti da un Generale austriaco, il quale credo fosse il Generale Appel. Questo viaggio fu maggiormente rattristato da un incidente.

Il Capitano Austriaco che ci aveva incontrati agli avamposti, che ci aveva bendati gli occhi e colà condotti, era, od almeno lo giudicammo, Italiano!!

Ogni sua parola proferita nella nostra lingua ci cadeva sull'animo come una trafittura ed un insulto. Seppimo che il Quartier generale del Feldmaresciallo Radetzky era a Vespolate distante da Novara per circa dodici chilometri; che colà trovavansi il Maresciallo ed il Generale Hess capo dello Stato maggiore.

Chiedemmo cavalli per recarci a Vespolate, poiché eravamo giunti a piedi, nè avremmo potuto fare altrimenti. Ci si rispose non aversi cavalli disponibili a tal fine.

Il Generale si offerse in allora di prevenire il Generale Hess del nostro arrivo, e di proporgli di venire egli stesso alla Bicocca. Trascorsa quasi un'ora dal nostro arrivo colà, il Generale Appel venne premurosamente chiamato fuori della sala; vi rientrò dopo tempo notevole e ne uscì di nuovo parecchie volte; dopo di che conferì co' suoi ufficiali secretamente coll'apparenza di dar loro delle istruzioni e degli ordini.

È probabile che abbia ricevuto un altro messaggio dal campo Piemontese, che, ri tornato a Novara, seppi essere stato spedito nel mentre che noi eravamo alla Bicocca.

Il dispaccio per prevenire il Generale Hess del nostro arrivo non partì che più di un'ora e mezzo dopo il nostro arrivo alla Bicocca. La risposta del Generale Hess giunse tra le ore quat ritenne per circa mezz'ora prima di comunicarcela; ed era, che alla punta del giorno ci si sarebbe mandata una carrozza per condurci a Vespolate accompagnati da un ufficiale Austriaco.

Passammo quella lunga, quasi eterna notte presso un caminetto, nel salotto in cui da prima ci si era condotti. Si conversò più volte col Generale Appel di cose indifferenti.

Egli lodò il valore della nostra armata; noi ebbimo a lodarci della di lui cortesia. Quel salotto era tuttociò che in quella circostanza doveva essere.

Da un canto alcuni sott'ufficiali ed ufficiali che stavano scrivendo; qua e là sparsa per terra della paglia su cui erano sdraiati dormendo dei militari; quasi nel mezzo un barile di vino sorretto da due sedie, al quale attingevasi con sufficiente frequenza.

Verso il mezzo di quel tempo, entrò nella sala il Curato, uomo venerando per età e, come poscia seppi, meritamente amato e riverito per le sue nobili doti. Al vederlo, uno di quei militari, con piglio tra il cortese ed il baldanzoso, gli disse: *Signor curato, buono il vostro vino!*

Il povero prete era nelle angustie in cui trova vasi il D. Abbondio dell'illustre nostro Manzoni quando stava alla presenza di D. Rodrigo, o dei suoi bravi; e rispondeva con monosillabi, con gesti e riverenze, che parevano dire: me ne accontento anch'io, purchè ciò vi basti.

Ma a sollevare, neppure per un istante, la tristezza ed il dolore di quella notte, nulla potè questo breve episodio, ché alle tante cause di patire si aggiungeva la fucilata nell'interno di Novara, che di là si sentiva, e lo interrogare degli ufficiali austriaci che ciò fosse.

Verso le ore sei partimmo dalla Bicocca alla volta di Vespolate colla carrozza fornitaci dal Quartier generale Austriaco, e vi giungemmo poco dopo le sette ore.

Lungo la strada eranvi molte artiglierie e molti carri; le truppe Austriache erano accampate a notevoli distanze ai due lati della strada. La piazza di Vespolate era ingombra di carri.

Scesimo di carrozza là ove stanziavano il Maresciallo Radetzky, ed il Generale Hess, e fummo accolti con onesta e militare cortesia.

Annunziato lo scopo della nostra ambasciata, io notificai innanzi tutto l'abdicazione di Re Carlo Alberto a favore del Duca di Savoja Vittorio Emanuele, per or dine del quale eseguivasi il nostro incarico.

I due Generali austriaci parvero non dare importanza a questo fatto, del quale (come è naturale per quanto dissi sopra) erano già pienamente informati. Il Maresciallo Radetzky si ritirò, invitandoci a conferire col Generale Hess, che aveva tutte le istruzioni a tal uopo opportune; ed il Generale Hess essendosi recato in altra camera, lasciai che il Generale Cossato, invitato, lo seguisse e che con ferisse con lui a riguardo dell'armistizio, e, fedele agli accordi presi, mi rimasi nella camera in cui mi trovava.

Dopo qualche tempo il Generale Cossato, uscito dal colloquio col Generale Hess, mi fece conoscere lo scritto che conteneva i capitoli e le condizioni che il nemico imponeva all'armistizio.

Questi documenti appartengono alla storia, né è mio assunto, nè io potrei riferirli ; ben mi ricordo però come alcune clausole, che poi non furono ripetute nell'atto che fu definitivamente accettato, portassero grave ferita allo Statuto, e pregiudicassero alla questione politica ed al diritto pubblico stabilito in Piemonte dallo Statuto.

Mi sovvengo, fra le altre, di quella clausola per la quale il Re Vittorio Emanuele avrebbe dovuto obbligarsi ad osservare i capitoli e le condizioni dell'armistizio indipendentemente da qualsivoglia voto od approvazione del Parlamento.

Feci notare al Generale Cossato (ciò che per altro non gli era sfuggito) che quelle clausole contenevano la negazione dello Statuto e del governo costituzionale per parte di chi le accettasse. Nel mentre che io conferiva col Generale Cossato, ricomparve il Generale Hess; disse esser quelle le condizioni che si richiedevano e che, ove prima delle due ore pomeridiane di quel giorno non fossero da noi accettate, si sarebbero ripigliate le ostilità.

Ci accomiatammo dal Generale Radetzky, salimmo nella carrozza col Generale Hess, e partimmo per Novara. Le truppe Austriache accampate ai due lati della strada, scorgendo la nostra carrozza, sul davanti della quale sedeva all'esterno un uffiziale, e credendo, per avventura, che fosse in essa il Generale Radetzky, erompevano ad ogni tratto, come suole ogni esercito vincitore, in clamorose ovazioni.

Giunti a pochissima distanza da Novara, si avvicinò d'un tratto ad uno sportello della carrozza un uomo vestito da borghese e di ci vile aspetto, il quale con animo concitato ed esprimendo un senso vivissimo di compiacenza, indirizzatosi al Generale Hess, esclamò in lingua tedesca e con aria trionfale: *Generale, sono andati via tutti!*

Il Generale Cossato, che aveva comprese queste parole pronunziate con accento italiano, non poté trattenere lo sdegno, e rivoltosi a costui gli disse: *Voi siete italiano e portate con tal gioia questa notizia?*

All'apostrofe inaspettata, quell'uomo si allontanò precipitosamente. Noi non lo conobbimo, né seppi altro di lui, fuor ciò che egli stesso aveva fatto palese, cioè essere egli un altro italiano rinnegato. Entrando noi in Novara, vi facevano, per più dolore, pomposo ingresso i reggimenti austriaci al suono delle loro bande musicali

Quella occupazione, se dovette riuscire acerba agli abitanti della brava e patriotta città, non poté però a meno di non essere considerata anche come un fatto che cessava i pericoli che nella precedente notte avevan corsi le loro persone e le loro sostanze.

Scendemmo di carrozza sulla piccola piazza ove è ora il monumento del conte di Cavour e che sta in capo alla via che conduce alla stazione della ferrovia. Nella città più non erano truppe Italiane, e fummo assicurati, che Re Vittorio Emanuele col suo Quartier generale erasi recato ad Oleggio.

Fu qui che avemmo la notizia della partenza del Re Carlo Alberto avvenuta in quella notte; e qui pure seppimo, che un abboccamento per le ore due pomeridiane di quel giorno erasi inteso fra i Capi dei due eserciti, il quale è pure spiegato dai fatti sopra narrati relativi al tempo in cui fummo presso il Generale Appel alla Bicocca.

Lasciammo Novara ; ed il Generale Hess, nel congedarci, ci ripetè, che si dicesse al Re che le ostilità sarebbonsi ripigliate in quel giorno, se le condizioni dell'armistizio non fossero accettate prima delle due ore pomeridiane. Erano allora tra le nove e le dieci del mattino.

Giunti in Oleggio, ci si disse, il Re essere a Momo; ed a quella volta ci siamo tosto avviati. Strada facendo tra Novara ed Oleggio, vedemmo buon numero di soldati che si dirigevano verso Oleggio, ove, se la memoria non mi falla, trovammo un reggimento e forse più, nè ricordo quale fosse. Annunziammo a chi lo comandava l'entrata degli austriaci in Novara, e l'armistizio. A Momo seppimo che il Re Vittorio Emanuele ed il Generale Chzarnowsky erano di nuovo partiti nella direzione di Novara per recarsi ad un convegno col Maresciallo Radetzky poco discosto da Novara. Il Generale Cossato, dovendo consegnare le condizioni dell'armistizio, si dispose tosto a partire e mi eccitò a proseguire il viaggio con lui.

Ma non avendo io trovato ordini del Re che mi chiamassero a seguirlo in questa gita, non conoscendo i motivi e lo scopo di essa, che io doveva presumere essere meramente militari, e dovendo il Generale Cossato recare egli stesso le condizioni dell'armistizio all'Autorità militare, non credetti di poter aderire alla di lui istanza, facendovi anche ostacolo le ragioni stesse per le quali mi era rifiutato di prendere parte attiva alla trattazione dell'armistizio.

Dissi solo al Generale, che lo pregava di far conoscere al Re le conseguenze di certuno dei capitoli del l'armistizio, e di volergli significare che io mi recava, in aspettazione dei di lui ordini, a Borgomanero, ove eramisi assicurato essersi ordinato il trasferimento in quel giorno del Quartier generale.

Era già ora tarda, e già quasi notte, quando giunsi in Borgomanero. Ivi trovai lo Stato maggiore e molte truppe oltre a quelle in ragguardevole numero che raggiunsi per la strada ingombra di cannoni, di cassoni e di carri, dal che il mio viaggio ed il mio arrivo in Borgomanero erano stati di molto ritardati.

Ritiratomi tosto nel mio alloggio, passai la sera e buona parte della notte a fare al Ministero la relazione degli avvenimenti in aggiunta a quella già preparata il giorno antecedente, alla quale unii alcuni appunti sui fatti militari, fornitimi, a mia richiesta, da un ufficiale dello Stato maggiore.

Fu questa la lettera che il compianto mio amico e collega il Ministro Buffa lesse in parte alla Camera dei Deputati nella seduta del 26 marzo.

(...)

Nella stessa notte, dal 24 al 25, poco prima del giorno, ricevetti una lettera del facente funzioni di capo dello Stato Maggiore della Divisione di riserva, scritta nella notte stessa, nella quale mi annunziava l'invito del Re a recarmi presso di Lui a Momo, ove mi avrebbe ricevuto verso le ore nove del mattino; epperò partii tosto a quella volta.

Avuta udienza dal Re, seppi da Lui l'esito delle trattative per l'armistizio, e come Egli avesse, costituzionale e che per altre ragioni erano le più dure. I nobili e patriottici sentimenti manifestati dal Re in quella circostanza mi confermarono negli antichi miei sentimenti per la sua Casa e mi inspirarono ancora maggiore devozione alla sua Persona, nella quale la reazione politica (che allora era più a temersi) non avrebbe potuto trovare alcun appoggio, e che avrebbevi anzi incontrato un ostacolo irremovibile ed insuperabile.

Il Re richiamò a sè i disegni di proclami che aveva fatto preparare e che poscia furono pubblicati, me li comunicò, ed acconsentì a qualche aggiunta da me suggerita, e che aveva per iscopo di esprimere, in modo ancora più netto e reciso, i liberali, leali e patriottici sentimenti, che poco prima egli mi aveva manifestati.

Ad ora avanzata di quel mattino, il Re sedette a mensa, ove era pure il Duca di Genova, ed alla quale intervenimmo io e gli Aiutanti di campo del Re. Quasi tutto il rimanente di quella giornata si passò a Momo in aspettazione del compimento delle formalità e delle sottoscrizioni dell'armistizio.

Nel pomeriggio il Re si recò col suo seguito a Borgomanero, ove io pure lo seguii e dove arrivammo a notte. Durante quella giornata, quando eravamo ancora a Momo, si sentivano di tempo in tempo lontanissimi colpi di cannone, dei quali niuno sapeva dare la spiegazione, allo stato in cui trovavansi le cose. Era il cannone del castello di Casale.

Da Borgomanero potei, come dissi sopra, spedire il mio di spaccio al Ministero. In quella sera stessa era stato tradotto da Arona a Borgomanero, per essere condotto a Torino, il Generale Ramorino, arrestato in Arona dalla Guardia Nazionale.

Egli mi fece richiedere che gli fosse data una guardia d'onore, come era dovuta al suo grado, e che gli fosse restituita la spada. Disposi acciocché gli fosse data la guardia d'onore (essa valeva anche a custodirlo meglio); risposi, la sua spada non potergli essere ridonata che dai tribunali. Avendo in quella sera avuto ancora udienza dal Re, seppi che il Ramorino erasi pure indirizzato a S. M. con una lunga lettera per difendersi dalle fattegli imputazioni, la qual lettera il Re tenne in quel conto in cui dovevansi avere le allegazioni di un uomo la cui sorte non poteva, omai, da altro dipendere che da un procedimento penale e da una sentenza.

Il mattino del successivo giorno 26, il Re partì alla volta di Torino, ove io pure mi recai dopo di Lui insieme coll'onorevole mio amico il Generale Giacomo Durando; la difficoltà di trovare cavalli, cagionata anche dal viaggio del Re che ci aveva preceduti, fece sì che non potessimo giungere a Torino che alla sera di quel giorno.

Giunto in Torino, io non era più Ministro, essendoché, come ragion voleva, tutto il Gabinetto erasi ritirato; epperò qui debbo metter termine ai miei appunti.

Nei giorni che succedettero al mio arrivo in Torino, io ed alcun altro mio collega ricevevamo da molte parti sollecitazioni di allontanarci da Torino, ove credevasi che l'aura non fosse per spirare troppo favorevole a noi, e che potesse accadere qualche cosa a nostro danno. Però niuno di noi diede retta a queste istanze, e sedemmo tutti al nostro posto nel Parlamento, come era il nostro dovere.

Nè io ho mai neppure pensato di fare con ciò atto di coraggio, ché dove regna un Principe e dove v' ha una Reggia colle tradizioni della casa di Savoja, queste cose non si fanno , né si lasciano fare.

Difatto anche in allora la nostra fiducia fu pienamente giustificata.

Questo mio scritto, onorevole Signore, riuscì, come io ben prevedeva, non un pezzo di storia, ma un brano di cronaca; né poteva essere altrimenti.

Avrei forse potuto tacere di alcuni minuti particolari che, di certo, non passeranno nella storia; ma parvemi che essi dovessero trovar luogo in semplici note, essendoché dal loro complesso sorgano quegli elementi, dai quali lo storico suole poi trarre più riposatamente i propri giudizi, e quegli apprezzamenti sintetici che di tempo in tempo egli debbe fare degli uomini e degli avvenimenti.

Una cosa posso però affermare con tutta sicurezza, ed è, che i fatti anche i più minuti vi sono esattamente e coscienziosamente narrati all'appoggio delle mie memorie, scritte subito dopo l' epoca a cui si riferiscono.

Gradisca, onorevole Signore, l'assicurazione dell'alta e riverente mia stima.

Suo Devotissimo C. CADORNA.

Sepoltura dei caduti dopo la battaglia di Novara.

I LUOGHI DELLA BATTAGLIA OGGI

La valletta dell'Arbogna, la zona dove il 23 marzo 1849 si svolse lo scontro decisivo della prima guerra d'indipendenza si trova a sud della città di Novara. Di quella battaglia, che viene rievocata ogni anno da gruppi di reenactors, sono ancora i segni in alcune cascine che furono epicentri della lotta, le *cascine delle palle*, come sono chiamate a Novara, perché nelle pareti sono ancora infisse le palle dei cannoni austriaci.

L'Ossario della Bicocca.

La battaglia è ricordata da un sacrario inaugurato nel marzo 1879, la Piramide Ossaria, che conserva la memoria dei caduti sul campo
Nel Marzo 1879 una pubblica sottoscrizione diede modo alla città di Novara di ricordare i suoi caduti durante la Battaglia di Novara del 23 Marzo 1849 tramite la costruzione di un sacrario.
Nel 1910 all' interno fu posto il trittico scolpito da Carlo Cantoni con le le effigi in bronzo di Carlo Alberto e dei generali Perrone di San Martino e Passalacqua di Villalvernia.
L'edificazione dell'ossario fu promossa da un comitato di cittadini che lanciò una sottoscrizione a tale scopo. Furono 38 i progetti presentati al comitato, che scelse quello dell'Ingegner Luigi Broggi di Milano, che prevedeva una piramide di stile egiziano.
L'Ossario di forma piramidale è situato nella zona sud-est della città lungo il Corso XXIII Marzo 1849, fu progettato dall'architetto milanese Luigi Broggi, al suo interno sono conservati senza distinzione i resti dei caduti dell'esercito piemontese e Austriaco.
All'interno sono murati diversi cannoni usati nella battaglia.

Chiesa di S. Maria della Bicocca.

La chiesa della Bicocca fu il fulcro degli scontri del 23 marzo 1849, e servì da ricovero per centinaia di feriti. La chiesa baraocca fu ultimata nel 1658 e sorge sul luogo dove già si trovava una piccola cappella, detta "degli Spagnoli", in cui si venerava la Madonna col Bambino, che ancora oggi costituisce la pala dell'altare maggiore, ora racchiusa in un'ancora lignea di gusto rinascimentale. Di pregio sono anche gli altari barocchi e gli arredi lignei. All'esterno è ancora visibile una palla di cannone austriaca rimasta incastrata nelle mura della chiesa.

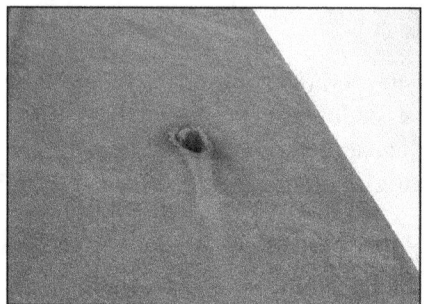

Le cascine.

Gran parte degli scontri del 23 marzo 1849 vennero combattuti tra le cascine a sud della città, per citarne solo alcune: cascina Galvagna, Farsà, Cavallotta (nella foto), Castellazzo, Bertona e Boriola che videro infuriare la battaglia. Il controllo di questi edifici durante i combattimenti divenne di estrema importanza per consolidare la difesa o l'avanzata delle proprie truppe. Ancora oggi, su alcune di queste cascine è possibile osservare le tracce di quell'evento bellico nonché le lapidi commemorative.

Cascina Avogadro, Vignale.

La cascina dove si incontrarono il nuovo Re di Sardegna Vittorio Emanuele II e il Maresciallo Radetzky si trova su corso Risorgimento, avvenimento ricordato da una targa sul muro della cascina in cui è stato firmato l'armistizio. Sulla parete laterale di una casa vicina è possibile vedere anche un grande murales che ricorda l'avvenimento. La cascina è nota anche come cascina Avogadro dalla famiglia che ne fu proprietaria.

Palazzo Tornielli Bellini.

Nel Palazzo Tornielli Bellini (oggi sede della Banca Popolare di Novara) situato in via Negroni 12 a Novara, la sera del 23 marzo 1849 avvenne l'abdicazione di Carlo Alberto. L'edificio venne costruito dalla famiglia Tornielli e nel 1751 divenne proprietà dei conti Bellini che ne ristrutturarono gli ambienti interni facendone una delle residenze più eleganti della città. Oltre a Carlo Alberto in questo palazzo aveva soggiornato nel Maggio del 1800 anche Napoleone I, mentre nel Giugno del 1859, prima della battaglia di Magenta avvenne l'incontro tra Vittorio Emanuele II e Napoleone III.

Francesco Giuseppe I, Imperatore d'Austria

L'ESERCITO DI RADETZKY NELLE TAVOLE DI RUDOLF VON OTTENFELD[27]

Guardie Nobili del Lombardo-Veneto e Arciere (*Arcièren-Leibgarde*, al centro) della *Leibgarde*.

---

[27] Tavole tratte da Oskar Teuber, Rudolf Ritter von Ottenfeld, *Die österreichen Armee, 1770–1867*. Vienna, 1895.

Fanti di linea austriaci in tenuta di rotta, 1848-49. I due fanti del 54. KuK IR *von Hessen* indossano lo *shako* modello 1837 con copertura in tela impermeabilizzata. Entrambi sono armati con il moschetto *Augustin Tubelock* mod.42, lungo 147 cm e pesante 4.35 kg.

Feld-Jäger tirolesi. Indossano la caratteristica *Rock* grigia con filettature verdi ed il cappello corso con il piumetto di penne di gallo cedrone (o, più comunemente, di cappone) con il fregio di un corno da caccia. Sono armati con *Jägerkarabiner Kammerbusche* mod. 1842.

Ufficiale dei Dragoni del 3° reggimento *Kaiser* (sin.) e dei Corazzieri; alla campagna del 1849 non presero parte reggimenti di Corazzieri, mentre i Dragoni parteciparono con due reggimenti. Dragoni, Corazzieri e *Chevauxlegers* costituivano la cavalleria tedesca, caratterizzata dall'elmo crestato mod.36.

Da sin: Ussaro ungherese, ufficiale degli ussari ed ulano polacco, 1848-49. Le divise sono pressoché invariate dal periodo napoleonico. La sabretache dell'ufficiale reca le iniziali FJI, *Franz Joseph I*, che sostituirono nel 1848 il monogramma FI, rimasto in uso dal 1806 al 1848 sia per Francesco I che per Ferdinando I. L'ulano indossa la tipica giubba detta *ulanka*, verde con i risvolti al petto rossi.

Artiglieria e Genio: da sin. artigliere, maresciallo dei bombardieri, soldato del treno d'Artiglieria, geniere; i primi due portano la tipica divisa marrone e il cappello corso con la coccarda ed il pennacchio giallo- nero, e il bombardiere, per indicare il grado, la filettatura e l'aquila bicipite sul cappello ed una canna appesa alla bandoliera, la specialità è indicata dalla granata sulla bandoliera stessa, il terzo lo *shako* e gli stivali delle truppe montate. Il geniere indossa la divisa grigia con filettature rosse e lo shako con pennacchio nero.

Seressaner (o *Serezan*) e *Gemeiner* croato, *Grenz-Infanterie*. I *Seressaner* erano irregolari balcanici vestiti con i caratteristici costumi ed il mantello rosso con cappuccio, così come rosso era il berretto; erano spesso armati con fucili turchi, e avevano funzioni esplorative e spesso di gendarmeria militare; il *Grenzer* indossa la *Rock* marrone con i colori del reggimento (in questo caso gialli del 3. *Ogulner*, che combatté a Mortara ed a Novara).

Ufficiale di un *Grenz-Regiment*. Si notino le foglie di quercia, indossate in battaglia ed in presenza degli ufficiali generali, uso risalente a prima dell'introduzione delle uniformi e rimasto nell'esercito austro- ungarico sino alla Grande Guerra.

BIBLIOGRAFIA

AA.VV., *Documenti sul marzo 1849*, Novara, 2012.
AA.VV., *Storia d'Italia*, vol. 6, *Dall'età delle riforme a Roma capitale,* Novara, 1981.
Anonimo [ma Carlo Alberto di Savoia], *Considerazioni sopra gli avvenimenti militari del marzo 1849 scritte da un Ufficiale piemontese*, a cura di C. Promis, Torino 1849.
Anon., *Processo del generale Ramorino*, Torino, 1849.
R. Agazzi, *La rivoluzione del 1848 e la guerra del 1849. La nascita della patria*, Udine, 2019.
S.Ales, M. Fiorentino, *Dall'Armata Sarda all'Esercito Italiano, 1843-1861*, Roma, 1990.
F. Ambrosini, *Carlo Alberto Re*, Torino, 2004.
G.Amon von Treuenfest, *Geschichte* des *Dragoner-Regimentes* Feldmarschall Alfred Fürst Windisch-Graetz *Nr. 14*, Wien, 1886.
S. Apostolo, *Novara resterà indimenticabile per ciascuno di noi - La battaglia del 23 marzo 1849 vissuta tra le linee austriache,* Novara 2016.
A. M. Banti, P. Ginsborg, *Storia d'Italia. Annali 22. Il Risorgimento*, Torino, 2007.
G. Barbero, F. Guerra, *La bibliografia e le medaglie della battaglia di Novara del 23 marzo 1849*, Novara 1996.
P. Baratono, *Nella solenne inaugurazione del monumento eretto in Ivrea a Ettore Perrone di San Martino. Discorso commemorativo del cav., avv. Pietro Baratono*, Ivrea 1880.
G. Barbero, P. Cirri, *I luoghi della battaglia di Novara del 23 marzo 1849 e l'abdicazione di Carlo Alberto*, Novara, 2001.
C. Baroni, *I Lombardi nelle guerre italiane 1848-49,* Torino, 1856.
R. Bassett, *For God and Kaiser. The Imperial Austrian Army*, New Haven, 2015.
D. Beales, Eugenio F. Biagini, *Il Risorgimento e l'unificazione d'Italia*, Bologna, 2005.
S. Bertoldi, *Il re che tentò di fare l'Italia. Vita di Carlo Alberto di Savoia*, Milano, 2000.
S. Bertoldi, *Il re che fece l'Italia. Vita di Vittorio Emanuele II di Savoia,* Milano, 2002.
E. Bettini, *Ramorino, delitto di Stato?*, Firenze, 1987.
V. Bortolotti, *Storia dell'esercito sardo e dei suoi alleati nelle campagne di guerra 1848-49*, Torino, 1889.
M. Brignoli, *La Divisione Lombarda nella 1a Guerra di Indipendenza 1848/ 49,* Milano, 1988.
N.Brancaccio, *L'esercito del vecchio Piemonte (1560-1859)*, Roma,1922-25.
C. Cadorna, *Lettera del senatore Carlo Cadorna sui fatti di Novara del 1849,* Venezia 1867.
G. Candeloro, *Storia dell'Italia moderna. III. La rivoluzione nazionale (1846-1849)*, Milano, 1970.
Carlo Alberto, Re di Sardegna, *Memorie inedite del 1848*, Milano, 1935.
E. Cataldi, *Storia dei Granatieri di Sardegna*, 2a ed. Roma 1990.
P. Cirri, *La battaglia di Novara del 23 marzo 1849*, Novara, 1999.

M. Clark, *Il Risorgimento italiano: una storia ancora controversa*, tr.it. Roma-Bari, 2006.

A. Costantini, *Soldati dell'Imperatore. I lombardo-veneti dell'Esercito Austriaco (1814-1866)*, Collegno, 2004.

L. Curli, *La Brigata Casale nel 1848- 1849*, Torino 1849.

R. Damilano, *Il generale Ettore Perrone di San Martino. Sua vita, suoi tempi*, Ivrea 2011.

M. Del Duca, *Novara 1849*, Roma, 2013.

F. Della Peruta, *L'Italia del Risorgimento. Problemi, momenti e figure*, Milano, 1997.

C.N. Desjoyaux, *Le géneral baron Perrone di San Martino*, Torino, 1912.

M. Embree, *Radetzky's Marches: The Campaigns of 1848 and 1849 in Upper Italy*, Solihull, 2011.

G. Esposito, *Eserciti e volontari della prima guerra d'indipendenza, 1848-1849. Storia, organizzazione e uniformi*, Gorizia, 2017.

G. Esposito, *Armies of the Italian Wars of Unification, 1848- 1870, (1)*, Oxford 2018.

C. Fabris, *Gli avvenimenti militari del 1848 e 1849*, Torino, 1898.

A. Frediani, *101 battaglie che hanno fatto l'Italia unita*, Roma 2011.

A. v. Gavenda, F. de Vuko et Branko, *Feldmarschall Graf Radetzky, sein Leben und seine Thaten*, Prag, 1858.

N, Giacchi, *La campagna del 1849 nell'Alta Italia*, Roma, 1928.

S. Grimaldi del Poggetto, *Album sulle campagne d'indipendenza*, Torino 1853.

F. Guerra, *Le immagini storiche della battaglia di Novara del 23 marzo 1849: stampe e documenti da una collezione*, Novara, 1999.

F. Guerra, *Storia illustrata della battaglia di Novara del 23 marzo 1849*, Novara, 2004.

D. Guerrini, *La Brigata dei Granatieri di Sardegna. Memorie storiche dal 1659 al 1900*, Torino 1902 (ristampato col titolo *I Granatieri di Sardegna*, Roma 1991).

F. Herre, *Radetzky. Il nemico degli italiani*, tr.it. Milano 1982.

F. Herre, *Francesco Giuseppe*, tr.it. Milano, 2000.

V. Ilari et al., *Dizionario biografico dell'armata sarda. Seimila biografie (1799-1821) con la storia dell'Ordine Militare di Savoia e l'elenco dei primi decorati*, Invorio, 2008.

L. Isnardi, *Vita di Sua Altezza Reale il Principe Ferdinando di Savoia, Duca di Genova*, genova, 1857.

Kriegsarchiv der Österreich-ungarischen Monarchie, *Der Feldzug der österreichischen Armee 1848 in Italien*, , Wien ,1852.

H. Kunz, *Die Feldzüge des Feld-Masrchall Radetzky in Oberitalien 1848 und 1849*, Berlin, 1890.

A. Le Masson, *Storia della Campagna di Novara nel 1849*, Torino, 1850.

A. Luzio, *Radetzky*, Bergamo, 1901.

D. Mack Smith, *Vittorio Emanuele II*, tr.it. Roma-Bari, 1983.

D. Mack Smith, *Il Risorgimento italiano: storia e testi*, tr.it. Roma-Bari, 1999.

C. Mariani, *Le guerre dell'indipendenza italiana: dal 1848 al 1870. Storia politica e militare*, Torino 1882- 1883.

A. Melani, E. Ricciardi, *L'esercito piemontese alla vigilia della seconda guerra per l'indipendenza dell'Italia 1849-1859*, 2 voll., Bergamo, 2015-2016.

Ministero della Guerra. Comando del Corpo di Stato Maggiore. Ufficio Storico, *Gli avvenimenti militari del 1848 e 1849. Narrazione compilata colla scorta dei documenti da Cecilio Fabris*, Torino, 1898.

Ministero della Guerra. Comando del Corpo di Stato Maggiore. Ufficio Storico, *Relazioni e rapporti finali sulla campagna del 1849 nell'Alta Italia*, Roma, 1911.

Ministero della Guerra. Comando del Corpo di Stato Maggiore. Ufficio Storico, *La campagna del 1849 nell'Alta Italia*, Roma, 1928.

F. Mistrali, *Da Novara a Roma. Istoria della Rivoluzione Italiana*, Milano 1867.

I. Montanelli, M. Cervi, *Due secoli di guerre*, III: *Le guerre dell'unità d'Italia*, Novara, 1981.

C. Montù, *Storia dell'artiglieria italiana*, parte II, vol. III, Roma, 1936.

R. Nasi, *Diario della campagna d'indipendenza 1848/ 1849 dal carteggio di un ufficiale di cavalleria*, Torino, 2002.

Österreichische militärische Zeitschrift 1864, Band 1/Hefte 10, 11, 12, 14: *Der Feldzug in Piemont 1849*, nach amtlichen Quellen bearbeitet von A. H., Hauptmann im General Quartiermeisterstabe, Wien, 1864.

D. Pavlovic, The *Austrian Army 1836*-66 (1): *Infantry*, Oxford, 1999.

D. Pavlovic, The *Austrian Army 1836*-66 (2): *Cavalry*, Oxford, 1999.

G. Pepe, *Histoire des Revolutions et des guerres d'Italie, 1847- 1849,* Paris, 1850.

F. Pezza, *La battaglia di Mortara, nella celebrazione del primo centenario, nella sua cronaca e nel suo documento (21 marzo 1849- 21 marzo 1949),* Vigevano, 1952.

P. Pieri, *L'Esercito Piemontese e la Campagna del 1849*, Torino, 1949.

P. Pieri, *Storia militare del Risorgimento*, Torino, 1962.

P. Pinto, *Carlo Alberto: il Savoia amletico*, Milano, 1986.

C. Pisacane, *Guerra combattuta in Italia negli anni 1848- 49*, Genova, 1851.

G. Porzio, *La guerra regia in Italia nel 1848- 49*, Roma, Napoli, Città di Castello 1955.

R.Puletti, F. Dell'Uomo, *Piemonte Cavalleria: 1692-1992*, Viterbo, 1992.

J. Radetzky von Radetz], *Le battaglie di Mortara e Novara (20- 23 marzo 1849) descritte dal Maresciallo Radetzky nel suo rapporto ufficiale*, Novara 1849.

J. Radetzky von Radetz: *Denkschriften militärisch-politischen Inhalts aus dem handschriftlichen Nachlass des k.k. österreichischen Feldmarschalls Grafen Radetzky*, Stuttgart, 1858.

G. Ramorino, *Io non accuso!*, (a cura di A. Consiglio), Roma, 1945.

O. Regele, *Ludwig von Benedek*, Berlin, 1955.

G. Rocca, *"Avanti, Savoia!":miti e disfatte che fecero l'Italia, 1848-1866*, Milano, 1983.

P. Romeo di Colloredo, *Venezia 1849. Aspetti militari di un assedio del XIX secolo*, Bergamo 2017.

W. Rüstow, *Der italienische Krieg von 1848 und 1849*, Zürich, 1862.

L. Salvatorelli, *Pensiero e azione del Risorgimento*, Torino, 1943.

Sapelli di Capriglio, *La campagna del mese di marzo 1849: narrazione con documenti*, Torino 1856.

M. Scandigli, *Le grandi battaglie del Risorgimento*, Milano 2011.

M. Scandigli, *Guerre d'indipendenza in Italia*, Milano, 2016.

A. Schmidt- Brentano: *Die k. k. bzw. k. u. k. Generalität 1816–1918,* Wien, 1907.

K. v. Schönhals, *Erinnerungen eines österreichischen Veteranen aus dem italienischen Kriege in den Jahren 1848 und 1849.*, Stuttgart 1852.

F. J. A. Schneidawind, *Der Feldmarschall Graf Radetzky*, Haugsburg, 1851.

F. J. A. Schneidawind, *Der Feldzug der kaiserl. königl. österreichischen Armee unter Anführung des Feldmarschalls Grafen Radetzky in Italien in den Jahren 1848 und 1849*, Innsbruck ,1853.

A. Sked, *The survival of the Habsburg Empire: Radetzky, the Imperial Army, and the Class War, 1848*. London; New York, 1979.
A. Sked, *Radetzky: Imperial Victor and Military Genius*. London; New York, 2011.
J. Strack, *Der Feldmarschall Radetzky*, Wien, 1849
O. Teuber, *Feldmarschall Erzherzog Albrecht*, Wien, 1895.
O.Teuber, R. von Ottenfeld, *Die österreichen Armee, 1770–1867*, Wien, 1895.
A.Thurheim, *Die Reiter-Regimenter der K.u. K. österreichischen Armee*. Wien, 1862.
A. Troubetzkoi, *Campagne du feldmarechal Radetzky dans le Nord de l'Italie en 1848 et 1849*, Lipsia, 1860.
F. Venosta, *La battaglia di Novara (1849). Notizie storiche*, Milano, 1864.
P. Verna, *L'Armata Sarda nella Prima Guerra d'Indipendenza, 1848-1849*, Roma, 2011.
A. Viarengo, *Vittorio Emanuele II*, Roma, 2011.
L. Villari (a cura di), *Il risorgimento. IV. La prima guerra d'indipendenza 1847-1848*, Roma, 2007.
L.Villari (a cura di), *Il risorgimento. V. La repubblica romana, Brescia e Venezia 1848-1850*, Roma, 2007.
A. Viviani, *La battaglia di Novara del 23 marzo 1849*, Novara, 1999.
A von Wredd, *Die Geschichte der k.u.k.. Wehrmacht,* Wien,1898-1905. Band IV.
S. Zanelli, *Il Reggimento Piemonte Reale Cavalleria dalle origini ai nostri tempi*, Città di Castello, 1982.
M. Zoppi, *La spada di Radetzky. Le armate imperiali dalla Restaurazione alla Rivoluzione 1836-1849,* Bassano del Grappa, 2011.

I documenti relativi alla campagna sono conservati nell'Archivio Storico dell'Ufficio Storico dello Stato Maggiore dell'Esercito presso il fondo G15 *"Campagna 1848 - 1849"*.